De Blancanieves a Kurosawa

PENÍNSULA

De Blancanieves a Kurosawa

La aventura de ver cine con los hijos

Javier Ocaña

PENÍNSULA

Primera edición: noviembre de 2021

Ediciones Península,
Diagonal 662-664
08034 Barcelona
edicionespeninsula@planeta.es
www.edicionespeninsula.com

REALIZACIÓN PLANETA - fotocomposición
Depósito legal: B. 16.497-2021
ISBN: 978-84-1100-029-1

Certificado PEFC

Este libro procede de bosques gestionados de forma sostenible y fuentes controladas

PEFC/14-38-00305

www.pefc.es

A Julia y Santi

Índice

Al lector 11

1. Las primeras imágenes 21
2. La animación, un formato para niños (y adultos) 45
3. La hora de los seres de carne y hueso 73
4. La aventura de la aventura 93
5. El cine cómico mudo y otras joyas de los orígenes 133
6. El cine familiar es el que se ve en familia 151
7. La comedia, risas en compañía 175
8. El cine de indios y vaqueros, también llamado *western* 199
9. Primeros acercamientos a la muerte 221
10. Mis terrores favoritos 241
11. Una cuestión de amor y sexo 263
12. La recuperación del musical 283
13. Ciencia ficción: lo que nos queda por ver (después de una pandemia) 299
14. La guerra también es (lamentable) historia del ser humano 317
15. Las primeras películas verdaderamente adultas 335

Listado de películas y series 357

Al lector

Cuando era adolescente mis padres me decían que no podía ser bueno ver tantas películas. Incluso llegó un momento en que lo consultaron con mis hermanos mayores, creo que más preocupados por mi estabilidad mental que por mis notas, que siempre habían sido relativamente buenas.

Aquel concilio familiar a mi alrededor era extraño porque no era yo uno de esos chavales sin amigos que se pasan el día metidos en casa haciendo una única cosa hasta la extenuación, con la franca posibilidad de convertirse en genios o en asesinos de sus compañeros de clase una mala tarde de otoño. Por suerte o por desgracia, me gustaban mucho otros asuntos. Demasiados asuntos, diría yo, empezando por jugar al fútbol, lo único que he sabido hacer en mi vida un punto por encima de la media, junto con la sana costumbre de ver cine. No me pidan, en cambio, que monte un sencillo mueble de Ikea, que cambie una de esas bombillas modernas o que no me pierda en cualquier ciudad grande o pequeña por la que pase, a causa de una risible falta de orientación.

En el fondo, con ese sentido práctico que nos brota solo cuando tenemos hijos y nunca cuando somos jóvenes y rebeldes porque el mundo nos hizo así, lo que querían decir mis padres era que aquellas horas frente a la televisión no servían para nada. De su utilidad teórica ya hablaremos más adelante, y respecto de la práctica ellos aún no sabían que había gente que se ganaba la vida y lograba pagar las facturas viendo mucho cine: analizándolo, compartiéndolo, enseñándolo.

Yo tampoco lo sabía. No veía cine para lograr ser crítico cuando fuera mayor. Ese pensamiento no pasó por mi cabeza hasta muchísimo después, cuando ya había recorrido buena parte del camino, que afortunadamente nunca tiene fin, y empezaba a aprender el oficio periodístico tras acabar Derecho. La vida, que nunca es una línea recta, en mi caso era un extraño zigzag.

Tampoco veía cine para ser más solidario ni más justo ni más tolerante ni más culto ni más respetuoso, que son teorías muy en boga en ciertos sectores de la educación actual. Una conjetura que es probable que dé sus frutos y se llegue a ser todas esas cosas tan buenas con la visión y el análisis de determinadas películas, pero que también lleva sin remisión a que te tragues unos bodrios infumables sobrecargados de mensaje, buenas intenciones y cursilería.

Nunca contemplé el cine como un fin en sí mismo siendo hijo y ahora aún menos siendo padre. Nadie se pone a ver películas con sus hijos en el sofá de casa o en las salas para que de mayores sean críticos, ensayistas o historiadores. Solo un perturbado o alguien que quiere asegurarse de que esos niños van a ir al paro en cuanto logren ser adultos. El objetivo, si es que hay alguno, no es más que divertirse con ellos haciendo algo precioso: ver una película. Que se emocionen, que rían, que lloren, que se cabreen. El aprendizaje, en todo caso, llegará después, pero no como mochila previa con la que cargar.

Y es cierto que creo que se aprende, pero al acto de ver cine hay que darle la importancia justa. Tampoco me gusta esa expresión tan manida de «película necesaria», aplicada tantas veces desde los medios de comunicación y la crítica especializada. Yo creo que las únicas cosas realmente necesarias en la vida son la salud, el trabajo y tener una pasión verdadera por algo bonito que creas que merece la pena. Ese imponderable de la necesidad, además, suele aplicarse para corroborar unas ideas políticas, morales y sociales, no sé si tanto una ideología como un ideario. Planteamientos y opiniones teóricas que, por supuesto, pueden ser loables, pero quizá nunca imprescindibles para el arte.

Entre las películas solo conozco dos categorías: las buenas y las malas. Y, claro, esa inmensa gama de grises entre las unas y las otras. Así que, puestos a elegir, escojamos mejor las primeras para ver en casa. No sé de ninguna obra especialmente buena cuyo principal objetivo inicial fuera fomentar la solidaridad, la tolerancia y los valores en general. En cambio, sí sé de películas cuya pretensión era ser complejas, trascendentes, transmitir emociones reales, colocar en encrucijadas a sus personajes y narrar finalmente sus decisiones, que además de ser sensacionales obras de arte acaban transmitiendo buenos consejos relacionados con esos apriorismos de los apóstoles de las películas «necesarias».

No soy sociólogo ni pedagogo, pero tengo hijos, y leo en la prensa todo lo que encuentro sobre las líneas de enseñanza actuales: algunas me parecen interesantes y de otras huyo como de la peste. Lo que sí soy es alguien que ha visto más cine de lo normal, que es padre de unos niños que han visto más cine de lo normal para su edad y que se han acostumbrado con naturalidad al blanco y negro, a la versión original subtitulada y a ritmos, narrativas y épocas alejados del irrefrenable impulso de la novedad. Alguien que lleva casi veinticinco años escribiendo críticas de cine y quince impartiendo clases de narrativa audiovisual, por las que han pasado no menos de mil alumnos de todas las edades, entre la universitaria y la de jubilación.

Este libro no es, por tanto, una guía pedagógica estudiada hasta el más mínimo detalle en su relación con el cine, la sociedad, la cultura y la ética. Es una crónica personal de la maravillosa aventura de compartir el cine con unos hijos. Unos niños que en este caso son los míos, pero que también pueden ser los suyos, o sus sobrinos, o los hijos de una amistad, o ninguno de estos casos, y simplemente se ha acercado a estas líneas porque sí, porque ama el cine y punto.

El espíritu hiperprotector con los hijos de una parte de los progenitores de hoy está lejos de mi experiencia. Por supuesto que algunas veces me he sorprendido de mí mismo y he caído en las redes del miedo y en la creación artificial de burbujas benefactoras contra todo peligro. Pero creo que pronto he sabido, o al menos querido, salir de ellas. Las mejores películas no son las que resguardan al niño de todo mal, sino las que lo enfrentan con algunos de sus miedos y sus dudas, los que tiene a una determinada edad y los que va a tener en el futuro más o menos próximo. Y, por supuesto, resulta imprescindible hablar de todo ello en familia, conformando así una fascinante aventura. Un viaje a través de las películas, pero también por la educación, el cariño y, por qué no, el sufrimiento. Un hermoso camino por el que, al menos en mi caso, me gustaría que circularan el compromiso, la cultura, la intuición y la sensibilidad artística.

Quizá también la formación de un gusto personal, en el que siempre deberá tener cabida el librepensamiento. El valor de la discrepancia, dentro de los márgenes de la lógica y la razón, es fundamental en las sociedades de hoy, y debería serlo asimismo en la relación cinematográfica con nuestros pequeños, amparada siempre por el divertimento como esencia y por un nexo con el tiempo que parta de la coherencia: sin mirar las películas del pasado con los escrutadores ojos del presente; vinculando ambas épocas con el análisis, pero sin los habituales juicios de superioridad moral de la actualidad.

La experiencia de ver cine con los chicos es también un recuerdo de nuestra propia experiencia como niños. La nostalgia va a llegar sin remedio, sobre todo para los que tuvieron una niñez relativamente feliz. Sin embargo, al mismo tiempo que el recuerdo dichoso va a entrar en juego la madurez. Y esa dicotomía es apasionante. ¿Ver las películas con los ojos del niño que fuiste o con los del adulto que se supone que eres? La respuesta perfecta es fácil: con ambas miradas. Una especie de combate entre el control y la falta de control, en el que la ganadora debería ser la relación entre los mayores y los pequeños.

No tengo muy claro si el cine, o el arte, o la lectura pueden cambiar para bien la vida de la gente. Conozco grandes lectores y enormes cinéfilos que en su existencia diaria son unos insoportables cretinos. Pero mantengamos que la cultura y todo lo que conlleva pueden ayudar en muchos sentidos. Y que películas concretas, al menos durante un tiempo, logran llevar a las personas, y por tanto a los críos, sobre todo a los más mayores, a una reflexión interior sobre lo que se es, lo que se pretende ser y lo que no se quiere ser en modo alguno.

De lo que sí estoy convencido es de que, al menos en mi caso, el cine y la vida han ido de la mano y se han alimentado mutuamente. Buena parte de lo que sé de la vida me lo han enseñado las películas. Pero también buena parte de lo que sé de las películas me lo ha ido enseñando la vida. Para analizar el cine es imprescindible haber vivido, haber salido de la burbuja de la pantalla para experimentar en carne propia los conflictos del ser humano. Por eso al análisis y al comentario fílmicos no les basta en muchos casos con el lenguaje audiovisual e historiográfico. También es necesario aplicar nuestra propia experiencia, y si no se ha tenido porque se ha estado media existencia en un cuarto de casa viendo películas, no basta. Y esto va también para los críos: ver cine es deslumbrante; jugar con los amigos, descalabrarse, charlar, compartir, mirar, gozar y sufrir, reír y llorar es irreemplazable.

En el título de este libro hay suficientes pistas sobre la metodología ascendente: *De Blancanieves a Kurosawa*. También sobre la esencia: la *aventura* de vivir y compartir emociones con los niños. Por último, aunque no se haya incluido en el enunciado, coexiste un elemento plenamente subjetivo: lo que tienen entre manos es una crónica personal que, eso sí, puede convertirse en transferible. En la educación cinematográfica, y siempre se lo digo a mis alumnos, el propósito es ir subiendo escalones, a veces de dos en dos o de tres en tres, pero pocas veces utilizar la pértiga. ¿Es posible que un crío que no haya salido de la animación infantil, de las flácidas series de Disney+ y de las películas familiares con animales que hablan se tope un buen día de sopetón (o porque lo convenzan u obliguen) con *Los 400 golpes* y se quede estupefacto durante una hora y media por el impacto de sus imágenes y la tragedia de la existencia inmersa en la maestra película de François Truffaut? Es posible, pero también muy poco probable. Por eso quizá sea mejor ir paso a paso, ayudándolos a andar pero soltándoles mucho la mano. Y si un buen día echan a correr porque les apetece, mejor. Y si otro gran día hay que dar un salto, aunque sea para estrellarse, se da. Por tanto, sin apriorismos y, sobre todo, sin dogmatismos, pero con un cierto orden. Y así se va a ir reseñando: con cada capítulo en particular y en todo el relato en general.

Aunque adaptado, el título de este libro proviene, y al César lo que es del César, de un capítulo del fundamental ensayo sobre educación cinematográfica *La hipótesis del cine. Pequeño tratado sobre la transmisión del cine en la escuela y fuera de ella*, del profesor de la Universidad de París III Alain Bergala, publicado en España por Laertes. De hecho, hemos pedido permiso a ambos, editorial y autor, para la adaptación de su especulación a nuestro propio encabezado. En este libro de iniciación pedagógica, Bergala habla, para rechazarla de plano, de la teoría «De Pokémon a Dreyer», según la cual se partiría de «lo que les gusta» a los niños para irlos conduciendo poco a poco a películas más difíciles. No es exactamente nuestra premisa, porque el concepto «lo que les gusta» ni lo vamos a contemplar, pero sí se asemeja en el hecho de la conducción tranquila hasta la complejidad.

Ni en el arte ni en el cine deberían existir los dogmas. Frases como «esto no se hace así» deberían ser desterradas de cualquier reflexión o análisis artísticos. Y si no existen los dogmas para hacer cine, ¿cómo vamos a considerarlos para verlo? Sin embargo, como en toda aventura, un plan aproximado nunca viene mal. El protagonista de *Hacia rutas salvajes* (Sean Penn, 2007), película que gusta muchísimo a los jóvenes, se fue a la aventura sin plan alguno: cambió su nombre verdadero por el de Alexander Supertramp, legó sus posesiones y sus ahorros a la beneficencia y abandonó la civilización para ir en busca de la esencia del salvajismo.

Acabó en las montañas muerto de frío por idiota. Se creyó al mismo tiempo explorador, descubridor, filósofo y poeta, pero solo era un memo con ilusión.

Yo no aspiro a que lleguen tan pronto al complejísimo y extraordinario cine del danés Carl Theodor Dreyer. Me conformo con bastante menos. Es una cuestión de altura intelectual, pero también de narrativa, de ritmos. El aprendizaje del lenguaje cinematográfico no es imprescindible para el placer de ver cine, para la emoción. Pero al final todo cala, y ahí entran en juego dos elementos esenciales: la intuición y la curiosidad. Tanto para los niños como para los adultos.

Por si aún no ha quedado claro, esto no es un informe con equis películas que hay que ver antes de los no sé cuántos años. Faltarán montones de títulos que les encantarán a ustedes, los lectores, y quizá a mí me den igual o me repelan. Es posible que incluso me gusten, pero en este viaje, a igualdad de condiciones, he decidido primar el descubrimiento respecto del éxito comercial. *El Señor de los Anillos*, *Harry Potter* y las películas de superhéroes, por citar tres casos paradigmáticos, no necesitan la ayuda de un libro para padres cinéfilos que les abra los ojos en relación con su importancia en la cultura popular contemporánea y lo que significan para la industria cinematográfica. Eso ya lo saben ustedes. Y aunque alguno o bastantes de estos hitos contemporáneos hagan acto de aparición en nuestra crónica, quizá no sea en el sentido más esperado.

Julia y Santi son los verdaderos protagonistas de este libro. Sus nombres irán saliendo de vez en cuando, pero deben ser una trasposición de sus propios hijos, sobrinos, hijos de amigos o de usted mismo y de su nostalgia, de su pasión y de su memoria. Hablaré de mis hijos con naturalidad y espontaneidad, pero también me guardaré detalles personales, porque tampoco creo que sea justo para ellos. En el fondo hay una mezcla de ilusión y de pudor cuando arranco esta aventura.

A la hora de escribir estas primeras líneas, la presente explicación al lector, a Julia le faltan un par de meses para cumplir catorce años y Santi tiene once. Solo espero que cuando termine el libro no estén ya en la universidad.

I

Las primeras imágenes

> Calamardo, no necesitamos la televisión. No mientras tengamos nuestra... ¡imaginación!
>
> *Bob Esponja*, capítulo 44 de la tercera temporada

Pocas cosas más difíciles en la vida que lograr que un bebé se duerma. En mi caso podría añadir otra: pocas cosas más difíciles en la vida que darle a un bebé el biberón con cucharilla.

Algunos niños (del demonio), como Julia, no llegan a aprender el movimiento de succión del biberón (sí el del pecho de sus madres, malditos tiquismiquis), de modo que la única solución cuando estas vuelven al trabajo y dejan el famoso retén en el frigorífico es la cucharilla. Qué tiempos de tentativas sin control para tantas cosas. Y sin embargo, en esos momentos de agobio, las imágenes ayudan. No a lo de la cucharilla, que requiere una habilidad manual que yo nunca poseeré para nada, pero sí a lo de dormirlos. Las imágenes, y también los sonidos. Hasta los más estrambóticos. Con Julia y Santi practicamos con éxito la táctica del sonido de la extractora de humos. Lo pienso ahora y me río por no llorar: ahí, a las tantas de la madrugada, en medio de la cocina, tampoco demasiado cerca de la campana como para dejarlos sordos para el resto de sus días, pero sí lo suficiente como para que aquel estruendo constante los dejara fritos. Dormidos, no hacía falta más.

Aunque mejor aún que el estrépito de la extractora o de la aspiradora, señuelo que practican otros padres, resultó ser la cortinilla musical y visual que allá por el año 2006 emitía el canal de televisión BabyTV cuando acababa su programación. Una especie de versión idealizada de las antiguas barras de colores y el pitido de la carta de ajuste, que informaba a los espectadores de que ya era hora de irse a la cuna y a la cama. Nosotros subíamos la audiencia a esas horas.

Aquellas fueron las primeras imágenes que Julia vio en continuidad durante cierto tiempo. La plantábamos delante de aquella gloria visual en su hamaca, la movíamos un poco, y la combinación de sonidos y de colores, de levísima animación en las estrellas sobre el cielo azul oscuro, junto con el dulce tono musical, lograba lo imposible con la cadencia perfecta. A veces se me cerraban los ojos a mí antes que a ella, pero el efecto secundario iba con el lote.

Durante el día, y con el paso de los meses, no era mucho mejor, porque empezaban otros suplicios no menores que el llanto en medio de la noche: el de determinadas series de animación y el de los vídeos con canciones infantiles. El *Baby Einstein*, que decían los cursis ambiciosos que convertiría a los niños en superdotados, al menos, tenía música de Beethoven y de Mozart. En el *CantaJuego*, en cambio, había que aguantar a adultos vestidos como niños, expresando exageradamente su simpatía mientras interpretaban «A mi burro, a mi burro, le duele la cabeza...» y «¡Oye, abre tus ojos, mira hacia arriba...!» (léase cantando).

Los campos de minas por los que hay que pasar en esta primera etapa son variados en su horror, pero pocos como *La casa de Mickey Mouse*, serie que masacró las mentes de los padres de medio mundo entre 2006 y 2017, e indigna actualización de los mágicos dibujos animados tradicionales de las *Cartoon Collections*, producidas por Disney entre 1936 y 1954, con Mickey, Pluto, Goofy y compañía como protagonistas. Y ninguno como la tortura más elaborada, reiterativa y eficaz que puede sufrir un ser humano: *Dora la exploradora*, serie estadounidense del canal Nickelodeon, de la que han llegado a hacer recientemente hasta una adaptación cinematográfica con un largo de acción real. ¿Quién no ha soñado alguna vez con meter al mono en la mochila y hacer una barbaridad?

Había que tomar medidas eficaces ante tamaña oferta y, por suerte, había soluciones, aunque no todas igual de buenas. Una de las costumbres más discutibles de los padres a estas edades es querer que sus hijos repitan su propia niñez, que se emocionen con lo mismo que ellos, treinta o cuarenta años después, para así, en un ejercicio de nostalgia por lo que ya pasó y nunca volverá, sentir en piel propia el pegamento que une a papás, mamás e hijos incluso en los gustos. En cierto modo, este libro puede parecer que elige el mismo procedimiento, pero no es así, y si no se han convencido hasta ahora lo intentaré demostrar a cada paso. Aquellas fueron nuestras series, pero los dibujos, los colores, la producción, el estilo, los ritmos, los doblajes y hasta las calidades han cambiado mucho. También las personas: sus hijos y usted mismo. Y series como *Marco*, *Heidi*, *Érase una vez el hombre*, *D'Artacán y los tres mosqueperros*, *Candy Candy* o *Bola de dragón*, por citar algunas de las más famosas y de varias generaciones, igual son un rollo insoportable para ellos. Porque eran perfectas (o no) hace treinta y cinco años, pero ahora no gozan del poder definitivo de los clásicos, de Charles Chaplin a John Ford: esa consistencia que hace que perduren en el tiempo y transmitan la misma emoción generación tras generación. Hay excepciones, por supuesto, con el legendario *Barrio Sésamo* como principal paradigma, pero son las menos.

Con las posibilidades actuales de la televisión, mucho más diversa que entonces, puede ser un error acudir a aquellos tiempos en los que solo había una posibilidad, o como mucho dos. Y en estos días se acumulan en los canales gratuitos o de pago series de aspecto más moderno, con un mensaje más actual y calidades superiores a aquellas que, con razón, nos hicieron soñar en nuestros días. Entre mis favoritas, por orden de creación, están la japonesa *Doraemon*, la primera en nacer y la que más se ha ido actualizando con el paso de las décadas, y las estadounidenses *El asombroso mundo de Gumball* y *Bob Esponja*.

Este es un libro sobre cine, pero en la crónica de una vida al lado de los críos resulta imposible esquinar las series, aunque solo sea en este trecho inicial, como complemento indispensable en la formación audiovisual y personal. Y justo estas tres funcionan como inmejorable semilla para continuar escalando lugares en la historia del cine. Con Doraemon, hacia la fantasía del cine de animación japonés, representado fundamentalmente por la obra de Hayao Miyazaki. Con Gumball, hacia la comedia paródica americana, gamberra, políticamente incorrecta y fundamentalmente idiota (en el mejor sentido de la palabra, que lo tiene). Y con Bob Esponja, hacia el absurdo casi surreal de las películas de los hermanos Marx.

Creado como manga por Hiroshi Fujimoto, publicado a partir del año 1969, y ya en formato de serie de televisión desde 1973, *Doraemon* no llegó, sin embargo, a España hasta 1993, aunque desde entonces se ha emitido ininterrumpidamente, alimentando así a sucesivas generaciones de niños, y conformándose de este modo como parte de la cultura popular de medio mundo, tanto por la pequeña pantalla como por la grande de los cines, con sucesivas e innumerables películas.

El origen del relato tiene una evidente raíz de diversión alrededor de la fantasía, la cotidianidad y la ciencia ficción, en una fusión fascinante y nada fácil de resolver. Pero también posee un curioso matiz social: Doraemon, el gato cósmico coprotagonista, viaja desde el futuro a nuestro presente, enviado por su dueño, para mejorar las condiciones de vida de su tataranieto Nobita durante su infancia, hacerle las cosas más fáciles y que no se cumplan las penosas desgracias vividas desde crío y hasta su muerte en la línea de tiempo original. Aunque quizá lo más característico del concepto de la historia sea su particular retrato de caracteres: todos y cada uno de ellos, salvo la tierna amiga Shizuka, radicalmente alejados de la ejemplaridad. Para mí, he ahí una de sus grandes virtudes. Un choque frente a la excelencia que no es más que un reflejo de la realidad: seguramente los críos protagonistas sean como usted y como yo fuimos, y también como sus hijos, a los que creen tan buenos pero que, si los miran bien y toman distancia, seguro que no lo son tanto.

Nobita Nobi, el crío protagonista, lo tiene todo: es mentiroso, vago como un escalón, cobardica más que cobarde, lo que es bastante más criticable, infiel, desobediente y con una falta absoluta de personalidad. Suneo es el arquetipo de amigo pijo y chulesco, al que sus padres compran los mejores juguetes y nunca los presta, y que encima se cree guapo sin ser más que un simulacro del ideal de belleza del momento, un feo bien arreglado. Conocí a unos cuantos así y seguro que usted también. Gigante, estereotipo del chico grandote y gordo de buen corazón, es bruto, desalmado, violento y con un especial gusto por el acoso y por creerse, además de buen cantante, el príncipe del barrio. Solo Shizuka, niña dulce, con estilo y de gran personalidad, se salva de la quema, porque incluso el gato mecánico Doraemon es un artilugio rechazado en el control de calidad de la fábrica a causa de sus deficiencias, y por eso fue la única opción de compra del tataranieto de Nobita, agobiado por sus casi nulas posibilidades económicas.

Por separado, son el horror. Todos juntos son una maravilla. La pandilla de amigos que todos fuimos y que sus hijos serán. Imperfectos, fascinantes, seres humanos en pequeñito y en formación constante.

Entre los incontables y siempre imaginativos largometrajes de la franquicia *Doraemon*, distribuidos en varias sagas y etapas, uno de los mejores y el más visto en nuestra casa es *Doraemon y el tren del tiempo* (Tsutomu Shibayama, 1996). La imagen de una locomotora con aspecto del siglo XIX, con sus ventanas iluminadas, surcando la oscuridad del espacio rumbo al siglo XXII, es una de las primeras estampas visuales de impacto que puede ver un crío. Y luego está el viaje, con paradas en distintos planetas que funcionan como reconfiguración de algunas de las etapas de la historia de la humanidad, incluida la del Oeste americano, con el *sheriff* Nobita en un establo llamado O.K. Corral, a la espera de reencontrarnos con el mítico lugar en *Duelo de titanes*, de John Sturges, en otro capítulo del libro.

El asombroso mundo de Gumball, serie de Ben Bocquelet para el canal Cartoon Network, estrenada en el año 2011 y desarrollada hasta 2019, es una especie de respuesta animada, y sobre todo cafre, a esas series infantiles de corte familiar, bienhechoras y bobaliconas, que pueblan cualquier canal de televisión del mundo. En la línea de lo que supusieron *Los Simpson*, pero bajando considerablemente el listón de edad en sus espectadores objetivos, y manteniendo un gran poder de subversión. Como un procaz ejemplar para críos de lo que constituyó la serie *Matrimonio con hijos*, la primera en mostrar a unos padres calamitosos. Acciones, diálogos y tramas circulan a velocidad trepidante, mientras el tipo de animación sigue en parte la caligrafía formal de otra serie de gamberrismo extremo, *South Park*, magnífica pero desvergonzada en exceso para los pequeños: personajes y objetos de corte minimalista, poco más que figuras geométricas; animación rudimentaria y fondos a base de fotografías levemente desenfocadas de corte realista.

Aunque el personaje protagonista sea un gato de doce años llamado Gumball Watterson, fácilmente extrapolable como ser humano para los niños espectadores, el rol más extravagante de la serie es el de Richard, el padre de familia: gordo, zafio, vago, adicto a la televisión, a los videojuegos y a estar por casa en calzoncillos, e idiota integral. De hecho, el protagonista se llama Gumball Thristopher porque su padre no entendió bien el nombre que su madre quería darle, Christopher, lo inscribió de ese modo y así se quedó. Que el padre de Gumball no sea un gato sino un conejo rosa eleva aún más las surreales particularidades de la serie y, de paso, juega con sus matices sociales, ofreciendo con pasmosa naturalidad una estrambótica pero loable autoafirmación de los matrimonios interraciales.

Que los padres tengan que ser siempre modelos de conducta en el cine y la televisión puede que sea una corriente extendida en cierta pedagogía. Yo no acabo de verlo. A veces se olvida que los niños no solo van a conocer a los suyos a lo largo de su infancia, durante la que van a ver infinitos comportamientos de otros padres y madres: cumpleaños, deportes, tardes y noches en casas de amigos. Y, como no podía ser de otro modo, la diversidad de conductas y moralidades es infinita.

Con *Gumball*, los que tengan padres responsables y educados empezarán a saber la suerte que tienen, que no todos son así, y además se carcajearán, que es lo esencial en este caso. Y los que tengan padres penosos podrán identificarse con los niños de ficción, quizá desdramaticen al ver que no son los únicos desgraciados del mundo, y a lo mejor hasta se acaban riendo también.

Hay que tener mucho valor para idear y para presentar a un canal de televisión una serie llamada *SpongeBob SquarePants* (*Bob Esponja Pantalones Cuadrados*), ambientada en unas profundidades del océano rebautizadas como Fondo de Bikini, y protagonizada por una esponja y una estrella de mar, de los que resulta difícil decir cuál de los dos es más bobo y absurdo. Pero eso fue lo que hizo en 1998 el biólogo marino y animador estadounidense Stephen Hillenburg, desgraciadamente fallecido a causa de la ELA en 2018, a los cincuenta y siete años. No quedó ahí el atrevimiento porque esa cadena, Nickelodeon, aceptó la propuesta. Benditos locos.

Ver a Bob y a Patricio con sus chorradas, sus repeticiones constantes y sus delirantes canciones es entroncar con otro universo de maravilloso absurdo: el de los hermanos Marx. Si a Bob, ideólogo de las travesuras, y a Patricio, fiel seguidor todavía más felizmente estúpido, les sumamos a Calamardo, el enfadado perenne que ejerce de contrapunto, tenemos el esquema tradicional de muchas de las películas y de los gags de los Marx, con Chico y Harpo intentando llevar al huerto a Groucho. Y en ese engranaje hay un capítulo aún más extraordinario que los demás, que dibuja a la perfección lo que supone la esencia de la serie: *La caja idiota*, el cuadragésimo cuarto episodio de la tercera temporada.

A Bob y Patricio les llega un enorme paquete a su casa-piña, que contiene una televisión último modelo, pero en lugar de disfrutar de las posibilidades de la tecnología, se pasan el resto del capítulo jugando en el interior de la caja de cartón donde venía envuelta la tele, ante la incomprensión y la bronca de Calamardo. La clave está en la *i-ma-gi-na-ción*, pronunciada con la cadencia que le imprime a la palabra nuestra esponja favorita. Los dos fantásticos bobos se meten en el habitáculo e inventan unos mundos y unas aventuras incomprensibles para Calamardo. Con la imaginación se puede ser todo lo que se quiera, incluso «una estrella de mar».

—Patricio, tú ya eres una estrella de mar.

—¿Lo ves? ¡Funciona!

En el episodio nunca se ve el interior de la caja cerrada, de la que salen sonidos fabulosos, ecos de batalla, de hazañas, de riesgo. Pero cuando Calamardo, escamado por naturaleza, la abre, solo ve a Patricio y a Bob sentados en soledad como dos pasmarotes.

En uno de los más bellos momentos de *Candilejas* (Charles Chaplin, 1952), y tiene muchos hasta llegar a las irreprimibles lágrimas finales, el viejo cómico en crisis que interpreta el genio del cine mudo intenta convencer a la joven bailarina suicida sin fuerzas para resistir de que tiene que luchar para encontrar los grandes momentos de la vida, que debe dejar de luchar consigo misma y que hay un arma excelente en nuestro interior. «De niño solía quejarme a mis padres porque no tenía juguetes.» Y, mientras se toca la parte superior de la frente con el dedo índice, clama: «Y entonces mi padre me decía: "Este es el mejor juguete que se ha creado. Ahí está el secreto de la felicidad"».

La cabeza que reclamaba Chaplin es también el ingenio de Bob Esponja y de Patricio. La capacidad para sacarse de la manga el mejor juego del mundo gracias a una caja de cartón. Un divertimento que, además, fastidia a los incrédulos, a los malhumorados. El secreto de la felicidad de este par de maravillosos gamberros es simplemente la chispa.

Lo más habitual es que estas primeras imágenes se complementen casi cada día con la lectura nocturna o diurna de cuentos. Están los clásicos, siempre con su viva moraleja, algunas veces con un mensaje desfasado y en la mayoría de las ocasiones con una crueldad intrínseca por la que hemos pasado todos y que unos dirán que curte y otros que asusta. Y también están los cuentos modernos, algunos fantásticos y otros muchos en los que no es difícil ver la versión fabuladora de «las películas necesarias»: tostones aburridos, melosos, explícitos y subrayados hasta el desmayo, siempre sobre los valores que hay que descubrir y luego fomentar.

Entre los clásicos, uno de mis preferidos es *La tortuga y la liebre*, fábula atribuida a Esopo que tiene una espléndida versión cinematográfica en un cortometraje de la casa Disney del año 1934, dirigido por Wilfred Jackson, ganador del Oscar a la mejor pieza de animación. Un cuento en el que se dan cita dos de los temas que más me interesan en la vida, sobre todo para evitarlos: la soberbia y las bromas. Ya saben, la arrogante y asesinable liebre reta a una carrera a la vieja tortuga solo para solazarse en su engreimiento y, consciente de que no puede perder, se echa a descansar en un árbol a mitad de camino para dar más emoción al reto. El descanso se convierte en una siesta demasiado larga y cuando abre sus malditos ojos ya es demasiado tarde: la lenta pero infatigable tortuga gana por un palmo en la línea de meta. La enseñanza, sin necesidad de explicación alguna, es meridiana, y además el corto de Disney añade algunas variantes curiosas. Con un despliegue tonal y formal prodigioso, un enorme sentido del humor y una banda sonora deslumbrante, que utiliza el sistema de los *leitmotiv* de Richard Wagner para que cada personaje vaya asociado a una melodía y a unos instrumentos concretos, *La tortuga y la liebre* consigue ser al mismo tiempo un corto divertido, noble y precioso en apenas ocho minutos.

El retrato artístico de la liebre macho Max, apodada el Rayo Azul, se ve complementado además con una novedad: no se para a descansar en un árbol, sino a fanfarronear con las liebres hembra que, cual *groupies* aduladoras y cursis, lo jalean a mitad de carrera. Mientras, el dibujo y la música acompañante de la tortuga Toby, alias Lenta Pero Segura, son de una admirable exactitud, lo cual provoca que, con el espíritu habitual de los cuentos infantiles, nos pongamos del lado del débil. El insoportable vanidoso del barrio, el que siempre tiene los mejores juguetes, el dueño del balón que decide llevárselo si no le pitan penalti, frente al niño normal y corriente.

En uno de sus pasajes, justo antes de empezar la carrera y en el momento de los saludos protocolarios entre los contendientes, la liebre se mofa repetidamente de la tortuga. Las bromas, esa acción, esa actitud, esa lacra; la actividad asociada al sentido del humor más equivocada que existe. Ya lo están intuyendo: no me gustan las bromas.

Ninguna. No las hay de buen gusto y de mal gusto. Siempre se lo digo a mis hijos: todas son de mal gusto, sobre todo para los niños, y nunca tienen ni una sola migaja que ver con poseer o no sentido del humor. Hasta las fiestas sorpresa son siempre una mala idea. No hay bromas entre iguales, solo de personas que suelen habitar un escalón social alto hacia otras que intentan sostenerse en otro más bajo. Nunca hay mofas de los de abajo hacia los de arriba en las desgraciadamente perennes jerarquías entre críos, desde la aristocracia hasta el pueblo llano. El objetivo siempre es ridiculizar, hacerse fuerte frente al débil en presencia de la masa que ríe las (sin) gracias. Incluso las más inocuas están a un paso del matonismo colegial. «Y la tranquilidad que te entra cuando ves que no era verdad, que era una broma», dicen los depravados bromistas. «No, tranquilidad la que tenía antes de que llegaras jodiendo con tus chorradas.» Las chanzas siempre tienen molestas y hasta trágicas consecuencias. Siempre salen mal y en buena parte de las ocasiones, también para los que las hacen. Las bromas solo tienen gracia si las cuenta Gila: «Acabó en el cementerio... Pero ¡cómo nos reímos!».

Sin llegar al grado de formidable negrura de Gila pero con dosis extremas de gamberrismo, en cuestión de *cartoons* hay dos nombres que pueden sacar a los aún muy niños de la cursilería de ciertas series de televisión y a los padres del padecimiento de escuchar de fondo o en primer plano las insoportables voces de sus personajes. Esos dos genios son los estadounidenses Tex Avery y Chuck Jones con sus cortometrajes de apenas siete u ocho minutos.

Avery (1908-1980) trabajó para Warner y para Metro-Goldwyn-Mayer; desarrolló los personajes de Bugs Bunny y el pato Lucas en los *Looney Tunes*, precisamente junto con Jones; es el autor de la mítica muletilla de Bugs «¿Qué hay de nuevo, viejo?», y quizá sea el más salvaje y atrevido con la representación animada de la violencia física. De entre los personajes originales creados directamente por Avery, el perro Droopy es el mejor: por su especialísima personalidad y, para el tema que nos ocupa en este libro con la continuada subida de escalones y los enlaces referenciales progresivos, por entroncar muy bien con otro mito cinematográfico al que acabaremos encontrando en un capítulo posterior: Buster Keaton.

Droopy fue creado por Avery en 1943 como antítesis de los habituales personajes de velocidad extrema, tanto en sus acciones como en su lenguaje. De rostro imperturbable, como *Cara de Palo* Keaton, gestos lentos y voz de manta invernal, Droopy siempre se dirigía directamente a sus espectadores con una frase que ya provocaba la sonrisa abierta y espontánea de niños y grandes: «Hola, gente feliiiiiz...». Su pinta cercana al estereotipo del idiota que no se entera de nada se contrarrestaba con una inteligencia sencilla y ubicua, que enfrentaba a unos enemigos, un lobo y un *bulldog*, en apariencia mucho más fieros.

De entre los cortos de Avery para MGM, hay dos que pueden ejercer bien de paradigmas. *La policía sabuesa del Noroeste* (1946), acerca de la fuga de la cárcel de Alcatraz del lobo y la persecución implacable de Droopy, se inicia con un gag negrísimo sobre la pena de muerte: el simulacro dibujado de un *travelling* lateral que presenta la estancia, pasa primero por una puerta cerrada en la que está escrita la leyenda «Oficina del alcaide» y luego por una segunda puerta, esta abierta y tras la que se ve una silla eléctrica, con la leyenda: «Adelante y tome asiento». El resto del corto desarrolla la astucia del, en apariencia, poca cosa Droopy, y ese contraste entre el débil y el fuerte, el tímido y el descarado, del que tanto pueden aprender los pequeños. Sobre todo, cuando el que parece el tonto es realmente el inteligente, y viceversa.

El segundo, *De perro pobre a rico* (Avery, 1949), trata con enorme agudeza un tema de importancia máxima en la educación: la envidia. Un hombre rico ha muerto y ante el notario, al que nunca se ve, están sentados sus dos perros para ver a cuál de ellos le corresponde la herencia de su millonario patrimonio. Uno es un gamberro y fanfarrón *bulldog*, y el otro es el triste y apocado Droopy. Con hermosos detalles metalingüísticos (el villano *bulldog* coge un lápiz para tachar a Droopy del plano dibujado), el corto se ocupa de las sucesivas tentativas fallidas de asesinato de uno a otro. El elegido para el legado ha sido nuestro perro mustio, pero, si muere, la herencia pasará al *bulldog*. Es el rencor familiar entre unos y otros, tan desgraciadamente presente en demasiadas vidas. Y también el materialismo como alimento de la envidia entre críos. Avery lo clava con mala leche infinita y arte dibujado de vanguardia.

Esas rupturas tempranas con los tonos delicados y las historias de siempre tienen su cota máxima en el controvertido pero apasionante *Red Hot Riding Hood* (Avery, 1943), cortometraje de siete minutos que comienza como cualquier versión clásica de *Caperucita Roja*, pero que cuando aún no ha cumplido ni el primer minuto de relato experimenta la rebelión de los personajes con sus padres creadores, a la manera de los *Seis personajes en busca de autor*, de Luigi Pirandello, o el Augusto Pérez de *Niebla*, de Miguel de Unamuno. Entes de ficción que no están vivos ni muertos porque no existen; sufridores ante la fatalidad inexplicable de ser simples roles. Metalenguaje animado para niños despiertos. En la pieza de Avery, Caperucita, el Lobo y la abuelita, hartos de narraciones melifluas, cansados de sus características y de su condición, claman contra ello. «¡Estoy aburrido de estas bobadas!», grita el Lobo. Si no cuentan la historia de otro modo, se largan los tres. Tras un parón, el narrador acepta las condiciones y el corto comienza de nuevo, pasando a titularse nada menos que *La tórrida Caperucita Roja*. La niña ya no es tan niña y trabaja como cantante de *swing* en un club nocturno de Hollywood, y el Lobo es un lujurioso espectador vestido de chaqué que aúlla y hasta babea por la belleza de la estrella.

La ambigüedad del corto, sobre todo teniendo en cuenta que los emisores son los niños, es muy notable. Pero, en el fondo, entre chanzas físicas y verbales, el cuento nuevo es el de siempre: la chica se sienta con el Lobo tras la actuación, y este intenta convencerla de que se escape con él «a la Riviera» y no se marche al edificio de enfrente, donde ha quedado con su abuela. La chica, remisa y asqueada ante las empalagosas carantoñas del villano, lo rechaza y acaba explotando, le lanza una lámpara a la cabeza y huye despavorida.

En unos minutos, Avery ha contado el cuento de Charles Perrault y los hermanos Grimm de otro modo, pero sin subterfugios, manteniendo la esencia de los personajes y la fundamental carga del subtexto: que en las esquinas de los bosques de la vida habitan lobos con piel de cordero que acechan a las niñas con lascivia desbocada. Una evidente huida del estilo Disney a base de comicidad física dibujada, exageración de *slapstick* y procacidad de enorme coherencia con la fábula.

En los años 40, y con el código Hays de autocensura de los grandes estudios americanos a (desgraciado) pleno rendimiento desde 1934, la creación de un cortometraje como *Red Hot Riding Hood* no resultó nada fácil. Se cortaron planos con las reacciones del Lobo ante la sensualidad de la niña transformada en cantante, y se realizaron varios finales alternativos para que alguno de ellos contentara a los censores. El tiempo, sin embargo, ha acabado convirtiéndolo en una pieza mítica, tanto por su brillante arte como por su complejo atrevimiento. En el año 2001, en un artículo de opinión para el diario británico *The Guardian*, el director Terry Gilliam lo incluyó entre las diez mejores películas de la historia del cine de animación (junto con, por ejemplo, *Pinocho* y *Knick Knack*, de John Lasseter). Y dos producciones revitalizadoras del *cartoon* clásico en el cine moderno, ambas estupendas para los niños y muy posteriores en el tiempo al corto de Avery, sacaron tajada de sus ideas (o le rindieron homenaje, según se mire): *La máscara* (Chuck Russell, 1994), con los lujuriosos aspavientos del personaje de Jim Carrey la primera vez que ve a la chica interpretada por Cameron Diaz; y *¿Quién engañó a Roger Rabbit?* (Robert Zemeckis, 1988), con el detective Eddie Valiant (Bob Hoskins) perseguido con descacharrante lascivia por el dibujo animado Lena Hyena, a la manera de la abuela tras el Lobo en el corto de Avery.

Reflexión tronchante sobre la lujuria, otro de los pecados capitales, junto con la envidia, que una parte de los críos va a aprender poco tiempo después en clase de Religión, *Red Hot Riding Hood* es divertido, insólito y, por qué no, ayuda a ver el patetismo que conllevan ciertos comportamientos de los machos cabríos.

En una entrevista con Peter Bogdanovich, que fue primero historiador y teórico del cine y más tarde director de obras como *La última película* y *Luna de papel*, Chuck Jones (1912-2002) confesó que sus dibujos animados no estaban hechos para los críos: «Tampoco para los adultos; solo estaban hechos para mí». La idea, de por sí revolucionaria con esa extensión de que lo que le puede apasionar a uno mismo puede también hacer diana en un amplísimo arco de edades, es para enmarcar. Jones ganó en 1965 el Oscar al mejor corto de animación por la historia de amor (im)posible de una línea recta por un punto, que por desgracia solo tenía ojos para «la línea garrapateada», juerguista y anárquica, y no para una «línea tiesa y aburrida, tradicional y reprimida, subyugada y definida, inmóvil y ahogada». *The Dot and the Line* (1965), con indudables implicaciones sociales y de comportamiento, sorprende de principio a fin porque además escapa de los trazos habituales del *cartoon* rápido y gamberro con los que Jones debió trabajar en Warner. Y a su extraordinario planteamiento se añadía un desarrollo artístico sin grandilocuencias, conceptual y sutilísimo.

Estos cortometrajes animados, sumados a los episodios de las mejores series de televisión, pueden ser para los pequeños un buen paso previo hacia las películas en forma de largometraje. Y un buen camino para ir introduciéndolos en tiempos de atención más extensos está en las películas episódicas, que se pueden ver de un tirón pero que tampoco ocurre nada si a mitad de camino, o antes, se hace un parón y se recuperan al día siguiente, o cuando sea. Los talibanes del cine «está hecho para verse sin interrupciones» no van a venir a casa a echarle la bronca. Y en esta línea una de las mejores puede ser *La película de Bugs Bunny y el Correcaminos* (*The Bugs Bunny / Road Runner Movie*) (Chuck Jones, Phil Monroe, 1979): una especie de «Grandes éxitos» de Bugs Bunny y sus colegas animados de Warner, que está planteada al mismo tiempo como una desternillante historia de las persecuciones, esas circunstancias cómicas que tanto tienen que ver con el dibujo animado como con el cine cómico mudo.

En la película aparecen además las primeras imágenes de cine mudo que probablemente vaya a ver su crío: carreras y caídas de Buster Keaton, Stan Laurel y Oliver Hardy, Harold Lloyd..., intercaladas entre los dibujos con la narración del propio Bugs Bunny. Y ese debut del niño con los mitos del *slapstick* se verá acompañado en uno de los episodios con parodias de *Robin Hood* y de *Los tres mosqueteros*: las primeras aventuras con los personajes de dos clásicos imperecederos, con los que el pequeño se irá familiarizando para posteriormente ir viendo sucesivas versiones cada vez más adultas, y quizá cada vez menos frescas y divertidas.

La película de Bugs Bunny y el Correcaminos se inicia con la presentación de, en palabras de su narrador, «una extraña criatura» que no es sino el ser humano. Y muestra, a través de gags inigualables, cómo el hombre primitivo fue inventando cosas. La primera persecución: tras un pequeño dinosaurio, armado con un basto. La primera competencia: tras otro hombre, con el mismo basto. El primer amor: un hombre arrastrando por el suelo a una mujer a la que agarra del pelo. Y ahí, claro, en los años que corren de necesario feminismo, saltan todas las alarmas de la ética. ¿Es solo un susto al que no hay que dar importancia, o una muestra más de que hay películas a las que meter para siempre en el baúl del pasado? Quizá en la siguiente chanza, en el siguiente invento, esté la respuesta para algunos (y no para otros). Y la primera liberación femenina: con ella arrastrándolo a él, en sentido contrario, también del pelo.

El doble remate a la serie de planos consecutivos sobre la inventiva es prodigioso: y la primera convivencia hogareña; y el primer aburrimiento. La vida en pareja, seguramente la nuestra, explicada a los niños con infinitas gracia y mala uva. El tedio como elemento indispensable de cualquier matrimonio.

En otro de los episodios de la película, el niño podrá vivir en dibujos la primera borrachera y la primera resaca: «¡Oh, qué noche! ¡Nunca volveré a mezclar jugo de rábano y de zanahoria!». De Bugs Bunny, claro, además del mítico pasaje de Bunny y el pato Lucas, con Elmer Gruñón en medio, en el que ambos tienen una discusión interminable:

—¡Temporada de patos!

—¡Temporada de conejos!

Me pasé meses con Julia jugando a temporada de patos, temporada de conejos, a ver quién caía antes en la trampa dialéctica, tan antigua como la terquedad infantil y como la tortura adulta.

A través de colores vivísimos, los cortos, de unos siete u ocho minutos, creados originalmente entre 1947 y 1965, se van sucediendo en *La película de Bugs Bunny y el Correcaminos* con la puntual presencia del metalenguaje, palabreja que el crío no tiene por qué entender, pero cuya técnica lo irá acostumbrando a comprender el proceso creativo: el pincel que entra en la pantalla para llenar al quejica Lucas de colores que no quiere tener; la presencia del borrador que suprime lo que no gusta a algunas de sus criaturas. De nuevo, esa condición pirandelliana de personajes conscientes de serlo, quejándose al autor por sus desgracias.

No quedan ahí las excelencias de este *greatest hits* de Jones. Otro de los cortos puede acercar a los niños tanto al expresionismo alemán en los trazos de los dibujos como a la música de Wagner, con reinvenciones musicales de pasajes de *Parsifal* y de *El anillo del nibelungo*, que se dice pronto. Y una frase de Bugs, el narrador, para la historia de la remezcla artística: «Cogí una ópera de Wagner que dura aproximadamente dieciocho horas e hice una versión abreviada de siete minutos».

A Bugs, el pato Lucas y Elmer Gruñón, antes del protagonismo especial del Correcaminos y del Coyote en el último tramo de la película, los sustituye en una de las piezas más demoledoras el estrambótico personaje de Pepe LaPeste, creación original del propio Jones: una mofeta con halitosis, ligón empedernido, manipulador a la caza del besuqueo, que seguramente suponga el primer encuentro de los peques con los babosos disfrazados de romanticismo, con su palabrería francesa y su infatigable y patética obsesión por las chicas. El primer ejemplar de narciso del que huir a toda costa durante el resto de sus vidas.

Por último, en torno a los personajes del Correcaminos y del Coyote siempre hay un inevitable poder de identificación con uno o con el otro. ¿Al lado de quién estamos los adultos y de quién están los críos? ¿Del continuo perfeccionamiento y ambición por la mejora del Coyote, de su obcecación insana e inútil, de sus dinámicas del fracaso? ¿O del gamberrismo sutil e inteligente, de la travesura reiterada y sin remordimientos del Correcaminos? ¿Los descalabros nos dan pena o risa? ¿Qué serán nuestros niños de mayores en la vida, correcaminos o coyotes?

Termina la película y el narrador Bugs lo vuelve a resumir a la perfección: «Lo necesaria que es la risa y lo divertidas que son las persecuciones». Los chicos están preparados para las carreras del cine cómico mudo, para Buster Keaton y Charlie Chaplin, para las orgías de destrucción del cine de (y con) Jerry Lewis. Hemos dado un paso más con el arte y la comedia de Avery y Jones, tan influyentes en el cine posterior, el de animación y el de acción real, en películas como *¿Quién engañó a Roger Rabbit?* y *La máscara*, o en el personaje del genio de *Aladdin*.

Aún en formato cortometraje, en semejante nivel de brillantez artística pero en un tono algo distante, más acariciador y menos alborotador pese a su comicidad, se sitúan los cortometrajes de Pixar, que casi podrían verse en orden cronológico, empezando por el ilustre *Luxo Jr.* (John Lasseter, 1986), con un flexo como personaje protagonista, convertido luego en imagen de marca de la productora de animación. La mayoría de ellos son deslumbrantes, pero es posible que si se empieza en orden descendente desde los más modernos, al llegar a los primeros en el tiempo los críos observen una cierta ingenuidad y un ritmo más sincopado que los lleve a la decepción. También puede ocurrir que, como son tan buenos, sobre todo los primeros, ni huelan la diferencia, ya que esa impresión de candor está más relacionada con la finura narrativa que con un toque de simpleza. Así que allá ustedes.

Contar en apenas un minuto y cuarenta segundos la relación madre-hija (o padre-hijo), sus primeros juegos conjuntos, el cuidado del mayor, el entusiasmo sin freno del pequeño, el primer descarrío y la primera frustración en forma de juguete roto a las primeras de cambio no es nada fácil. Hacerlo con dos lámparas como protagonistas es directamente genial. Todo eso y mucho más es *Luxo Jr.*: el incesante camino de entretenimiento, tentativas educativas, fracasos emocionales y reparaciones vitales que unos padres y unos hijos van a experimentar durante un tiempo más o menos largo, pero que siempre pasa como una exhalación.

Más sutil, ensoñador, cinematográfico en su puesta en escena y amargo en su tono es *El sueño de Red* (Lasseter, 1987), protagonizado por un monociclo. La narrativa se complica porque está contado a través de un *flashback* y, en cierta medida, anticipa parte de las esencias de la primera película de la casa, *Toy Story*, ocho años posterior, con un juguete a pedales que un día fue estrella del circo pero que ahora se encuentra arrumbado en la esquina de las ofertas de una tienda de muñecos y cacharros. Entristecido por un pasado glorioso que ya nunca volverá y dotado de una memorable expresividad gestual pese a ser un artilugio, el monociclo dejará al niño espectador con una de sus primeras muecas de aflicción. La vida igual no es tan fácil como ellos empezaban a pensar.

El más cómico de todos es *Tin Toy* (Lasseter, 1988), también paso previo del director para la configuración narrativa y emocional de *Toy Story*, con otro juguete, esta vez un músico orquesta, con su bombo, sus platillos y su acordeón, perseguido por el mayor terror de los muñecos: un bebé que aún no domina sus impulsos ni sabe cómo tratar sus cosas. Quizá como el peque que está viendo el cortometraje. En menos de cuatro minutos, esta tercera obra de Lasseter en la factoría Pixar tiene tres giros tronchantes de grandeza cómica y un final desmitificador que incide en el discurso del maravilloso episodio de *Bob Esponja* antes reseñado: que muchas veces los más pequeños acaban jugando con la caja del juguete más que con el juguete en sí, otorgándole al envoltorio inimaginables posibilidades para el gozo.

El tercer gran referente de Pixar para la creación posterior de *Toy Story* es *Knick Knack* (Lasseter, 1989), de nuevo en una línea de comicidad física fastuosa, e incidiendo en otro de los sostenes del primer largo de la casa: que los juguetes de los críos nunca están alineados por tipos como si fueran un Excel o la demasiado ordenada cabeza de los mayores, y que una piscina, un cactus y una rubia en bikini con gafas de sol pueden convivir, incluso para el amor, con un muñeco de nieve encerrado en una bola de cristal.

Todos ellos sin una sola palabra, los cortos de Lasseter pusieron las bases de lo que más tarde sería una larga historia de amor entre las películas de Pixar y sus espectadores, y la consagración de un modelo animado basado en el alma de unos personajes de materiales y colores industriales, capaces de sufrir y de disfrutar como cualquier ser humano de tripas y corazón.

2

La animación, un formato para niños (y adultos)

La conciencia es esa débil voz interior que nadie escucha.

Pepito Grillo, en *Pinocho*

Tras una época en las distancias cortas, ha llegado el momento de las largas. En principio, con las películas de animación, aunque no exclusivamente. Este capítulo está dedicado a ellas y, como en cada trecho genérico o temático, se irá subiendo en complejidad conforme la edad avance y la personalidad se vaya formando, pero convergerán pronto con otro tipo de historias y de formatos presentes en otros apartados del libro. Mientras, el acto de ver películas se bifurcará en dos: el cine en salas y el cine en casa. En este caso, y quizá sea una sorpresa para el lector, vuelvo a huir de los dogmatismos. La pantalla grande es mejor, de eso no cabe duda; al igual que el simple hecho de ir, de compartir la alegría, las risas y las lágrimas, las chuches y quizá también el aburrimiento con gente como nosotros. Pero a veces se olvida que hay infinidad de familias que no tienen una sala cerca de casa. Cientos y cientos de pueblos donde las cerraron hace décadas. Y no puede ser dogmático alguien como yo, que fue a los cines con asiduidad hasta los quince años, pero que entre esa edad y los dieciocho, una de las épocas en las que vi más cantidad de películas, me tuve que alimentar del videoclub y de la grandiosa programación de la época en la televisión pública española. En mi pueblo, Martos, localidad grande, de veinticinco mil habitantes, chaparon el último cine comercial y yo inicié un trayecto vital apasionante en las estanterías de los videoclubes y en la programación televisiva de los periódicos, ayudado por la posibilidad de grabar películas a horas intempestivas. Era una labor ardua, casi un trabajo. Un trabajo apasionante.

Como padres, emprendemos una época paradójica en relación con nuestros hijos y las películas. Por un lado, en determinados aspectos los críos se recrean en la curiosidad. Por otro, sobre todo cuando son muy pequeños, en ciertas etapas (que me ponen de los nervios) prefieren ver por enésima vez un título que les encanta antes que arriesgarse con uno nuevo que no saben si saldrá rana. En el fondo, me da por pensar que los niños son conservadores por naturaleza, a la manera de esos matrimonios que prefieren la fuerza de la costumbre a la intemperie de la soledad o al recomienzo con vaya usted a saber quién. «¿Cómo voy a iniciar de nuevo el costoso proceso de entender bien a una persona cuando ya conozco a una que no está nada mal? ¿Para que luego no me guste lo suficiente?» Los críos son parecidos con las películas y, ampliando la gama de edad, una parte de los adictos a las series son también así ante la dicotomía de quedarse en casa para ver un capítulo más de un producto corriente pero que les satisface en buena medida, o la aventura (y el dinero) de un viaje hacia una sala de cine donde podrán ver un bodrio, una película (in)olvidable o una obra maestra.

Yo no practiqué esa fiscalización constante de una misma cinta. Cuando era niño no existía esa posibilidad; ni siquiera había aparecido el vídeo, que por lo menos a mi casa creo que no llegó hasta 1984, en versión Betamax, cuando tenía ya trece años. Pero a partir de entonces en las casas se convirtió en un clásico que una cinta quedara materialmente desgastada a causa del empecinamiento infantil. La aparición del formato físico facilitó la conservadora práctica de los críos y algo más tarde se trasvasó a esos DVD que cuando se empezaron a comercializar se decía que no se rayarían y a los que luego les salían unos surcos más hondos que los de la película de José Antonio Nieves Conde. Los que aún estamos lejísimos de la jubilación pero ya tenemos una edad nos criamos con el que la pille para él, y si se te escapaba en la tele, te fastidiabas.

Aquella situación resulta tan complicada de entender para las nuevas generaciones de niños que ahora ni siquiera comprenden el formato físico de la música. De hecho, Julia dice que uno de sus primeros recuerdos en casa fue jugar a desenrollar viejas cintas de casetes de mis grupos de música favoritos, y a intentar enrollarlas más tarde con el bolígrafo y sus pequeñas manitas. Gástate una pasta en un juguete hipermoderno, que luego se lo pasarán en grande con lo que les venga en gana. Las cintas se convirtieron así en mi versión particular del episodio de la caja de *Bob Esponja.*

Blancanieves y los siete enanitos (David Hand, 1937) fue con toda seguridad la primera película que Julia vio completa de un tirón. Con la de Santi dudo más, por lo mismo que en todas las familias hay doscientas mil fotos del hermano mayor, bastantes menos del segundo y del último o última apenas unas cuantas. Los queremos igual, pero a todo se (mal)acostumbra uno. Y sé de lo que hablo: soy el hermano pequeño de tres.

No recuerdo la edad exacta que tendría Julia, pero sí un dato: aún no sabía hablar. Las primeras palabras que dijo fueron «mamá» y «papá», o al menos eso quiero pensar, y la siguiente fue «agua», o algo parecido a eso, más bien «*abua*», señalando con el dedo la televisión y dando pequeños botes cada vez que salía la cascada al final de la mítica secuencia del «*Ay, ho...*», cantada por los enanos. Si se empieza a andar poco antes o alrededor del año de vida, y a hablar más o menos a los dos, ya imaginan la edad que tendría. La vio decenas de veces, completa o por partes, y sigue siendo ideal para empezar con los largometrajes por su combinación de los ritmos sonoros y los movimientos de las figuras en el plano, algo ya experimentado por Disney en sus cortometrajes. También es perfecta por ser una película muy visual, con poquísimos diálogos, en la que casi todo se dice con la expresividad del dibujo y la gestualidad de los personajes, sobre todo la de los enanos y la de la bruja, mucho más que la de Blancanieves o la del príncipe. Las características personales de cada enanito podrían conformar una sociedad en masculino, con nuestras filias y nuestras fobias, nuestras taras interiores y nuestras virtudes, y todo ello a pesar de no tener demasiado texto ni mucha presencia individual de cada uno: con apenas unos esbozos visuales y sonoros, se labra un entorno psicológico y social, y cada una de las peculiaridades de Sabio, Bonachón, Dormilón, Mocoso, Tímido, Gruñón y Mudito nos engloba a todos.

La envidia, que ya nos había aparecido en *De perro pobre a rico*, con Droopy como protagonista, reluce como subtexto fundamental de una espantosa historia de inseguridades alrededor de la belleza y sus cánones, y sobre la necesidad de adulación continua que tiene la bruja. Las luces y las sombras, además de los matices en los colores, van marcando el tono a cada paso con sutileza y, pese al dramatismo que encierra, es un relato fundamentalmente festivo. Me fascina pensar en lo que pudo suponer para los niños de 1937 ver una película así en un cine. Algo tan creativo, tan novedoso, tan artístico y tan emocionante.

La más suicida y ambiciosa de las primeras películas de Disney es *Fantasía* (varios directores, 1940), obra mayúscula asentada en el poder evocador de la música clásica. Una producción autodefinida en su narración como «una nueva forma de entretenimiento», alrededor de tres tipos de música: la que cuenta una historia completa; la que no contiene un argumento concreto pero esboza una serie de imágenes a partir de esas notas, y la que existe simplemente por sí misma, como concepto, es decir, la música absoluta.

Los seguramente desmesurados propósitos de Walt Disney para una película destinada a los más pequeños trajeron consigo una consecuencia: salvo raras excepciones, es un trabajo ideal para ver con los muy pequeños, casi bebés, cuando aún no saben hablar bien, o también para ver bastante más tarde, cuando a una parte de los críos, ojalá que a muchos, se le vislumbran inquietudes musicales, visuales, pictóricas y artísticas más allá de lo habitual. Pero casi siempre resulta complicado que los que ya han visto mucha animación con ritmos a todo trapo, que solo buscan un relato con planteamiento, nudo y desenlace y no una serie de piezas breves de arte y ensayo musical, no se harten de sus dos horas de (maravillosos) dibujos y de sus temas de Bach, Chaikovski, Stravinski, Músorgski, Beethoven y Schubert, entre otros. Ahora bien, qué película tan maestra es *Fantasía* para los que logran entrar en su dinámica.

Frente a las impacientes reticencias de esa etapa de la niñez alérgica a la música clásica, hay un posible truco que para los más dogmáticos quizá enturbie el concepto unitario de la obra, pero que en realidad tiene mucho que ver con el origen de la película: empezar viendo el tercer segmento, *El aprendiz de brujo*, protagonizado por Mickey Mouse, un fabuloso cortometraje musical con moraleja, en principio pensado para formar parte de la serie *Silly Symphonies*, y raíz principal de la idea posterior de conformar un largometraje como *Fantasía*.

Basado en un poema sinfónico del compositor francés Paul Dukas, creado en 1897 e inspirado por el poema homónimo de Goethe, escrito justo cien años antes, en 1797, *El aprendiz de brujo* cuenta a través de la música y de los dibujos de los animadores de Disney la típica estratagema infantil para tirar por la calle de en medio y así librarse de un trabajo poco apetecible. Mickey Mouse es el discípulo de un viejo mago que, harto de transportar cubos de agua para las pócimas de su jefe, establece un conjuro con el objetivo de que sea una escoba la que lleve de un sitio a otro las pesadas cubas, bajo su supervisión sobrenatural. La gestualidad infantil del ratón, traviesa cuando ha encontrado la solución práctica a sus males cotidianos, tierna cuando se le cierran los ojos y se queda dormido, producto del cansancio, y al final tímida y arrepentida, mezclando la sonrisa pícara con la que ablandar al viejo mago y la mueca decepcionada porque no hay quien lo consiga, es un prodigio.

La enseñanza nace a partir del agobio: el truco se hace incontrolable tras su siesta, la escoba lleva demasiada agua y cuando el protagonista se despierta no hay vuelta atrás porque no sabe parar el conjuro. Se ha pasado de listo, como todos en algún momento de nuestras vidas. El primer remedio, expuesto por los creadores en violento y prodigioso fuera de campo, muestra a Mickey armado con un hacha, entre estallidos de rojo sangre y de negras sombras, rompiendo la escoba en trozos. Un remedio que no es tal sino enfermedad: las escobas se multiplican, se convierten en otras escobas que siguen con su imparable trabajo ante los sudores fríos del diablillo. Ni el asesinato de su creación ha podido parar el destrozo. Cuántas de estas hicimos todos de pequeños, cuántas de estas les quedan por hacer a sus hijos.

De modo que la confluencia del tempo de la música y los movimientos de los personajes, además de la historia, quizá puedan enganchar a los niños para seguir viendo otros segmentos de *Fantasía*, entre los que destaca el tétrico expresionismo pictórico que acompaña a otro poema sinfónico: *Una noche en la árida montaña*, de Modest Músorgski.

Dumbo (Ben Sharpsteen, 1941) es una obra maestra del cine animado con tantas implicaciones que da para ensayo psicosocial, sin dejar de ser un entretenimiento absoluto. La felicidad inicial, con la cigüeña-cartero entregando a los nuevos bebés del circo, es una preciosidad. También la canción, de letra indeleble, poética y pegadiza en su versión hispana: «Despierten, ya llegó / la carga de París / lo que usted encargó / va pronto a recibir». Pero con el aterrizaje algo tardío del bebé elefante comienzan los problemas. Los iniciales «¡Se parece mucho a ti!» de las amigas de la señora Jumbo dan paso a lo inimaginable: un mal estornudo hace que se desplieguen sus enormes orejas y la consecuencia es atroz en estas sociedades de la crueldad; el elefantito es *distinto*. Las mamás bobas se ríen de él. Los niños tontos se ríen de él. Son las primeras muestras del matonismo colegial, de una madre defendiendo a su hijo a capa y espada, y de las brutales consecuencias para ella: latigazos, encierro con argollas y un cartel con la leyenda «Elefanta loca». El lamentable señalamiento de la mujer. De paso, una muestra de que las clases sociales existen incluso en el circo, porque el crío elefante es degradado desde la aristocracia animal a la condición de payaso.

El elefantito es expuesto como fenómeno de feria a causa de su distinción, como los *Freaks* de Tod Browning, como *El hombre elefante* de David Lynch. Y, sin ir tan lejos, como el niño demasiado blandito en un mundo de chicarrones, como la niña que no viste como las demás, como el crío o la cría con cualquier tipo de distinción física. Señalados por ser una anomalía. Pero la película habla de la necesidad de sobreponerse y de la capacidad que tenemos para ello, y lo logra con un relato de desarrollo duro pero precioso en el que dominan las imágenes. Dumbo, que aunque no sea mudo no llega a pronunciar ni una sola palabra en toda la película, ni falta que le hace, es el mejor síntoma del valor del cine sin excesiva cháchara.

Con la moda contemporánea de las nuevas versiones de acción real de los grandes clásicos de Disney llegaron también los cambios de guion y las revisiones morales. Quizá necesarias en algún caso puntual, pero incomprensiblemente melifluas y sobreprotectoras en muchos otros. Y un ejemplo meridiano de esto último lo tenemos en la desaparición en la versión de Tim Burton, del año 2019, de la famosa secuencia de la borrachera, quizá la mejor de toda la película original. Una curda accidental que pillan el pequeño elefante y su amigo el ratón al confundir agua con alcohol, que da paso a la secuencia más artística y distinta en sus trazos y colorido: el surrealista y alucinógeno baile de los fantasmas elefantes ante la vista ebria y obnubilada de los dos borrachines. ¿Qué creen los biempensantes de hoy, que los niños al ver esta extraordinaria secuencia la van a guardar en su memoria para incitarlos a una sesión de alcohol y LSD cuando sean mayores? Son cuatro minutos y medio explosivos de creatividad, atrevimiento y, en fin, arte, que no se olvidan, eso por supuesto. Pero no en el sentido que las hordas contemporáneas de la corrección política están pensando.

Discusión y párrafo aparte merece la polémica penúltima secuencia, cuando aparece la pandilla de cuervos que acaba auxiliando a Dumbo: tez oscura, estereotipos de lenguaje y comportamiento en torno a los afroamericanos —los dobladores son negros, miembros del coro del compositor Hall Johnson, lo que ayuda en la práctica musical con la canción que interpretan— y, lo peor, el líder se llama Jim Crow, en una muy ambigua referencia a las leyes Jim Crow de apoyo a la segregación racial. En la versión latina, visto el asunto de los arquetipos desde una perspectiva quizá un tanto superficial, las decisiones no mejoran. Los cuervos son doblados por actores que hablan en andaluz cerrado y entre ellos se llaman «¡Primo!»: son gitanos. Sin embargo, salvo lo de bautizar al líder como Jim, que es el dato que más me hace dudar, se ha ido abriendo paso otra interpretación alejada del racismo, que es a la que yo me acabo adhiriendo: los únicos que ayudan al pobre Dumbo en su epopeya son los cuervos, personajes de enorme personalidad y actitud decisiva en la salida del túnel de la incomprensión y la violencia verbal que sufre el animal durante todo el relato. Desclasados de los años 40 del pasado siglo, parias del mundo de la obligada uniformidad, de la soberbia, de la elegancia impostada y de las sociedades uniformes e impolutas, uníos para hacer un mundo mejor y más diverso. Y ahí veo a los cuervos negros (o a los gitanos), en feliz comunión con Dumbo. Fenómeno, sí; pero de feria, no.

Un año antes de que se emborrachara Dumbo, Pinocho ya se había pillado otro pedal, con una diferencia: mientras que el elefante lo hacía por error al confundir la bebida, el niño de madera lo hacía con plena consciencia al fumarse unos puros habanos casi más largos que su nariz de mentiroso. *Pinocho* (Hamilton Luske, Ben Sharpsteen, 1940) no suele ser la película favorita para el público de la jugosa historia animada de Disney. Para mí sí lo es. La obra en la que mejor confluyen arte y emoción, enseñanza y frescura, espectáculo y gamberrismo, ardor y dolor, caída y redención.

La clave del inmortal cuento de Collodi y de la película está en la tentación, y posteriormente en la labor de la conciencia. Dos temas de envergadura en muchísimos aspectos, y que además nos apelan a todos: los pequeños y los mayores. Cuando el hada madrina le dice a Pinocho que debe aprender a distinguir el bien del mal, como si eso fuera tan fácil, el muñeco le responde con tanta razón como sencillez: «¿Y cómo sabré?».

La respuesta del hada no tiene precio: «Tu conciencia te lo dirá». Ante eso, la réplica de Pinocho no podía ser nada más que otra pregunta: «¿Y qué es la conciencia?». Si alguien sabe responder a semejante enigma con una respuesta mejor que la que le dispensa Pepito Grillo, merece un lugar en el panteón de los filósofos.

—La conciencia es esa débil voz interior que nadie escucha.

Qué maravilla. La conciencia en los niños es la angustia, el cosquilleo en el estómago y en las piernas, la tenue o clara sensación de que algo no hay ido bien. Ese momento en el que, después de un día de actividad e interactuación normales con los padres, de irse a la cama y ahondar la almohada en la oscuridad, comienzan los remordimientos por lo (mal) hecho, los continuos cambios de postura y el presumible regreso al salón donde aún andan papá y mamá para, entre llantos, empezar a contar que la han cagado. No tengo una cámara en la habitación de mis hijos, pero me apuesto dólares contra galletas a que funciona de ese modo.

Pinocho abunda en una encrucijada a la que siempre se llega en algún momento: entre el deber y la juerga a destiempo, entre las buenas y las malas compañías. El honrado Juan es la perfecta representación del villano feliz y divertido, el que ejerce de incitador contraste con la aburrida seriedad de las cosas que se deben hacer. El embaucador, un clásico temible en todas las edades de la vida.

Con una fastuosa utilización de las sombras en las secuencias más crueles, este segundo largometraje de Disney, posterior a *Blancanieves* y previo a *Dumbo*, mete el bisturí sin pudor en la doble cara de los seres humanos, incluidos los niños, con una ferocidad extrema que, sin embargo, a mí me encanta. Y la conversión en asno de Polilla, el pillastre nuevo «mejor amigo» de Pinocho, resulta particularmente atroz. También fascinante: en lo pictórico y en lo narrativo.

Las revisiones de estos primeros clásicos de Disney —junto con algunos de la segunda gran era animada de Disney, la del renacimiento de los años 90, a partir de *La sirenita* (John Musker, Ron Clements, 1989)—, por medio de nuevas producciones en las que se sustituye la animación por la acción real, se han agudizado en el último lustro, sobre todo desde el año 2017, cuando se han estrenado de forma consecutiva *remakes* de *La bella y la bestia*, *Dumbo*, *Aladdin*, *El rey León*, *La dama y el vagabundo* y *Mulán*. Un ejercicio de pereza creativa y de poderío empresarial que se podría criticar casi de forma conjunta, pues los desperfectos de cada una de ellas tienen una misma raíz, pero que podría concretarse con el análisis conjunto de las dos versiones de *La dama y el vagabundo*, la mítica, de 1955, dirigida por Clyde Geromini, Wilfred Jackson y Hamilton Luske, y la nueva, de 2019, comandada por Charlie Bean. Pueden parecer la misma película con distintas técnicas, la animación y el CGI, las imágenes en tres dimensiones creadas por computadora. No obstante, compararlas es lo más parecido a mirar un cuadro y luego una mala fotocopia en color de una foto de ese cuadro.

Disney está tardando en entender que la espectacularidad técnica nada tiene que ver con el arte; que aplicar semejantes o exactas soluciones visuales y calcada puesta en escena a secuencias en un formato distinto lo único que provoca es una impresión de realismo; que con la sustitución del dibujo por la (supuesta) realidad digital todo cambia, y no solo el color y las formas sino también el tono y, en definitiva, el arte. Y es una pena para las últimas generaciones de niños, porque quizá sean estas nuevas versiones las que vean primero, en lugar de los clásicos de dibujos animados. En las manos de ustedes está resolver el entuerto.

La dama y el vagabundo, en la versión de los años 50, legó un puñado de imágenes imborrables, encabezadas por la de Golfo y Reina compartiendo espaguetis y beso en un callejón. Pero la mayor parte de su energía, de su intimidad, de su calidez y de su creatividad se pierde en el *remake*, pese a utilizarse los mismos conceptos en el encuadre y los movimientos de cámara, a causa del muy discutible trabajo con la luz, tanto en los interiores como particularmente en los exteriores diurnos, y la desaparición de la sutileza estética con los fondos y la labor con las sombras.

Con independencia de la imagen, deplorable en la confrontación, apenas dos cambios destacan en el fondo de la nueva película: la sustitución de la pasividad femenina de Reina, desgraciadamente característica en aquellos años, por una pasional iniciativa más acorde con estos tiempos, y la nueva inseguridad masculina de Golfo, patrón de nuestra contemporaneidad. Y sin embargo, con la introducción de las nuevas canciones y de otra banda sonora musical, desaparece también uno de los mejores momentos de la película original: el brillantísimo tema de presentación de los gatitos siameses, que los personajes cantaban con acento oriental («Somos dos gatitos siameses / algo *tlaviesitos* muchas veces / estamos conociendo nuestro nuevo *hogal* / y si nos gusta nos vamos a *quedal*»). ¿Arquetipo sibilino y malvado de los orientales? De eso se acusó a la secuencia y por eso ha desaparecido ahora.

¿Significa esto que la visión de una secuencia así va a llevar a los niños a una (in)consciente animadversión hacia la cultura y la sociedad niponas? Que cada padre y madre decida. ¿Hay mensajes racistas en algunos de estos clásicos de Disney? Yo no lo sé, pero, en todo caso, de haberlos, creo que estos tendrían que verse reforzados en casa por comentarios y actitudes de los mayores en presencia de los niños. Si no es así, como ocurrirá en la inmensa mayoría de los hogares, probablemente pasen inadvertidos. Y donde por desgracia sí ocurra de ese maldito modo, los críos no se convertirán en racistas porque hayan visto tal o cual secuencia de una determinada película infantil un tanto ambigua, sino porque las lecciones y las actuaciones de sus padres o de su círculo de confianza en torno a la tolerancia y a la libertad hayan ido por ese pésimo camino.

Dicho esto, no me hagan caso a mí sino a Disney, que desde hace algo más de un año ha incluido en su plataforma la siguiente leyenda antes de, entre otras, *La dama y el vagabundo*, *Blancanieves y los siete enanitos*, *Peter Pan* y *Los aristogatos*: «Este contenido incluye representaciones negativas o tratamiento inapropiado de personas y culturas. Estos estereotipos eran incorrectos entonces y lo son ahora». Se supone que algo deben saber (o no) de sus propias películas.

Las producciones de Pixar son lo suficientemente conocidas como para no incidir demasiado en algo que ya tienen muy visto tanto ustedes como sus hijos y que goza de reconocimiento cerca de lo unánime. Por eso, tras el recuerdo de algunos de sus primeros cortometrajes en el anterior capítulo, prefiero acercarme a dos de sus películas seguramente menos trilladas en las casas: *WALL·E* y *Bichos*. Primero, porque ambas son muy buenas; para mí, infinitamente mejores que algunas mucho más populares, con la saga *Cars* a la cabeza: con diferencia, lo peor que se haya hecho en la fantástica productora animada. Y segundo, y más importante en este caso, por su relación con otras que pueden llegar después.

Bichos (John Lasseter, Andrew Stanton, 1998) es especial para este libro porque está claramente inspirada en *Los siete samuráis* y el nombre de Akira Kurosawa forma parte del título de lo que usted está leyendo en estos instantes. El mito de los criminales que tienen atemorizada a una comunidad incapaz de defenderse por sí sola, que en buena medida está asolada por el encogimiento y que acaba acudiendo a un grupo de profesionales para que defienda al pueblo, nace con el título de Kurosawa. Pero posteriormente ha sido utilizado en otras cuantas películas además de la presente *Bichos*: las más obvias, las dos versiones estadounidenses de *Los siete magníficos*, la de 1960 y la de 2016 (John Sturges y Antoine Fuqua, respectivamente), además de la salvaje *Infierno de cobardes* (Clint Eastwood, 1973), e incluso algunos aspectos, principalmente el de la pusilanimidad, de *Busca tu refugio*, un olvidado pero estupendo *western* de Nicholas Ray de 1955, estrenado justo en el año siguiente de la epopeya de Kurosawa.

La meticulosidad y la precisa organización de las hormigas en las primeras secuencias de *Bichos* circula en paralelo al trabajo cabizbajo, gris y eficiente de los labriegos japoneses en la obra de Kurosawa. También las estampidas de pánico ante la llegada de los enemigos y el tembleque en el refugio. «¡¿Y mi comida?!», grita el emperador de los saltamontes, villano de lujo, a los que no son sus súbditos pero como si lo fueran. En el fondo, lo que aparece en estas secuencias de amenaza y miedo es la eterna lucha de clases. Las hormigas recogen la comida y los saltamontes se la comen. «Me parece que las hormigas habéis olvidado el sitio que os pertenece», advierte con vileza el pérfido, en una frase que bien podría haber pronunciado el violento capataz del cacique, dueño de un latifundio en la España profunda en diversas épocas de nuestra historia.

Y así durante cada estación. Unas trabajan; los otros engordan su barriga sin dar un palo al agua. Hasta el otoño. Lo que lleva a un plan de búsqueda de los guerreros que protejan a la comunidad, igual que en *Los siete samuráis*, aunque con una gran diferencia: en la de Kurosawa encuentran a unos combatientes y aquí a siete artistas de circo que creen que Flip, el simpático protagonista, es un cazatalentos.

Comedia de aventuras con divertidísimos hallazgos en los personajes secundarios y de reparto, como esa araña viuda negra que, además, resulta ser viuda, *Bichos* va poco a poco separándose de la obra original japonesa con otros modos de salir de la opresión: con iniciativa, decisión para cambiar las cosas e inventiva; con la estrategia de defensa pergeñada por unos payasos de circo y un puñado de mindundis.

El primer acto de *WALL·E* (Andrew Stanton, 2008) es con toda probabilidad el reto más sugestivo para los pequeños de toda la filmografía de Pixar. En estos tiempos de velocidad supersónica en la narración y en los diálogos, en los sucesos y en la gestualidad de los personajes, la historia arranca con casi cuarenta minutos de relato en el que los dos protagonistas, el robot compactador de basuras WALL·E y la sonda de nombre EVA, acrónimo de Evaluadora de Vegetación Alienígena, y mucho más avanzada en lo tecnológico, apenas hablan nada: ella, frases cortísimas; él, un puñado de onomatopeyas. Todo se basa en la sutileza expresiva de los personajes y en la aspereza de los ambientes, lo cual entronca con dos títulos señeros de la historia del cine: la obra de ciencia ficción adulta *Alien, el octavo pasajero* (Ridley Scott, 1979), y sus primeros 45 minutos, en los que algunos dicen que «no pasa nada», y la película muda de Charlie Chaplin *Luces de la ciudad* (1931), que es evocada por Stanton en su emocionante desenlace.

El director decide iniciar su obra con uno de esos mágicos contrastes de lenguaje cinematográfico y de tono que, no pocas veces, se convierten en inolvidables. El aspecto posapocalíptico de la Tierra, un planeta destruido repleto de basuras, escombros y decrepitud, y que solo inspira tristeza, se hace acompañar de una música feliz que inmediatamente sugiere bienestar: la canción «Put On Your Sunday Clothes», compuesta por Jerry Herman para *Hello, Dolly!* (Gene Kelly, 1969), musical que posteriormente tendrá también presencia en el relato en sí mismo y en la vida cotidiana y extremadamente solitaria de WALL·E.

Con la llegada de EVA, además, se invierten los papeles, con lo cual se escapa de los estereotipos habituales de lo femenino y lo masculino: ella es la tipa dura, con personalidad, decisión y hasta capacidad para la violencia, y él, el asustadizo, tímido y delicado. Un proceso de conocimiento mutuo, del papel que ocupa cada uno en la vida, en el que surgen regocijantes instantes de ternura y comicidad alrededor de un reducto hogareño como el que se ha fabricado con el tiempo WALL·E; una morada que en este aspecto tiene mucho de Buster Keaton y de su cine, inspirada en las cosas más sencillas y divertidas del mundo. Ahí están el cubo de Rubik, el disfrute de una película musical, una cinta VHS que EVA estira y estira al estilo de Julia con mis casetes, y el jolgorio máximo, eso con lo que todos hemos flipado de pequeños, como una suerte de éxtasis de la simplicidad y la aparente tontería: explotar las burbujas de los embalajes de plástico, una práctica que según los expertos lleva al sosiego.

El nudo del relato, ya en la nave espacial, junto con los supervivientes humanos del holocausto de la Tierra, creo que es mucho más convencional. Sin embargo, el desenlace vuelve a dejar un instante demoledor: el modo en que WALL·E, con su memoria reiniciada y una cruel incapacidad para el recuerdo, se da cuenta por fin de quién está a su lado. Por cierto, un inciso respecto al destripamiento de las películas, los ya famosos *spoilers*: en este volumen igual cuento alguno, como el que sigue, pero en una crónica que en muchos sentidos pretende ser analítica y relacionar no solo conductas sino sobre todo obras de arte y del espectáculo resulta inevitable hacerlo, aunque, en todo caso, será con títulos muy conocidos. Así que no se me enfaden, por favor. Y regreso al final de la película de Stanton: esas manos entrelazadas de los dos robots, que por fin despiertan su memoria, son las mismas, aunque cibernéticas, que las de Chaplin y Virginia Cherrill en *Luces de la ciudad*. Cuando seguramente un tiempo después de ver *WALL·E* sus hijos disfruten en casa la obra maestra del genio del cine mudo, recuérdenles al culminar la película los paralelismos entre ambas. Les entusiasmará y, sobre todo, déjenles claro quién inspiró a quién.

Frente a las excelencias de Disney y Pixar, desde el extremo Oriente, el japonés Hayao Miyazaki se ha ido haciendo familiar en los hogares y los cines occidentales gracias al impulso de otro tipo de fantasía: aún más libre, mitológica y, por qué no, espiritual. Entre sus muchas películas sensacionales quizá destaquen *Mi vecino Totoro* (1988) y *Ponyo en el acantilado* (2008), pero en nuestra casa hemos ido celebrando puntualmente casi cada uno de sus largometrajes con la estupefacción que provoca la inventiva, y con el placer del gozo a causa de la delicadeza en el tratamiento de sus personajes y la brillantez de su trazo artístico. *Nausicaä del Valle del Viento* (1984), *Porco Rosso* (1992), *La princesa Mononoke* (1997), *El viaje de Chihiro* (2001), *El castillo ambulante* (2004) y *El viento se levanta* (2013) se fueron sucediendo ante la media sonrisa en nuestra boca y los ojos plenamente abiertos de los niños, enormes y con la lágrima asomando su patita, casi como los de sus propios personajes.

No son pocas las películas fundamentales de la historia del cine protagonizadas por personajes infantes o adolescentes que comienzan con una mudanza. A esas edades, un cambio de colegio, de amigos, de ambientes y hasta de hogar y habitación suele suponer un incordio, si no directamente una tragedia. Y de la angustia y la incertidumbre de esa situación se han ido haciendo eco historias de todos los géneros, aunque quizá el terror y el drama hayan sido los que mejor hayan tratado su congoja.

Por todo ello resulta tan sorprendente, y tan felizmente agradable, el comienzo de *Mi vecino Totoro*. Hay un traslado, el de un padre y sus dos hijas a un nuevo hogar, pero este se produce con ilusión, sin rémoras del pasado, sin angustia, a pesar de que poco después se va a descubrir que la ausencia de la madre tiene detrás un porqué dramático: está en el hospital, enferma de tuberculosis. El descubrimiento de un espacio y un mundo nuevos es un estímulo y no un lastre para las niñas. Por supuesto que están preocupadas por su madre, pero no es óbice para que en su deambular diario y en la relación entre ellas haya sonrisas, juegos y deseos, como si el hundimiento constante fuera un estado vital exclusivo de los adultos.

La espiritualidad japonesa se va a ir filtrando poco a poco en un relato ambientado en la década de 1950, cuando el país aún arrastraba las penosas consecuencias de su derrota en la Segunda Guerra Mundial. Primero, con la aparición de los duendes del polvo, que, en una característica fascinante, solo pueden ser vistos por los niños; eso sí, lo hacen generación tras generación. Más tarde, con la magia del bosque, tan asociada al sintoísmo, la segunda religión por número de fieles en Japón, su veneración del carácter sagrado de la naturaleza y de su poder fortalecedor y sanador. Por último, con la aparición de la criatura Totoro, imponente en su visualización por parte de Miyazaki, y aún más por su contraste físico con la hermana pequeña, la primera que lo descubre. Para la historia del cine queda ese plano bajo la lluvia a la espera del autobús, con Totoro y las dos hermanas, tan dispares, que el artista japonés dibuja con exquisita frontalidad. Que justo después no llegue un autobús sino un *gatobús* solo acrecienta el poder onírico de una secuencia que, literalmente, puede poner el vello de punta.

Desde ese momento, a la manera del flexo de *Luxo Jr.* para Pixar, ese ser del bosque, ese enorme animal con aspecto a medio camino entre el oso y el gato, se convirtió en el sello de fábrica del estudio Ghibli, creado tres años antes por el propio Miyazaki y por Isao Takahata —autor al que llegaremos algo más tarde en este libro—, en la rúbrica de un estilo animado y de una sensibilidad artística y emocional únicos.

Mientras escribo esta crónica voy revisando historias y evocaciones junto con mis niños, y una frase de mi hijo puede dar cuenta de la sensación de divertimento y de deleite experimentada en casa con los trabajos del artista japonés. En una mañana sin colegio presencial a causa del maldito coronavirus, Santi sale de su cuarto, pasa por el salón donde está puesta *Ponyo en el acantilado*, adivina la película con apenas un par de planos y, conmigo en el sofá tomando algunas notas para ustedes, se limita a decir: «¡Ponyo! ¡Qué buenos recuerdos!». Los niños de once años hablan a veces de su pasado como si tuvieran sesenta.

Mi vecino Totoro comenzaba en la órbita de la cotidianidad, con las correrías de las dos hermanas protagonistas y el descubrimiento de su nueva casa, para después ir alcanzando la magia, el misterio y la fantasía. *Ponyo en el acantilado*, en cambio, comienza con la magia para, solo puntualmente, acabar llegando a lo ordinario, a la vida del niño Sosuke junto con su madre. Es la imaginación la que domina una hermosa película de amor e iniciación que, sin embargo, además de un tono semejante, comparte con *Totoro* el subtexto del progenitor ausente: allí, una madre enferma en el hospital; aquí, un padre pescador que pasa largas temporadas fuera de casa y que se comunica con la familia a través de las lámparas de Aldis, reflectores de señales con códigos morse, lenguaje que dominan tanto el hombre de mar como la esposa y el hijo que quedan en el hogar.

La película del pez que se convirtió en niña, que se pirraba por el jamón y que se enamoró de un ser humano de cinco años tiene evidentes paralelismos con *La sirenita*, el cuento de Hans Christian Andersen convertido en espectacular producción de animación por la casa Disney en 1989, con la que dio comienzo la segunda edad dorada de sus largometrajes de animación. Sin embargo, mientras en la fábula de Andersen, y aún más en la exitosa traslación musical dirigida por John Musker y Ron Clements, la fuerza de la mitología y de lo sobrenatural terminaba engullida por el realismo de la vida con los seres humanos, en *Ponyo en el acantilado* es justo al revés: a pesar de la base de la conversión de animal en humano, la fantasía submarina y el onirismo son los que prevalecen de principio a fin. Un espíritu que explota con algunas frases de la película, y una cima de la emoción perdurable; ese momento en que la niña pez Ponyo ve llorar por primera vez a su amigo Sosuke y le dice: «Te sale agua de los ojos».

Miyazaki aprovecha formalmente la deliberada huida del naturalismo para componer sus dibujos de un modo menos realista, sobre todo en el coloreado de los interiores, más rugoso y menos pulido, como si sus planos estuviesen recién dibujados con ceras o con lapiceros por un escolar aplicado pero nunca impecable. No está muy lejos de lo sustantivo: en tiempos en que lo digital ya se imponía en buena parte de las producciones animadas, esta obra de arte está realizada de un modo artesanal a base de 170.000 dibujos a mano.

Con otra de las grandes, *El viaje de Chihiro*, tuve el privilegio de vivir en directo lo que supuso su triunfo histórico para la animación. Festival de Berlín del año 2002. Yo había sido enviado por *Cinemanía*, la revista en la que entonces trabajaba, para cubrir el evento y en una jornada ya avanzada entraba a concurso, es decir, en lucha por el Oso de Oro, una película que entonces se anunciaba como *Spirited Away* y que más tarde se consolidó en España como *El viaje de Chihiro*. A unas alturas del certamen en las que el cansancio suele estar haciendo mella en los profesionales, no pocos cronistas y críticos españoles se tomaron la tarde libre sin dar demasiada importancia a aquella producción de dibujos, tamaña insolencia, que había sido propuesta por los programadores en igualdad de condiciones con obras de reputados autores sobre temas de enorme trascendencia histórica y humana. Desconocimiento, prejuicios. Un par de días después, un jurado formado por, entre otras celebridades, las directoras Mira Nair y Lucrecia Martel, tan distintas en objetivos y estilos en sus respectivos cines, otorgaba el Oso de Oro a la obra de Miyazaki, *ex aequo* con *Bloody Sunday*, de Paul Greengrass, historia sobre el conflicto irlandés y el fatídico Domingo Sangriento acaecido en Derry el 30 de enero de 1972. Fue el primer gran galardón concedido a una producción animada por un festival de clase A.

En cualquier hogar que se precie de serlo deberían sonar de fondo al menos un puñado de canciones a lo largo de la semana. A ser posible, y llegado un momento determinado, con letras y acordes alejados de los de «Cucú, cantaba la rana...» y otros temibles grandes éxitos intergeneracionales. De modo que, hasta el instante en que sean los propios niños quienes las decidan, con el consabido y necesario combate entre padres, madres e hijos alrededor de lo pasado de moda y qué mierda de música es esta, nadie mejor que los intemporales Beatles para unir a la prole y a los amigos alrededor de la melodía, la armonía y el ritmo.

El cine, como sensacional compendio de todas las artes, engloba en mayor o menor medida a la música y, como hemos ido viendo con algunos de los clásicos de Disney, en determinadas producciones animadas es un elemento fundamental. Por eso, instalados los niños en las peculiaridades del musical animado desde muy pequeños, y seguramente familiarizados con otro tipo de estilos de música, a secas, en casa, el «momento Beatles» puede ser un hito del atrevimiento cinematográfico hogareño.

Pocos villanos más pérfidos que los de *Yellow Submarine* (George Dunning, 1968), apodados, a medio camino entre lo insólito y lo ridículo, los *malines* azules y empeñados en desterrar la música del planeta, pintarlo todo de su color de serie, imponer las reglamentaciones más obtusas, refocilarse en la tristeza (jugando con el doble sentido de la palabra inglesa *blue*, que significa «azul» y «triste»), y acabar con las sonrisas sinceras. Y también pocas películas más maravillosamente locas, lisérgicas y desprejuiciadas que la dirigida por Dunning, que había aprendido el oficio junto con Norman McLaren, considerado como uno de los más atrevidos innovadores en el terreno de la animación.

Una obra, ¿para niños, para adultos?, ¡qué más da!, en la que suenan en parte o en su totalidad diecisiete canciones de los Beatles no puede ser mala. Si además el absurdo, esencia de *Bob Esponja*, del cine de los hermanos Marx y de algunas de las mejores piezas teatrales de siempre domina el conjunto, mejor aún. Y eso que, tras el fracaso de *Magical Mystery Tour* (1967), la tercera película de los Beatles, tras *Qué noche la de aquel día* (1964) y *Help!* (1965), John Lennon, Paul McCartney, George Harrison y Ringo Starr declinaron su participación directa: cedieron sus imágenes a cambio de una buena cantidad de dinero, pero sus personajes fueron doblados por otros intérpretes. Eso sí, visto luego el osado y satisfactorio resultado, aceptaron un cameo en acción real en los créditos finales.

Cuatro de las canciones fueron compuestas especialmente para la película y luego se incluyeron en el álbum de título homónimo, editado seis meses después del estreno de la producción animada. «Yellow Submarine», sin embargo, era un tema de un disco anterior, *Revolver*, lanzado dos años antes, compuesto por Paul McCartney y, cosa rara, pues solo fueron ocho en toda la historia del grupo, cantado por Ringo. Sus trazos libérrimos y su espíritu, que lo mismo podían sugerir lo infantil que lo alucinógeno, resultaron inspiradores para la película. Así, Pimientalandia, con ecos del *Sgt. Pepper*, se convierte en el paradisiaco y legendario lugar donde se ambienta la historia, situado, ay, en el fondo del mar, aunque esta vez sin la piña de Bob y Patricio.

Cuentan que ver la película acompañado de alcohol y de sustancias psicotrópicas puede llegar a ser una experiencia catártica, pero no lo prueben con los niños.

Dice, en retrospectiva, la joven mujer Marjane en los primeros minutos de *Persépolis* (Marjane Satrapi, Vincent Paronnaud, 2007): «En aquella época llevaba una vida tranquila. Una vida de niña. Adoraba las patatas con kétchup, Bruce Lee era mi héroe, llevaba unas Adidas y me obsesionaban dos cosas: depilarme algún día y ser la última profeta de la galaxia». «Aquella época» era el Teherán de 1978, cuando se podía celebrar una fiesta en casa junto con la familia y los amigos, con música de fondo, los niños jugando entre las piernas de los mayores y las mujeres, vestidas como les daba la gana, bromeando sobre cuándo se considera que se tienen «las tetas caídas». Y, sin embargo, ciertas conversaciones dejan caer que algo huele a podrido, no en Dinamarca sino en Irán: hay presos políticos. El régimen personalista de partido único del *sha* Reza Pahlaví, con el apoyo de Estados Unidos, no permitía ningún tipo de oposición. Entonces muchas familias pensaban que las cosas no iban bien del todo: «Este régimen caerá tarde o temprano», afirma el padre en la fiesta. Pero al año siguiente, en 1979, llegó otro peor: la revolución islámica, la reaparición del ayatolá Jomeini y, dos años después, la guerra entre Irán e Irak. «En dos años nuestra vida cambió de rostro. Y nosotras también», dice la narradora con tristeza, mientras un cambio de plano hace que la pantalla se llene de cabezas de mujeres ataviadas con el velo obligatorio y de golpes de remordimiento en el pecho.

Que esos acontecimientos y otros posteriores estén narrados desde el punto de vista de, sucesivamente, una niña, una adolescente, una joven y una joven mujer, todas ellas la propia autora, lleva a los presumibles espectadores con esas edades a hacerse al menos una ligera idea de lo que puede ser vivir en un país donde no caben la democracia y la libertad. Un país, si hablamos de España, que tampoco la tuvo a lo largo de cuarenta años, es decir, de parte de la vida de los abuelos de los chavales que ven la película. Demasiado cerca en el tiempo como para no pensarlo. La empanada política que pueden tener los niños y adolescentes a esas edades, como la de la cría Marjane en los inicios del relato autobiográfico, requiere a veces una explicación: justo como la que le da su padre en la película, y de la que nos beneficiamos también los receptores del relato; razonada, sencilla, y a la vez profunda, y envuelta en creativos dibujos animados.

Satrapi había publicado la novela gráfica homónima, compuesta por cuatro tomos sucesivos, entre los años 2000 y 2003. Como en el cómic, en la película, a pesar del blanco y negro, diversos pasajes funcionan paradójicamente como estallidos de color, y el trazo, en general, simple y sobrio de las viñetas va acompañado de esporádicas aportaciones de abstracción, lo que conduce a una inclasificable armonía de estilos basada en la heterogeneidad. Un trabajo en el que, además, la música adquiere un papel esencial: primero, como elemento formal que ayuda a la fluidez en el montaje de sonido y a la transición entre secuencias; y segundo, como ingrediente testimonial de cada una de las etapas vitales de Marjane, primero en Teherán y más tarde en Austria y Francia, donde Abba, Iron Maiden y hasta el «Eye of the Tiger» del grupo Survivor se van sucediendo mientras se integran a la perfección en el dibujo.

Persépolis es una lección de historia y también de ética. «No hay nada peor que la amargura y la venganza. Sé siempre digna e íntegra contigo misma», le aconseja su abuela en una bella secuencia, y el papel de la mujer en una sociedad como la iraní es analizado por Satrapi desde dentro: la obligación del velo islámico, las injerencias del poder público en la vida privada, los recortes de libertades y la anulación intelectual recorren la trama sin que en ningún momento se tenga la sensación de estar soportando un panfleto político. Cada idea, cada crítica, cada reflexión, también en cierta medida con jugosos dardos hacia el modo de vida europeo, está expuesta con un gratificante sentido del humor, y el retrato nunca es complaciente y sí esquivo con la autoindulgencia, revelador de un carácter sumamente exigente, empezando por uno mismo.

Las mejores películas son las que ayudan a entender el mundo, las que mueven conciencias sin adoctrinar, exponiendo las partes más aciagas, que siempre las hay, de lo que consideramos nuestro paraíso. No hay una edad concreta para que las chicas y los chicos vean *Persépolis*. Como siempre, depende de su nivel de formación y de lo que hayan visto antes, de sus anhelos de conocimiento y de la curiosidad que tengan por una obra de dibujos animados que les habla de la política y de la sociedad recientes y contemporáneas, en lugares apartados de su reducto de dominio pero que pueden acabar influyéndole, y que además está protagonizada por una chica de su misma edad. Quizá alrededor de los catorce años se pueda producir ese salto educativo, cultural y cinematográfico que lleva al mundo de los mayores en diversos aspectos, aunque sin dejar de ser un poco niños y un mucho de preadolescentes, con sus explosiones de libertad y sus pejigueras de carácter.

En este capítulo hemos pasado de gozar con Blancanieves a sufrir con Marjane Satrapi. O de sufrir con Blancanieves a gozar con Marjane Satrapi. Son las dos caras de una misma moneda, la del placer y la de la emoción, eso siempre, y también la de la instrucción, entendida esta no como conjunto de reglas sino como acceso curioso a la cultura y a la razón individual. También la demostración de que no hay una edad para la animación, sino muchos tipos de productos animados, algo que espero que ocurra también en cada estación del viaje de esta crónica cinematográfica.

3

La hora de los seres de carne y hueso

> Quiero hacer la mejor película del mundo. Algo superior a lo que se haya visto hasta ahora.
>
> Robert Armstrong, como el cineasta Carl Denham, en *King Kong*

Los padres tenemos tantas ganas de que nuestros hijos compartan con nosotros la magia del cine en sala que a veces nos adelantamos demasiado. No tengo clara la edad a la que llevé a Julia por primera vez a la fantástica oscuridad de la butaca frente a la pantalla grande, pero debía de tener alrededor de los tres años, o quizá menos. Ya había visto bastantes películas en casa, por supuesto, pero como los niños son niños, apenas si han aprendido a hablar poco antes y los conceptos del viaje hasta la sala, el precio de la entrada (y de las chuches) y el tiempo invertido nunca va con ellos salvo para lo que les conviene, recuerdo que más de una vez en nuestras primeras experiencias, a mitad de película, dijo algo así como: «¿La dejamos y la seguimos viendo mañana?».

Tranquilidad, padres y madres, puede pasar. La explicación de que no es posible eso de «dejarla y seguir» al día siguiente siempre resulta larga y compleja, tanto de ofrecer como de recibir, y más en medio del relativo silencio que hay que guardar en la sala, pero hay que intentar razonar con ellos sobre algo que para nosotros es obvio y para ellos, incomprensible. Además, la extraña situación viene provocada por algo que surge en una doble dirección: por culpa nuestra, por rapidillos; y porque a las nuevas generaciones les cuesta horrores hacer algo de cabo a rabo sin interrupciones. Combinación letal. Es así, y es difícil que cambien las costumbres, al menos por ahora.

En esos primeros años en los que se complementan los viajes a los cines con las películas en casa, surge también otra cuestión peliaguda, sobre todo en la vertiente privada del hogar: ¿quién elige las películas que vamos a ver? Y, más allá: ¿nos sentamos con ellos a ver cualquier cosa o solo cuando nos interesa el título elegido? «¿Vemos esta noche una película de Barbie?» es probablemente una de las frases más terroríficas que un padre o una madre con cierta sensibilidad cinematográfica pueda escuchar en boca de sus hijos. Para contrarrestarla, no hay una respuesta válida, o al menos yo no la tengo. Así que lo que sí les ofrezco son una serie de pautas que a mí me han resultado bien.

La elección de la película en sí y del momento para verla es una labor que exige sutileza. Ya lo saben de sobra: cuantas más ganas tengas de que tus hijos hagan algo, menos lo van a hacer. Cuanto más insistas, más los vas a perder para la causa del cine. Que no te vean venir es quizá la clave. Algo que, en mi caso, de todos modos, es imposible. Saben desde pequeños a qué me dedico, haciendo qué pagamos el piso y las facturas.

—¿Tu padre en qué trabaja?

—Mi padre ve películas.

Este diálogo, presente en la vida de Julia y Santi con sus amigos desde pequeños, es a la vez una bendición y un tormento. A veces me siento como un privilegiado guía cultural y otras como el maestro albañil que quiere inculcar a sus hijos la sabiduría de poner ladrillos unos sobre otros sin que se derrame el yeso. Y aunque yo crea que tengo suficiente capacidad de persuasión, no pocas veces se me ve venir a la legua.

Lo habitual en nuestra casa ha sido huir de la obligación de ver películas concretas. Cuando no querían ver algo, a otra cosa. Santi, más rápido que Julia en su paso al cine un poco más adulto, o enteramente adulto, se saltó varias etapas, entre ellas buena parte de los clásicos de Disney. Casi dio un brinco hasta la aventura con tres años. Julia, en cambio, ha dado el gran salto entre los doce y los catorce, recuperando a toda velocidad parte de un terreno que nunca está perdido sino en barbecho, a la espera de la verdadera ilusión. Cada cual, a su ritmo. Aunque no deje de ser llamativo que, aunque los eduques igual, cada uno de nuestros hijos, el que tenga más de uno, parece venir hecho de serie y con distinto molde.

Dejémosles elegir con un truco infalible: escoger entre lo que previamente hemos seleccionado nosotros. Ellos tienen la última palabra, y los hará felices. Y ustedes también lo serán. Sé que no pocos padres establecen un plan de ataque con las películas que parece perfecto: fijar un día de la semana, sábado o domingo, preferentemente, acompañado de algo irresistible para ellos, que puede ir desde las gominolas hasta las pizzas. Dicen que a los críos les vienen bien las rutinas. Que les gustan, incluso. A los míos, no. Ese plan me salió mal durante un tiempo, hasta que lo abandoné. Cada día que pasaba sin ver una peli en su fecha y hora correctas era un pequeño fracaso. Y una sucesión de fracasos es la hecatombe. ¿Y por qué salió mal? Porque al final creo que es imposible que sea un éxito continuo. Las relaciones sociales de los críos son mucho más complejas y plenas que las nuestras. Y esa plenitud tiene nombre: los cumpleaños, esas fiestas, esas lacras contemporáneas. Los hijos tienen las agendas repletas; mucho más que las de los padres, que, de hecho, se llenan con sus cosas y no con las propias como no se tenga un poco de control.

Aún con presencia del dibujo animado pero con preponderancia de la imagen real, *La bruja novata* (Robert Stevenson, 1971) puede ejercer de banderín de enganche para ir pasando de uno a otro universo con naturalidad cuando los críos apenas si están empezando a hablar, o algo más tarde, ya entre los cuatro y los seis años más o menos. Nacida a partir del clamoroso éxito de *Mary Poppins*, comandada por el mismo director siete años antes, la película de Stevenson suele dividir a los fanáticos entre los que la ven como una versión menor de la legendaria aventura de la institutriz que bajaba del cielo gracias a un paraguas, y los que en cambio piensan que la historia de la aprendiz de hechicera que se hace cargo de unos niños durante la Segunda Guerra Mundial es mucho mejor. Yo me sitúo en el segundo grupo.

El brillante primer diálogo, expositivo de la situación de contienda mundial y pleno de comicidad, pone el listón alto para los pequeños espectadores. Tras los títulos de crédito a base de dibujos de estilo medieval, con una casi ingenua transparencia temática en que los nazis acechan las tierras británicas, se abre la acción real. Inglaterra, verano de 1940. Acantilados frente al mar. Cambio de plano: un anciano subido a un poste de información de caminos, armado con una lata de pintura, está a punto de borrar la barra de aviso con la leyenda «Pepperinge Eye, un cuarto de milla». Un coche se acerca y se detiene:

—¡Eh, oiga! ¿La carretera para Pepperinge Eye?

—No puedo contestarle. La radio ha dicho que se borren todos los indicadores de carretera, por si vienen los alemanes.

—Pero yo no soy alemán, soy un oficial británico.

—Eso mismo diría usted si fuese un alemán.

Los niños están siendo evacuados desde Londres hasta las poblaciones de la costa a causa de los bombardeos en la capital, y una mujer que vive sola es reclamada por las autoridades para que se quede al cuidado de tres hermanos. Interpretada por la sin par Angela Lansbury, la mujer dice no estar dotada para lidiar con críos y solo está pendiente de su título de aprendiza de hechicera en la academia oficial de brujería, para el que únicamente le falta la lección final.

La parte de la historia ambientada en la costa es simpatiquísima; la de Londres, aún mejor, y el extracto que fusiona animación y acción real en el fondo del mar, camino de la isla de Naboombu, fantástico. *La bruja novata* tiene además la que puede ser la primera gran digresión narrativa en la vida como espectadores de los críos: un delirante partido de fútbol de casi diez minutos, mezcla de dibujo animado y personas reales, que acaba en un gol fantasma, justo rebasada la línea de meta, con un balón pinchado que cae sobre el pasto como una hoja de otoño.

En la película de Stevenson, basada en dos libros de Mary Norton publicados en 1943 y 1945, es decir, en plena guerra, como alimento para las esperanzas y las risas infantiles en tiempos de zozobra y desgracia, coexisten la magia y la emoción: una moto con sidecar que echa humo amarillo con olor a azufre y una mujer solitaria que aprende a confraternizar; una cama voladora y unos niños separados de sus padres; y un clímax final de aventura física frente a la invasión villana. Es importante que empiecen a detestar el nazismo desde muy pequeños. Aquí está solo el estereotipo; las razones las descubrirán más tarde, con el cine y por sí mismos, con la enseñanza y con la colaboración de padres y educadores. Y, siempre, en todo el relato, el sentido del humor, genuinamente infantil y maravillosamente inteligente:

—¿Qué es eso?

—Hígado de dragón envenenado.

—Pero ¿envenenó usted al dragón o al hígado?

Casi de pasada hemos nombrado *Mary Poppins* pero, antes de que se hagan ilusiones sobre su desarrollo los muy fanáticos de esta y de *Sonrisas y lágrimas*, entre ellos mis propios hijos y mi mujer, a los que les encantan ambas, prefiero aclarar un punto. No, no vamos a aparcar de momento su tratamiento hasta la llegada del capítulo del musical. Lo vamos a solucionar en este párrafo: no me gusta ninguna de las dos. De *Mary Poppins* (Robert Stevenson, 1964) me entusiasma la secuencia de los pingüinos, por la fusión con el dibujo animado. De *Sonrisas y lágrimas* (Robert Wise, 1965), si acaso, el trasfondo de la amenaza del nazismo. Pero no aguanto sus canciones ni sus gorgoritos ni sus letras. Mis hijos creo que me quieren menos por esto, y entendería que ustedes también, pero ante todo están leyendo una crónica personal y sincera. Y cada vez que oigo el «¡Re, selvático animal, mi denota posesión, fa es lejos en inglés...!» me entran ganas de matar a alguien.

Siguiendo con este arrebato de franqueza y de confianza en ustedes: no se lo cuenten a nadie, pero las películas con personas y animales reales que hablan se me atragantan. Me entraba sarpullido interno de niño, y de adulto ya se pueden imaginar: se multiplica. Se produce en mi cabeza un proceso complicado de analizar en lo psicológico y en lo artístico pero harto fácil de explicar: directamente veo en mi cabeza al doblador haciendo las voces del perrito, el gatito o el gorrino de turno. No me ocurre nunca con el dibujo animado, por muy sencillos que sean los trazos y los movimientos. Sin ir más lejos, con *Gumball*, en la que veo personajes, criaturas, entes en su totalidad, y no un dibujo con cuatro trazos al que le han puesto una voz *a posteriori*. Sin embargo, con trabajos como *Doctor Dolittle*, *Beethoven, uno más de la familia* o la primera versión en acción real de *101 dálmatas* veo la cabina del estudio, los micrófonos y hasta al técnico y a los actores de doblaje.

Miento, también me ocurre a veces con la animación: me pasó con *Cars* y sus secuelas, que son, con diferencia, las peores películas de Pixar. Y miento, segunda parte: hay alguna excepción a la regla del retortijón con las películas de animales que hablan; me gustan *Paddington* (Paul King, 2014) y *Christopher Robin* (Marc Forster, 2018), la más reciente (y libre) versión de las aventuras de Winnie-the-Pooh.

Aparte de lo anterior, está la habitual cursilería de la inmensa mayoría de los títulos con estas características. Y, como ya sé lo que están pensando, me adelanto, y ruego de nuevo clemencia: también odio hasta lo más profundo de mi ser *Babe, el cerdito valiente* (Chris Noonan, 1995), que a (casi) todo el mundo le pareció entrañable y que, en el colmo del absurdo y en forma de peligrosa confabulación mundial, fue candidata a siete Oscar, incluido el de mejor película del año.

Todos ellos son títulos que entrarían a formar parte del compartimento estanco de lo que se suele llamar cine familiar, ese subgénero que yo, en una lucha más pretenciosa que plausible, voy a intentar desterrar, o al menos reformular, en un capítulo posterior.

¿Quién engañó a Roger Rabbit? (Robert Zemeckis, 1988) entronca por detrás en este libro con la obra animada de Tex Avery y por delante con un género en principio alejado de los códigos del cine para niños e incluso para adolescentes: el *noir* y sus arquetipos. Un estilo que además se despliega hacia dos territorios añadidos: el relato de gánsteres y el de corrupción moral.

El espíritu y las técnicas artísticas y narrativas de Avery abren la historia con la presentación del personaje de Roger Rabbit, inmerso en un formidable cortometraje de cuatro minutos que no aparece desgajado de la idea principal sino completamente apoyado en los cimientos de una producción para niños y grandes. Animación pura y dura, con las salvajes esencias de uno de los maestros del *cartoon*: ojos que se salen de las órbitas, *slapstick*, exageración física y *crescendo* en el que todo lo que va mal aún puede ir peor. Cuando culmina la desternillante secuencia de arranque, aparecen los seres humanos reales y, por primera vez, la despreciativa expresión recurrente que define el maravilloso homenaje de Zemeckis al formato animado: «¡*Dibus*...!». La pronuncia una y otra vez el detective Eddie Valiant, sombrero de ala ancha, rostro duro, labios apretados, desprecio en la mirada, mientras le da un trago a una botella de whisky. Ya están ahí las sustancias del cine negro, configurando el fantástico ejercicio metacinematográfico del director de *Regreso al futuro*.

Hollywood, 1947. Es la época de ambientación de la película, y en la que conviven con singular naturalidad las personas reales y los dibujos de creación animada. Espontaneidad en la imagen, en la forma, en los volúmenes, y también en el relato, en el fondo. El trauma interior del rol del detective, interpretado con apabullante desmitificación por el inglés Bob Hoskins, radica en que un *dibu* mató a su hermano: le tiró un piano a la cabeza. Una brillante y felizmente inverosímil interacción dramática que tiene uno de sus colofones en la reacción de Valiant en el club nocturno tras la aparición de la clásica mujer fatal, la cantante Jessica Rabbit: la mueca interpretativa de Hoskins es digna heredera de la del lobo en *Red Hot Riding Hood*, la pieza de Avery del año 1943 en la que Caperucita se reciclaba como cantante de garito de copas.

El diseño de Jessica, creado por el animador canadiense Richard Williams, es de impacto. ¿Puede ser sexi el dibujo de una mujer? Definitivamente, sí. La escritura pone la guinda más tarde con una mítica frase para el recuerdo: «Yo no soy mala. Es que me han dibujado así». Es la belleza de la animación, integrada en un mundo real. Y, sin embargo, con el transcurso de la película, la apuesta no queda ahí. En la extraordinaria secuencia ambientada en Dibullywood se da la otra cara del espejo: la figura de un personaje real, el detective, integrada en un plano donde todo lo demás pertenece al terreno de la animación. Un formato que se homenajea en su raíz exterior y también en su contenido, con guiños tanto a Disney como a las producciones de Warner: cameos de Dumbo, de las escobas del episodio de *Fantasía*, de Betty Boop, de las conejitas de *La tortuga y la liebre*, de Droopy, del pato Lucas y muchos más.

La inmensa calidad de *¿Quién engañó a Roger Rabbit?* va más allá de sus diseños y de su concepción general metalingüística, para acabar alcanzando también a sus inteligentísimos diálogos, de los que puede dar cuenta este prodigio entre los personajes del productor cinematográfico y el detective:

—No hay negocio que sea más caro que el cine. Veinticinco mil pavos me he gastado en la última película y ¿ha visto el lío que se arma el conejo? No se concentra en su papel, y ¿sabe por qué?

—Le han tirado a la cabeza demasiadas neveras...

—No, es un *dibu*. Puede tirarle a la cabeza lo que quiera. Le resbala. Pero le destrozan el corazón y se viene abajo igualito que usted y que yo.

El productor lo remata mostrando a Valiant un recorte de periódico cuyo titular revela los cuernos que le está poniendo su mujer, que no es otra que Jessica Rabbit. Uno ama el cine por diálogos como estos, por situaciones así: metalenguaje de género, réplicas de alturas, intrahistoria del glamur fuera y dentro de la pantalla. Como cuando el detective esconde al conejo Roger entre sus pantalones gracias a la facilidad que otorga la inverosimilitud animada y su encogimiento, y el personaje de la camarera le espeta: «Dime, Eddie, ¿llevas un conejo en el bolsillo o es que te alegras de verme?», rememorando otra frase legendaria, esta de Mae West, mito erótico del Hollywood anterior al código Hays de autocensura.

Al igual que en no pocas grandes obras del cine negro, la especulación inmobiliaria está detrás de las maquinaciones de los villanos. Y aun por debajo de los planes de los ayuntamientos, otro de los objetivos es la desaparición física de los dibujos animados y de su mundo, sustituidos nada menos que por una autopista y por centros comerciales. O sea, el infierno.

La inabarcable calidad de la obra de Zemeckis se muestra finalmente en una serie de transiciones entre secuencias en forma de elipsis, de saltos en el espacio y en el tiempo, que solo pillarán los adultos: si las agarran los niños, puede empezar a preocuparse. Y ahí el paradigma es el cambio de escena desde Valiant espiando en la ventana para ver cómo Jessica y su amante fornican (no se los ve, están en fuera de campo, pero se oyen los gemidos), hasta Roger Rabbit en un plano corto con movimientos espasmódicos contra una persiana veneciana, dando golpes y chillando, no precisamente de gusto sino de rabia. Así, cuando se abre el plano, se revela que lo que está haciendo el conejo es llorar en el despacho del productor por sus desgracias sentimentales con Jessica. La guinda de la secuencia la pone el chiste final: cuando Valiant enseña a Roger las decenas de fotos realizadas desde la ventana, todas son casi iguales; Jessica chocando las manos con su viejo y calvo amante con cara de bobo. El concepto hacer manitas nunca fue tan tronchante.

Darse una vida de príncipe ha sido siempre, más que un deseo en sí mismo, una de las expresiones coloquiales más confusas que se puedan utilizar. Y, si no, pregúnteles directamente a sus hijas: ¿os gusta ser quienes sois o hubierais preferido ser la princesa de Asturias Leonor de Borbón? Cierto que la pregunta tiene truco, sobre todo teniendo en cuenta que toda esta introducción contemporánea está lejos del periodo en el que se ambienta la percha cinematográfica de la que cuelga: *El príncipe y el mendigo*, novela del estadounidense Mark Twain publicada en 1881, aunque ambientada en 1547, durante el reinado de Enrique VIII de Inglaterra. Por suerte, la inmensa mayoría de nuestras vidas son mejores que las del harapiento y paupérrimo Tom Canty, uno de sus dos críos protagonistas, en el Londres de aquella época. Pero ¿puede ser realmente una lata existencial y cotidiana convertirse en el príncipe de un país, como parece desprenderse del desarrollo de la novela? Seguro que sus hijos, si se acercan a alguna de las variadas adaptaciones del relato de Twain, tienen una respuesta menos dispersa que la mía.

El intercambio de identidades ofrece siempre unas enormes oportunidades a la ficción, y seguro que también a la realidad. Twain jugó a ello con astucia y su texto no deja de estar vigente en bastantes aspectos: el clasismo como fétida actitud vital; las desigualdades únicamente debidas a la cuna y no a los méritos; la experiencia propia de una vida ajena envidiada o maldecida; el a menudo equivocado juicio de las apariencias; la sensación de que se está obligando a unos críos a ser lo que *deben* ser sin posibilidad de rechazo por su parte; y, por qué no, la crítica a la institución de la monarquía y a sus derroches. De entre las cuatro traslaciones fieles a la gran pantalla, la mejor sigue siendo la primera: *El príncipe y el mendigo* (William Keighley, 1937), con los hermanos gemelos Billy y Robert Mauch interpretando a los dos niños, uno de la más alta cima, otro del barro de la sociedad; el héroe Errol Flynn como avispado ayudante del rico cuando cae en el charco de los pobres; y el insigne Claude Rains como incuestionable villano, el intrigante habitante de la corte Earl de Hertford.

—Ha nacido para llevar una corona, le venga bien o no.

La frase definitoria para el bebé Eduardo, pronunciada en los primeros minutos de metraje, resulta de una contundencia y un simbolismo extremos y ofrece una magnífica idea de con qué se las está jugando. Así, tras una elipsis de diez años, ese retoño que se ha convertido en un niño que no sabe nada de lo que hay fuera de su castillo, se va a topar con otro crío, de sorprendente parecido físico, al que comerse una pera le parece el mayor de los lujos. Juegan a intercambiarse los papeles, y la diversión se convierte en intrincada realidad. Los esfuerzos de cada uno de ellos en sus nuevos ambientes, tan radicalmente opuestos a lo acostumbrado, por convencer a sus nuevos conciudadanos de ser quien se es y no quien se parece ser solo crean risas, estupefacción y acusaciones de demencia. En un extremo, el ya rey, pues acaba de morir su padre, aunque en el lado sombrío de la sociedad, conoce a los hambrientos a los que su propia legalidad mantiene machacados. En el otro, un mendigo ahora vestido de rey se sienta en el trono, y toma decisiones tan espontáneas, libres y de sentido común que a los altivos de la corte les parece un loco. Pero quizá lo mejor de la película sea que los dos, en ningún momento, dejan de ser lo que son: niños.

Para el recuerdo quedan dos de los parlamentos finales. Uno, del mendigo, delante de toda la corte, intentando dilucidar quién es el auténtico y quién el impostor: «Tenéis que ser rey; a mí no me gusta, majestad». El otro, determinante del espíritu de Twain y de la novela, lo pronuncia el «soldado a sueldo» que interpreta Flynn. Un mercenario que acaba rechazando todas las loas y las posesiones, honores y servidumbres que se le ofrecen por su labor, en pos de una vida pacífica. La pompa y el oropel le resultan simplemente una condena.

Como *El príncipe y el mendigo* es la primera película en blanco y negro que nos aparece en el libro (luego vendrán bastantes más de géneros tan distantes como el terror, la comedia y el *western*), quizá se imponga un discurso provocado por los tiempos y por los prejuicios de una parte de las nuevas generaciones acerca de algo que cuando yo era pequeño resultaba de lo más natural: ver obras en formato monocromo, algo que no debería suponer ningún peligro en nuestra aventura del cine con los hijos. No obstante, sería erróneo ir de ingenuos por la vida y no saber que cada vez que se emite un título clásico español o extranjero en blanco y negro en nuestras televisiones, la audiencia, de por sí, es menor. Y aunque sea un caso extremo, nunca olvidaré la intervención de una alumna en mis clases de cine hace unos años ante una película en blanco y negro, con la que vino a explicar que no se podía concentrar en lo que se estaba contando en la historia porque andaba esforzándose en ponerle colores mentalmente a cada situación, y que eso le impedía disfrutarla bien. En aquel momento me quedé a cuadros (de colores), pero viendo las reticencias habituales de una parte del público y de los chicos más jóvenes, no he dejado de pensar en ello.

La pereza de enfrentarse con algo a lo que no están acostumbrados puede estar en la base del asunto. Cuando mi generación crecía, entre los años 70 y 80, las dos únicas cadenas de televisión estaban llenas de películas en blanco y negro. Dentro de *La bola de cristal*, el mítico programa de Televisión Española de la década de 1980, destinado a críos y a chavales algo más mayores, atrevido, radical y modernísimo, se emitía cada sábado un capítulo de maravillosas series de los años 50 y 60 como *La pandilla* (*Our Gang*, Hal Roach, 1955), con los inolvidables Spanky y Alfalfa, y *La familia Monster*, que había sido producida por la cadena CBS entre 1964 y 1966. Los niños de ahora no tienen la oportunidad de enfrentarse con aquella llaneza al concepto «lo que ponen en la tele». Ahora tienen centenares de divertimentos audiovisuales al alcance con, según muchos de ellos, mejor aspecto. Sin embargo, ante eso, y para su convencimiento, o al menos para provocar su duda, siempre tienen la oportunidad de soltarles, siguiendo en parte a Peter Bogdanovich, lo que yo les suelo decir a los alumnos reticentes: «No hay películas antiguas y películas nuevas.

Solo hay películas que se han visto y películas que no se han visto. Y estas últimas siempre serán nuevas».

En principio puede parecer una temeridad acercarse tan pronto a *King Kong* (Merian C. Copper, Ernest B. Schoedsack, 1933), es decir, en el presente capítulo de las primeras películas. Bien podría haberse aparcado hasta la llegada del terror o de la aventura, pero estaría faltando a la verdad de nuestra hogareña vida cinéfila: en casa formó parte del primer grupo de producciones alejadas de los dibujos animados con las que disfrutamos juntos. Mis hijos debían tener, respectivamente, unos siete y cinco años, si no menos, y provoqué aquella sesión por una doble razón. La primera es evidente: lo que llevaba hasta el pánico en una sesión de los primeros años 30 del pasado siglo a cualquier grupo de espectadores no es con lo que se suele asustar un crío de hoy en día. Y segunda, y fundamental: a esas edades más cortas creo que la imaginación, la ilusión y la capacidad para emocionarse con imágenes que han podido perder vigencia naturalista, con efectos especiales fantásticos en su momento pero que ahora pueden parecer añejos, es mucho mayor que cuando están llegando a la preadolescencia, etapa en la que suelen ir apareciendo las bravatas y las ínfulas críticas, desde luego equivocadas, en torno al convencimiento de que la (supuesta) perfección digital contemporánea es mucho mejor que aquella artesanía antediluviana y preciosa del *stop-motion*.

Cuando uno de los personajes principales de *King Kong*, el director de cine Carl Denham que interpreta Robert Armstrong, afirma en los primeros compases de la historia que pretende componer «la mejor película del mundo», está pensando en lograrlo a través de la autenticidad, de la captura visual de lo agreste, de lo desconocido, de lo nunca visto. Y para ello se adentra en la selva en busca del mito de King Kong, el monstruo al que los nativos de una isla mantenían encerrado detrás de unos muros. La feliz paradoja que encierra esa frase de guion es que está inmersa en una de las mejores películas del mundo, pero lograda no por medio de la verdad, de la filmación de la brutalidad de la naturaleza, sino gracias al talento artístico y a la fuerza de la industria cinematográfica. Es decir, gracias a la mentira. A la maravillosa mentira que es el cine.

Por supuesto que la combinación del arte, el espectáculo y la industria, por un lado, y de lo indómito, lo auténtico y lo temerario, por otro, ha acabado conformando no pocas obras maestras, y ahí el trabajo de Werner Herzog, con *Aguirre, la cólera de Dios* (1972) y *Fitzcarraldo* (1982) a la cabeza, e incluso *Apocalypse Now* (1979), de Francis Ford Coppola, pueden ser ejemplos señeros. Pero en la película de Cooper y Schoedsack es la dichosa simulación, y únicamente ella, la que aprehende la emoción del salvajismo.

Para la historia del cine queda el legado de la llegada del barco a la isla con los personajes envueltos en niebla, con un plano de admirable potencia visual; la perfecta simetría del plano frontal con la chica atada por la tribu local, ofrecida como regalo a la bestia de King Kong, con la utilización de las enormes puertas y cómo se van cerrando poco a poco, conformando un bellísimo reencuadre dentro del propio encuadre; la fantástica lucha del mono gigante con los dinosaurios, aún en la isla; el cariño de la bestia por la bella; la secuencia del ataque en el metro de Nueva York vista desde dentro, desde el punto de vista de los pasajeros; y, por supuesto, la imagen de Kong en la cima del Empire State, con el edificio Chrysler al fondo, como nuevo contraste entre lo natural y lo construido, entre lo hecho por

Dios y lo hecho por el hombre, entre la prehistoria y la civilización. Sin que se sepa muy bien cuál de los comportamientos es el prehistórico y cuál es el civilizado, quién es el bronco arrogante y quién es el inocente delicado. Sin que se sepa si el terreno de la civilización lo ocupan los aviones que disparan al animal, o el más civilizado de todos es el gorila gigante que, tras desembarazarse de las argollas y rescatar a su amada, intenta espantar a las ametralladoras de las aeronaves como a moscas que enturbian el ahora imposible fluir de su vida, fuera de su ámbito natural.

Han pasado casi noventa años desde que se estrenó *King Kong* y sigue emocionando. La caída final desde las alturas, icono del cine, continúa causando dolor. Mientras, cada año que pasa, a pesar del presumible avance de los efectos especiales, las dos versiones más ambiciosas rodadas con posterioridad, *King Kong* (John Guillermin, 1976), en plena ola del cine de catástrofes, y la homónima dirigida por Peter Jackson en 2005, con sus interminables tres horas y pico de duración, envejecen a pasos agigantados.

En *El globo rojo* (Albert Lamorisse, 1956) hay tres protagonistas: la inocencia de un niño de seis años, las calles de París y, naturalmente, el globo rojo del título, que el crío encuentra enganchado a una farola en el primer tramo del relato de esta película prácticamente muda de apenas 34 minutos, ganadora de la Palma de Oro del Festival de Cannes en la categoría de cortometrajes y, en un hito único, el Oscar al mejor guion original. No luchaba contra cualquiera. Obtuvo el galardón aquella noche en Hollywood enfrentándose a otras dos nominadas ilustres: *El quinteto de la muerte*, de Alexander Mackendrick, con guion de William

Rose, y *La strada*, de Federico Fellini, con escritura de este y de Tullio Pinelli. Un corto contra dos reputados largos.

Al día grisáceo, de niebla, hojas que caen por el otoño, esporádicos chaparrones de lluvia, donde apenas se ven los edificios más lejanos en el plano, Lamorisse añade una fotografía de tonos ásperos, lo que conlleva que el enorme globo, como cuatro o cinco cabezas de grande, reluzca de un modo especial junto con los acordes de la preciosa banda sonora de Maurice Leroux, punteando cada instante, cada giro tonal. Cartera del cole en la mano izquierda, cuerda del globo en la derecha, Pascal Lamorisse, hijo del director e intérprete, corre por el cambiante clima parisino mientras su padre lo filma con imponente ternura y poderoso lenguaje cinematográfico, como en ese bellísimo e histórico *travelling* que acompaña al niño mientras corre a toda mecha por una calle de fachadas desconchadas, esquivando a los viandantes que se cruzan con ese hábil regate que solo los críos pueden ejercitar.

El director articula momentos de comedia sutil, casi ingenua pero deslumbrante, como un Buster Keaton en miniatura. El niño, empeñado en que durante los momentos de lluvia no se moje su fiel compañero, refugiándolo a cada paso en los paraguas de los transeúntes adultos, unos más dispuestos que otros a resguardar el objeto de las inclemencias del tiempo. El globo, con vida propia, que se escapa de las manos de los que lo miran con ojos amenazantes y hasta se rebela contra ellos y se deja juguetear cuando las personas que se acercan lo hacen con alma infantil. Poesía visual sobre la dicotomía entre el mimo y el maltrato, *El globo rojo* tiene un final desgarrador y esperanzador, al que no es difícil entresacarle una simbología cristiana: calvario, muerte y resurrección. Una alegoría, por cierto, muy semejante a la de una obra de ciencia ficción de cinco años antes, a la que haremos referencia más tarde en su capítulo correspondiente. Quédense con la copla.

En la fascinante obra del director francés algunos solo verán a un niño con un globo y otros se quedarán atrapados por la más hermosa historia de amistad; unos creerán que no pasa nada y otros estarán convencidos de que ahí puede estar precisamente el mejor momento de una vida: en la sensación de libertad y de regocijo, en la recuperación de la infancia.

El amor que en esta casa se siente por Lamorisse se acrecienta todavía más por un hecho en principio ajeno a la película, pero que en realidad está muy asociado: el director de *El globo rojo* había sido el creador, seis años antes de realizar la película, del sensacional juego de mesa Risk, con el que sucesivas generaciones hemos pasado interminables tardes. Lamorisse tenía un niño dentro de su cuerpo de adulto.

4

La aventura de la aventura

Vamos a ser reyes: reyes de Kafiristán.

Michael Caine,
como Peachy Carnehan,
en *El hombre que pudo reinar*

Llegado el momento de la aventura cabe la pregunta del millón: ¿en estas edades hay películas para niños y películas para niñas? O, más allá, ¿por qué el cine de aventuras, e incluso la novela de aventuras, ha venido asociado normalmente al género masculino y no tanto al femenino como espectador y lector naturales? La respuesta, por un lado, parece obvia: porque la mayoría de los personajes protagonistas son hombres y no mujeres. Pero, por otro, hay una vertiente que se me escapa y que puede que tenga que ver con nuestros modos educativos y con algo tan intangible y poco demostrable como la sensibilidad interior de cada uno. Mi mujer, por ejemplo, se negó en rotundo a ver con su padre cuando era pequeña los clásicos de aventuras, y también del Oeste, que el mayor quería inculcar en la pequeña. Ahora se arrepiente de aquella actitud esquiva. En estos últimos años, Julia, aunque en menor medida que su madre, ha hecho prácticamente lo mismo y tanto el presente capítulo de la aventura como el posterior del *western* representarán casi en su totalidad lo que he visto con mi hijo y no con mi hija. Julia ha evitado unas propuestas, y Santi, otras. Y hasta yo mismo tuve durante demasiados años mis reticencias con *Lo que el viento se llevó* porque se me atragantaba el elemento amoroso, y con toda seguridad fue el último gran clásico que vi. Craso error, por supuesto.

¿Somos estereotipos vivientes o creamos esos clichés a fuerza de mala educación? ¿Somos producto de las desigualdades del pasado, de ese desgraciado desequilibrio en el protagonismo de hombres y mujeres a lo largo de la historia del cine? ¿Qué podemos hacer para cambiarlo? El día que veamos cine sin pensar en si está creado por hombres o por mujeres, y si está protagonizado por personajes de un género o de otro, será el de la fiesta; la jornada del ser humano, así, a secas. Eso significará que todo se ha igualado por fin. Mientras tanto, habrá que luchar contra la repetición de esquemas, y habrá que seguir intentando que unos y otras se acerquen del modo más natural a lo que en principio no los cautiva.

Ese es el discurso teórico, claro, porque el práctico es siempre otro. Y ninguno mejor que el de una doctora que una noche en urgencias de un hospital con uno de mis hijos me dijo la inolvidable frase que quizá lo resuma todo: «Solo hay dos tipos de niños: los que se han abierto la cabeza contra el radiador y los que se la van a abrir».

«¿Que si os estoy llamando traidor? Sí, a vos y a los hombres que os han ofrecido fidelidad [...]. ¿Cómo llamar al que se aprovecha de que el rey está ausente, usurpa el poder y luego, con la ayuda de una pandilla de asesinos, pretende robar el importe del rescate a los indefensos sajones? Rescate que no servirá para liberar al rey Ricardo, sino para comprar vuestro derecho al trono.» El parlamento de Robin Hood ante el príncipe Juan, en su castillo y ante sus invitados, silla reclinada un tanto hacia atrás, planta del pie sobre la mesa, tranquilo y firme, valiente y encantador, acusándolo de corrupto y rufián, de ladrón de guante blanco, sigue teniendo plena vigencia. Cambias a un rey de la época de las cruzadas por un político contemporáneo (o incluso por otro rey), y la hoja de ruta del envilecimiento y del enriquecimiento individual a costa del pueblo, ayudado por una corte de aduladores que aspiran a sacar tajada, sigue estando ahí delante de nuestras narices. Por eso, y por decenas de cosas más, *Robin de los bosques* (Michael Curtiz, 1938) se conserva como un espectáculo espléndido, comprensible y, arcos y flechas aparte, imperante.

Curtiz, sustituto de William Keighley tras el despido de este a causa de la torpeza de las secuencias de acción rodadas en el bosque de Sherwood, otorgó al conjunto un desaforado colorismo: los verdes del ropaje de Robin, con sus inconfundibles mallas, estallaban ante la mirada del espectador, atónito entre la acción y la gama de tonalidades, con el contrapunto político de la lucha por la libertad y la justicia.

Es muy posible que detrás de la versión realizada por Curtiz vengan otras. Quizá antes haya llegado la de animación de Disney, *Robin Hood* (Wolfgang Reitherman, 1973), que, aunque no se encuentre entre las mejores producciones de la casa, tiene algún hallazgo. Detrás de ambas, la divertidísima visión de Kevin Reynolds de los años 90, *Robin Hood, príncipe de los ladrones* (1991), con Kevin Costner en la cima del heroísmo y la nobleza interpretativos. Por qué no, más tarde aún, la hiperrealista aportación de Ridley Scott, mucho más política y social, en la injustamente ninguneada *Robin Hood* (2010), escrita por el brioso Brian Helgeland, guionista de *L. A. Confidential*, y con otro cabeza de cartel en un momento soberbio de su carrera como hombre insigne de valor: Russell Crowe, que venía de protagonizar *Gladiator* y *Master and Commander*. Y, claro, sin olvidar la refinadísima versión romántica y otoñal de Richard Lester: la crepuscular *Robin y Marian* (1976).

Con *Los tres mosqueteros*, fundamental novela de Alejandro Dumas, ocurre algo sorprendente: la mejor, con diferencia, de las adaptaciones cinematográficas realizadas desde la época del cine mudo hasta la actualidad es (casi) un musical. No lo es en su esencia, pues en apariencia no tiene bailes ni canciones, pero sí lo es en su ritmo, en sus coreografías —las luchas como danzas—, en sus colores, en su halo de simpatía, en su puesta en escena y hasta en la especialísima personalidad de su protagonista: Gene Kelly, intérprete de D'Artagnan; un actor, sí, pero sobre todo un bailarín.

Con independencia de su atractiva personalidad visual y sonora, *Los tres mosqueteros* (George Sidney, 1948) abunda en el clásico enfrentamiento entre nobleza y ruindad, entre fidelidad y calumnia, con una corte de héroes y villanos de una pieza, perfecta para que los niños se introduzcan en las intrigas palaciegas, que al fin y al cabo son las de la vida misma, con las cosas bien claras. Y, sin embargo, junto con una parte final de impactante intensidad dramática, ejemplarizada en el desenlace del personaje de Milady, filmado por Sidney con elegancia expresionista y colorido rotundo, un personaje va otorgando notas de ambigüedad a lo largo del relato, enturbiando un tanto (y esto no es un defecto sino un piropo) esa blancura total de la sábana moral de los sentimientos infantiles en torno a los comportamientos en la película, y ofreciendo unas cuantas gotas de las contradicciones de la vida adulta. Ese rol es el de Athos, interpretado por Van Heflin, y la cima de esa oscuridad, esta frase ante Milady: «Te quiero como quiero a las guerras, como quiero a las borracheras, como todo hombre quiere aquello que es nefasto para él».

Es curioso cómo dos películas ambientadas en lugares y épocas distintos, y dirigidas por diferentes creadores, han pasado a la historia como inevitable pareja: *El halcón y la flecha* (Jacques Tourneur, 1950) y *El temible burlón* (Robert Siodmak, 1952). La respuesta está en otro dúo, el que formaron dos de los intérpretes de ambas obras, producidas por Warner Bros.: Burt Lancaster y Nick Cravat, amigos inseparables desde la infancia, provenientes de un terreno artístico y profesional bien distinto al cine, el circo, donde habían sido acróbatas. Unas facultades, las circenses, que fueron aprovechadas por los creadores de ambas producciones para incorporarlas a los guiones: explícitamente en la primera, donde la actuación de unos cómicos y unos acróbatas en un castillo ejerce de señuelo para un rescate; y de modo implícito en la segunda, con continuas exhibiciones físicas de ambos actores, en representación de los piratas protagonistas.

El halcón y la flecha arranca con una explicación histórica que, en la imaginación infantil de los buenos lectores, entronca con los irreductibles galos de los cómics de *Astérix*: en el siglo XII, el norte de Italia estaba asolado por los ejércitos de Federico I, alias Barbarroja, emperador del Sacro Imperio Romano Germánico, pero las montañas de Lombardía no eran fáciles de conquistar y sus habitantes, protegidos por las cumbres y amparados en la táctica de las reuniones secretas entre pueblos, lucharon por su libertad durante generaciones. Esos elementos de carácter histórico, sin embargo, derivan pronto hacia el folletín: una madre lombarda que ha abandonado a su marido y a su hijo para llevar una vida mejor al lado del enemigo germano, cambiando las penurias y la sencillez del poblacho por los lujos del castillo. En palabras del esposo ultrajado, que no es otro que Burt Lancaster, el héroe de la historia: «No merece el rencor, solo el desprecio».

El contrapunto al pernicioso rol femenino de la madre que abandona a su familia es el precioso personaje de la aristócrata germana, interpretado por Virginia Mayo, que nunca se pliega ante los hombres: ni ante su tío, el conde germano Ulrich, *el Halcón*, villano del relato, ni ante el héroe Dardo, ni ante el marqués Alessandro de Granazia, aristócrata lombardo con el que se niega a casarse para conformar un matrimonio de conveniencia política. Mayo, en la piel de una mujer libre y desprejuiciada, se mueve además de un modo insólitamente moderno, casi como si estuviera en una alta comedia en lugar de en una cinta de aventuras.

«Con la influencia del Halcón puedes llegar a ser lo que quieras», dice la madre a su hijo, introduciendo en la película uno de esos subtextos que los chicos espectadores pueden ir recogiendo con un poco de astucia mientras se divierten con las correrías circenses: nada menos que el arribismo. No es el único tema de altura que desarrolla con cierta amplitud; otro es el de los prejuicios de clase, y esta vez la película se lo endosa al protagonista, a Dardo, que no alcanza a entender que una aristócrata como la mujer que interpreta Mayo quiera ayudarlos, componiendo así un héroe no de una pieza sino con algún esquinazo. El hombre ama su físico, por el que se siente atraído; le inquieta su personalidad, porque no se somete ante nadie, tampoco ante él; y, por último, le pueden sus sectarios escrúpulos de pueblo llano.

Con el personaje del marqués de Granazia, que no quiere pagar tributos a los germanos, se introduce además una interesante dicotomía en torno al típico personaje ventajista que va a bailar con la pareja política que más le convenga a cada momento. Así, cuando se siente secuestrado por el grupo de Dardo, apela al sentimiento lombardo para decir que también él se siente perseguido por la confiscación de bienes y por los impuestos. Sin embargo, por escalafón social, está mucho más cerca de la élite enemiga que del pueblo amigo. Algo que, yendo más allá, puede tener paralelismos incluso con esos partidos políticos que, por un lado, juegan a las alianzas territoriales independentistas y, por otro, apelan a los aspectos más relacionados con la economía, o, más bien, con *su* economía.

Por último, y no menos importante, aparece un postrero conflicto de relevancia: el daño colateral que la rebeldía de Dardo y los suyos frente a los germanos causa en otra parte del pueblo, la gente más llana y sencilla, la que no tiene fuerzas para luchar porque es vieja o simplemente porque es débil. Las tácticas de los héroes que no quieren claudicar ante el poderoso enemigo provocan una mayor dureza por parte de Halcón y los suyos, y eso lo sufren los humildes en forma de violencia y destrucción, lo que los lleva a las dudas entre la lucha o la rendición.

No es fácil aunar historia medieval, culebrón familiar, melodrama romántico, aventura clásica, comedia física y apunte social. Pero el oficio del maestro Jacques Tourneur para filmar con la misma consistencia la frescura de los movimientos —los duelos, las acrobacias, las carreras a caballo— y la pasión de los sentimientos —el amor, el rencor, la fidelidad— es fantástico. Y junto con él, al frente del guion original, estaba uno de esos nombres ultrajados por la (mala) política y por la historia, y de carrera desgraciadamente corta: Waldo Salt, marcado un año después de que se estrenara *El halcón y la flecha* por la lista negra del Comité de Actividades Antiamericanas durante la caza de brujas del senador McCarthy. Apartado durante décadas de su trabajo en Hollywood, aún le dio tiempo a volver para escribir tres obras maestras en su reenganche con el cine americano: *Cowboy de medianoche* (John Schlesinger, 1969), *Serpico* (Sidney Lumet, 1973) y *El regreso* (Hal Ashby, 1978), la primera y la tercera premiadas con sendos Oscar al mejor guion.

Más humorística y aún más física, *El temible burlón* se ambienta en el universo de los piratas en el mar Caribe a finales del siglo XVIII. Siodmak, otro maestro todoterreno que igual clavaba la aventura que la intriga que el cine negro (*La escalera de caracol*, *A través del espejo*, *Forajidos*), hace una labor encomiable en la dirección, pero el guion tiene un tono más infantil que el de Salt para *El halcón y la flecha*, y ahí radica la gran diferencia entre este dueto de películas que, desde una aproximación más crítica, no son tan parejas. Aun así, hay un elemento interesante que incide en uno de los subtextos de la cinta de Tourneur: las alianzas de clase, dónde habría que integrar a determinadas comunidades sociales y con quién hay más afinidades. Y en este relato se produce con el trato entre los piratas y los pescadores rebeldes frente al poder colonial. ¿Pacto de clase? No tanto. Los honrados trabajadores no se fían del todo de la naturaleza filibustera y saqueadora de sus presumibles cómplices.

Para la intrahistoria queda también la presencia de Christopher Lee. Para mí, el conde Drácula, por motivos emocionales que llegarán en otro capítulo de este libro. Para los críos de ahora, el conde Dooku/Darth Tyranus de la saga *Star Wars*, y el Saruman de *El Señor de los Anillos* y sus secuelas. En *El temible burlón*, en la que tenía veintinueve años pero ya poseía esa apariencia de señor sobrecogedor que siempre cautivó, dice apenas seis frases, aunque aparezca en bastantes secuencias como uno de los lugartenientes militares del gobernador colonial. El cine se alimenta de sus historias y también de sus mitos, y como es más que probable que a su pequeño se le escape la presencia de Lee, siempre será bienvenido su aviso. Seguro que es recibido con un «¡Hala, es verdad!» como el de Santi.

Uno de los primeros personajes alejados de las convenciones, del blanco y del negro, y de la dualidad bondad/maldad con los que se puede topar un niño es el capitán Nemo. Creado por Julio Verne en *Veinte mil leguas de viaje submarino*, novela publicada por entregas a partir de 1869, y posteriormente utilizado también en *La isla misteriosa*, editada también como serial desde 1874, Nemo podría ser enmarcado en la figura del antihéroe, pero incluso ahí no acaba de encajar del todo a causa de sus innumerables y siempre interesantes matices.

El concepto de antihéroe que más me gusta es este: personaje que lleva a cabo acciones consideradas como heroicas, pero a través de métodos que se alejan de una consideración moral positiva. En la mejor adaptación cinematográfica de *Veinte mil leguas de viaje submarino*, la de Richard Fleischer producida por Disney en 1954, Nemo, interpretado por James Mason, un actor acostumbrado a papeles equívocos y de gran ambigüedad, pretende acabar con las guerras. Y lo hace hundiendo cualquier buque de combate con el que se topa, aun a costa de matar a cientos de marineros y soldados quizá inocentes. La disquisición, nada fácil de resolver para un adulto, llegará al niño en forma de película en apariencia inocente, con un puñado de canciones y una foca que ejerce de contrapunto cómico, pero con un personaje arrebatador en todos los sentidos al que no es fácil calificar. Y eso es muy bueno.

Nemo no quiere nada con la sociedad, se autoabastece con productos exclusivos del mar en su *Nautilus*, el ingenio creado por él mismo, y los tesoros que ha ido recogiendo en sus viajes por las islas y por el fondo submarino son fruslerías. «El mayor tesoro reside en una mente serena y un estómago lleno», dice, en una frase que casi podría servir como lema vital. El contraste lo profesan el materialismo práctico del rol que interpreta Kirk Douglas, el aparente héroe de una pieza, aunque tampoco lo sea, divertido, noble y capaz de salvar hasta la vida de Nemo; y también el pensamiento puramente científico y humanista del profesor Aronnax. En palabras de Verne: «El viaje más maravilloso no es al centro de la Tierra, sino a los confines de uno mismo».

Nuestro antihéroe sueña con una sociedad mejor, pero es más un misántropo que un visionario, al menos en el aspecto ético. Nemo es un idealista que ama la belleza del arte, expresada en su biblioteca y en ese órgano que se ha instalado en el hogar submarino con el fin de calmar un espíritu indomable, y en el que toca, entre otras piezas, la *Tocata y fuga en re menor*, de Johann Sebastian Bach, que resuena en tal paisaje y entre semejante ideario como algo cerca de lo religioso. Sin embargo, aunque con razones en su pasado para ello, también está cargado de odio, de rencor. Es un hombre que no se deja llevar por los dictámenes de su corazón, un idealista oblicuo, un revolucionario que sabe que todas las sublevaciones llevan consigo muerte y destrucción, un ser humano que dice buscar la perfección. Pero la perfección no existe, es imposible.

En la película de Fleischer, entre fantásticas peleas contra pulpos gigantes y deslumbrantes misterios para los niños, se invita a pensar en la lucha entre el poder del amor y su «amargo sustituto», el poder del odio. Verne, inventor de tantas cosas, creó también un personaje sombrío y cautivador, al hijo ilegítimo del bien y del mal. De los dos al mismo tiempo.

En *El mundo en sus manos* (Raoul Walsh, 1952) hay cazadores de focas, rudos marineros, piratas, hombres que besan a las mujeres sin su permiso y un esquimal como elemento de comicidad solo por el hecho de serlo y de oler mal. No suena muy políticamente correcto en los tiempos que corren, pero la película de Walsh lleva décadas instalada entre los clásicos del cine de aventuras. ¿Debe seguir siendo así o es momento de revisar la (mala) influencia que puede tener en los espectadores infantiles? ¿Que el personaje que interpreta Anthony Quinn sea un gañán nos convierte en gañanes a los que la vemos? ¿Puede un pirata borracho y juerguista de mediados del siglo XIX no ser un palurdo? ¿Se le deben poner modales exquisitos y se le deben quitar simpatía y carisma? ¿Ver una historia así es un modo de contaminación social y moral, o una oportunidad para hablar sobre cómo han cambiado y deberían seguir cambiando las actitudes de los hombres ante las mujeres, sobre todo teniendo en cuenta que el héroe de la historia y con el que se queda la chica es un caballero?

En la película también hay emocionantes carreras de barcos, unos principios ecológicos para la conservación de las especies basados en la caza selectiva, y una mujer protagonista, a la que pone rostro Ann Blyth, que se rebela ante las decisiones de los hombres, que huye de la sumisión que se le supone como aristócrata rusa en tiempos de los zares. También un relato apasionante, ambientado en 1850, encabezado por un soñador, de apelativo el Hombre de Boston e interpretado por Gregory Peck, que pasa de querer comprar la compañía de pieles de Alaska a tener la intención de comprar Alaska. Fabuloso.

Con *El mundo en sus manos* se puede aprender algo de historia, y además se añade un componente social que no ha perdido vigencia: la defensa de las clases más desfavorecidas frente a la altanería de los de arriba, tanto en Estados Unidos como en la autocracia zarista, en la que el poder y la riqueza estaban en manos de una sola persona, algo que sigue sucediendo en demasiados países del mundo contemporáneo. Así, el marinero de la tripulación del Hombre de Boston, al que los subalternos del zar cortaron el brazo por no pagar suficientes tributos, tiene una aparición breve, pero resulta inmejorable para explicar ciertos asuntos.

La compra de Alaska a Rusia por parte de Estados Unidos en 1867, a cambio de 7.200.000 dólares, es un hecho histórico. Hasta aquí el rigor. Pero, como dicen en la película, el sueño viene de antes. Y el sueño no es solo el amor, que tiene un papel primordial, sino también el libre comercio, con el que ya fantasea el personaje de Gregory Peck, un concepto económico particularmente arraigado a la esencia de Estados Unidos como país a lo largo del siglo XX y lo que llevamos del XXI.

Las películas anteriores son solo una pequeña muestra del gozo experimentado en casa desde que Santi tenía unos cuatro años hasta que, pasada una etapa vital y de acercamiento cinematográfico, hacia los ocho o nueve años, las aventuras de capa y espada (y también el *western*, al que llegaremos más tarde) fueron dando paso a otros géneros, principalmente a la ciencia ficción. La condición de forastero en tierra extraña, la conquista del territorio inexplorado, el contraste entre civilizaciones, la imposición de costumbres y religiones, el presunto progreso mediante el ejercicio de la violencia, el malsano ejercicio del poder y de la lucha física, aspectos inherentes a la aventura y a la historia de la humanidad, los fuimos viendo también en películas que siguen ahí, ya sea como clásicos intocables o como muestra de un cine realizado con la artesanal fuerza de Hollywood y, por qué no, con su condición de autoridad empresarial implacable. El recorrido fue largo y bonito, aprendimos juntos con personajes célebres, con mitos y leyendas, y con creaciones literarias más o menos imperecederas de todas las épocas.[1]

1. Del medievo: *Ivanhoe* (Richard Thorpe, 1952), *Los caballeros del rey Arturo* (Thorpe, 1953), *El talismán* (David Butler, 1954), *La rosa negra* (Henry Hathaway, 1950), *El caballero negro* (Tay Garnett, 1954) y *Coraza negra* (Rudolph Maté, 1954). De piratas y contrabandistas: *El capitán Blood* (Michael Curtiz, 1935), *El halcón del mar* (Curtiz, 1940), *El cisne negro* (Henry King, 1942), *La mujer pirata* (Jacques Tourneur, 1951), *El pirata Barbanegra* (Raoul Walsh, 1952) y *Los gavilanes del estrecho* (Walsh, 1953). Insólitas adaptaciones de autores célebres, como *Taras Bulba* (J. Lee Thompson, 1962), basada en la novela de Nikolái Gogol. Rarezas ahora improbables, como *El conquistador de Mongolia* (Dick Powell, 1956), con un John Wayne de ojos rasgados como cabeza de cartel. De enmascarados justicieros: *El signo del Zorro* (Rouben Mamoulian, 1940). Y una larga lista de péplums, entre la espada y el manto, relacionados con Roma, con lo bíblico, con lo histórico y con lo espiritual, algunos de ellos obras maestras del cine: *Ben-Hur* (William Wyler, 1959); *La caída del Imperio romano* (Anthony Mann, 1964) y su hijo no acreditado, es decir, *Gladiator* (Ridley Scott, 2000); *Espartaco* (Stanley Kubrick, 1960); *Los últimos días de Pompeya* (Mario Bonnard, 1959); *Esther y el rey* (Walsh, 1960); y el díptico formado por *La túnica sagrada* (Henry Koster, 1953) y *Demetrius y los gladiadores* (Delmer Daves, 1954).

Ante estos títulos, y aún más ante los siguientes, centrados en el cine ambientado en las antiguas colonias, creo que se impone una mirada no desde nuestra contemporaneidad, sino un análisis de cuándo fueron hechas, qué aportaban entonces, por qué han seguido calando en sucesivas generaciones y qué tienen ahora de convenientes o de inconvenientes. Será el lector el que decida acercarse o no a los casos más polémicos, y en este grupo hay clásicos hasta ahora casi incontestables que han entrado en una nueva dimensión. Vivimos una etapa de quizá inédita concienciación, seguramente necesaria, que en todo caso no puede traspasar la barrera de la censura y que debe estar presidida por la libertad de actuación. Uno de los mayores errores del cine en ciertas producciones contemporáneas está en hacer en sus historias una lectura del pasado desde los códigos visuales, morales, sociales, políticos y sexuales del presente. Filmar y revivir el pretérito con los ojos, el conocimiento y los valores del aquí y el ahora, lo que lleva a que muchas de las reacciones y los comportamientos de los personajes sean básicamente inverosímiles.

Durante décadas, los relatos ambientados en las colonias estaban cerca del colonialismo cinematográfico. En Estados Unidos, en Reino Unido y en Francia, tres potencias en la industria del cine y en el dominio del mundo, se realizaron numerosas películas en las que los protagonistas solían ser proscritos del Estado dominante que se adentraban en el territorio explotado con las ínfulas de la hazaña, de la ambición y de un cierto paternalismo cultural. Entre esas producciones las había deleznables ya en su día, o infumables con el paso del tiempo, y, sin embargo, hay otras que han ido fascinando a una generación tras otra con la fuerza del relato, de sus personajes y de sus ambientes. Cuando los pueblos colonizados comenzaron a liberarse, a partir de finales de los años 50, se fue imponiendo otro tipo de cine, más riguroso en el aspecto político y ético. Pero ahí quedaron un buen puñado de obras para el que tuviera la curiosidad y la reflexión necesarias para acercarse a ellas. Nosotros lo hicimos así en casa.

El espíritu del escritor Rudyard Kipling, premio Nobel de Literatura en 1907, autor del poema en que se basa, guía el espíritu de la sin par *Gunga Din* (George Stevens, 1939), ambientada en la India, donde tres sargentos del ejército británico deben bregar con una secta de adoradores de la diosa Kali. Cary Grant, Victor McLaglen y Douglas Fairbanks Jr. interpretan a los tres habituales crápulas simpáticos de la literatura de Kipling, en un juego de amistad, fidelidad y pasión por el peligro que resucitará más tarde para nuestro libro con la obra maestra *El hombre que pudo reinar*.

Son tantas las obras posteriores del cine de aventuras que han bebido del entusiasmo que transmiten la puesta en escena y el tono otorgados por Stevens que casi necesitaríamos un capítulo para ello. Pero baste recordar que *Indiana Jones y el templo maldito* (Steven Spielberg, 1984) y el mítico momento del salto desde el acantilado de *Dos hombres y un destino* (George Roy Hill, 1969), título al que llegaremos en el capítulo del cine del Oeste, están directamente emparentados con *Gunga Din*. La secta real de los Thugs, verídica de la época, también llamada de Los Estranguladores, considerada por algunos historiadores como la primera mafia del mundo, se erige con justicia como la parte villana del relato: una red de fraternidades secretas que desde el siglo XIV amenazó a las comunidades a partir de un culto sangriento, la práctica habitual de la estrangulación, el saqueo y el convencimiento de que cada asesinato los colocaba más cerca de su diosa. Quizá con ese contrapunto criminal en la vertiente vil del relato se equilibraba el evidente abrigo del Imperio británico de la película, con un primer plano dedicado a la reina Victoria, «emperatriz», y frases como la que decía que el indio Gunga Din, protagonista en la sombra de la novela, fue el mejor «sirviente» del imperio. La mascota, el hazmerreír del regimiento, el panoli aguador que quería ser corneta y que con su valerosa acción permitió una gran victoria contra los Thugs, también enemigos de Sandokán en las novelas de Emilio Salgari, se configura, eso sí, como un bonito ejemplar del heroísmo del don nadie, del ninguneado, del temerario que consigue el máximo esplendor pese al mínimo respeto inicial de los suyos. «¡Tú eres mejor hombre que yo, Gunga Din!», reza uno de los versos de Kipling, y hasta una preciosa canción homónima del grupo de rock británico The Libertines, del año 2015, está dedicada a él. «El camino es largo / si permaneces fuerte / Tú eres mejor hombre que yo / has sido vapuleado y traicionado / Tú eres mejor hombre que yo», reza la letra, entre la energía de sus guitarras rasgadas.

Comedia de aventuras con fantásticas secuencias de acción y de masas, filmadas con espectacular brío por Stevens, con una inolvidable banda sonora de Alfred Newman y diálogos de enorme altura inspirados por Kipling y sellados por la altura profesional de, sobre todo, dos de sus cuatro guionistas, Charles McArthur y Ben Hecht (pareja de *Luna nueva* y *Cumbres borrascosas*), *Gunga Din* tiene hoy en contra el palmario rechazo que nos puede producir el dominio británico sobre India durante cuatro siglos. No es poco obstáculo. No obstante, para muchos sigue siendo un tótem de la literatura y del cine, y uno de los mejores ejemplos de un modo de ver clásicos en tiempos contrapuestos: con entretenimiento, pero también con el rigor y el peso de la historia de la humanidad. Podemos dejar de verla por estas razones, e incluso porque el intérprete del rol de Gunga Din, el estadounidense de origen judío Sam Jaffe, no fuera indio y hubiera que oscurecer su piel con maquillaje. Y también podemos disfrutarla explicando a los críos el asunto colonial, y que el cine y las sociedades han cambiado tanto (en este caso, para bien), que semejantes prácticas no se estilan y están mal vistas por los espectadores actuales.

El propio Kipling, como personaje, con sus inconfundibles gafas redondas, será testigo presencial de la parte final del relato, prefigurando la inclusión del escritor, mucho más significativa, en los trechos inicial y final de *El hombre que pudo reinar*. Aquí fue interpretado por Reginald Sheffield, un insólito actor de cuarta fila, especializado en papeles históricos breves: a veces, como en *Gunga Din*, sin siquiera acreditar en los títulos iniciales o finales; mientras que en otras películas llegó a ser, entre otros, Julio César, el presidente estadounidense Ulysses S. Grant, el escritor Charles Dickens, el periodista y político Horace Greeley, uno de los cofundadores del Partido Republicano, y el jugador de fútbol americano Billy Grimes.

Una imagen deslumbrante llena de valor poético abre la inolvidable *Beau Geste* (William A. Wellman, 1939): un fuerte militar en medio del desierto custodiado por un destacamento de cadáveres. Pese a la poesía de la situación, no es una figura retórica sino explícita: todos los soldados están médicamente muertos, aunque agarren sus fusiles con la convicción de la rigidez, se asomen levemente al horizonte, al peligro que les pueda llegar desde cualquier esquina, y parezcan tener controlado cualquier intento de asalto por parte del enemigo. ¿Cómo se ha llegado hasta ahí? Tras un breve recorrido por la estancia y alguna elucubración sobre la coyuntura por parte del pelotón de reemplazo, la película da una dilatada vuelta atrás de quince años, y un *flashback* traslada el relato hasta unos niños y una niña que juegan en un lago a combates navales con unos pequeños barcos de juguete. La poderosa estampa de vida adulta, muerte y dolor da paso a los juegos infantiles sobre un porvenir incierto.

Entre combates en un mar en miniatura y duelos a espada donde todos quieren ser el rey Arturo, esos críos crecen convertidos en unos jóvenes burgueses de familia venida a menos, que pretenden exprimir la vida y partir hacia la aventura en una de las vertientes posibles de aquellos años: alistarse en la Legión Extranjera, formada por soldados al servicio de Francia durante su Tercera República, «guardianes de veinte millones de nativos», en una frase que ofrece un primer síntoma del ensalzamiento colonial, rematado poco después por uno de los altos mandos en su discurso a los reclutas novatos: «Estamos en deuda con la civilización». Sin embargo, las loas de los viejos militares profesionales, guardianes de un modo de vida expansivo y altivo, vienen acompañadas de un precioso relato de amistad entre hombres, de un entretenido enigma en torno al robo de una joya familiar y de unas cuantas notas de pedagogía personal de innegable valor.

—Traicionero y frío, no veremos un mejor soldado jamás.

Es solo una frase certera sobre el comportamiento del ser humano en la contienda, entre pocas batallas y muchas fiebres, que parece mucho más antibélica que ensalzadora de la conquista. Pero hay más: tanto sentencias como descripción de personajes, entre ellas la de la habitual ansia de medallas, en este caso la Legión de Honor, en la figura del típico trepa de la existencia que únicamente busca la gloria fácil pasando por encima de cualquiera, hasta de su propia madre. El patetismo del arribista, que sirve para la guerra y también en cualquier ámbito de la cotidianidad contemporánea, la de ustedes y la de sus hijos, ya sea el laboral o el colegial.

Gary Cooper, Ray Milland y Robert Preston son los carismáticos protagonistas de una película que, como dice su título, es el relato de un buen gesto. Con independencia, o con carácter preconcebido, de que el personaje de Cooper se llame Beau y pertenezca a la familia de los Geste. Todo encaja.

Gunga Din y *Beau Geste* no son las únicas aventuras ambientadas en la época del imperialismo colonial que hemos disfrutado en casa Santi y yo, con la esporádica presencia de Julia. También lo hemos ido pasando en grande con *La jungla en armas* (Henry Hathaway, 1939), y Gary Cooper como miembro del ejército estadounidense «protector» de la población autóctona de Manila, ante el acoso de los musulmanes; con *El capitán King* (Henry King, 1953), protagonizada por un Tyrone Power mestizo, soldado del ejército británico en la India; con *Las cuatro plumas* (Zoltan Korda, 1939) y otro oficial británico, esta vez acusado de cobardía durante la llamada guerra mahdista, que enfrentó a los seguidores de un líder religioso musulmán sudanés y a las fuerzas británicas en alianza con el jedivato de Egipto a finales del siglo XIX; con *Kartum* (Basil Dearden, 1966), ambientada en el mismo conflicto, ya con dominio angloegipcio; con *Tres lanceros bengalíes* (Henry Hathaway, 1935), de regreso a la India dominada por los británicos; y con *Zulú* (Cy Enfield, 1964), con el asedio de los guerreros zulúes a un destacamento británico en la Sudáfrica de 1879.

A cambio, mi hijo y yo hemos hecho un pacto: en unos años, seguramente pocos, disfrutaremos de igual manera de las películas contadas desde el otro bando, el de los colonizados o sus defensores: obras anticolonialistas como *Saladino* (Youssef Chahine, 1963), *La batalla de Argel* (Gillo Pontecorvo, 1966), *Ceddo* (Ousmane Sembène, 1977), y *No, o la vanagloria de mandar* (Manoel de Oliveira, 1990).

El nombre de Ray Harryhausen está cerca de la exclusividad: desde una labor en principio tan colateral como la de los efectos especiales, quizá sea el único profesional ajeno a las labores de dirección, escritura, fotografía y producción que más ha engrandecido el emocionante recuerdo de los títulos en los que trabajó. Así, la integridad artística general de las películas en las que intervino acabó teniendo menos relevancia para la historia del cine que algunas de sus partes: las secuencias concretas desarrolladas a partir de su artesanal actividad, con la técnica del *stop-motion*, o animación fotograma a fotograma a partir de modelos físicos compuestos a mano. Es posible que pocos recuerden al instante que obras como *Jasón y los argonautas*, *Simbad y la princesa*, *La isla misteriosa* y *Hace un millón de años* fueron dirigidas, respectivamente, por Don Chaffey, Nathan Juran, Cy Enfield y, de nuevo, Chaffey, pero casi con total seguridad muchos saben que sus efectos especiales fueron creados por Harryhausen. Gracias a él, el cine volvía a ser lo que fue en sus orígenes: un espectáculo de barraca de feria capaz de transportarte no ya a otros universos, sino a un estado de excitación mucho más basado en el ilusionismo que en la verosimilitud, en la imaginación que en lo puramente palpable y visible, en lo enternecedor que en lo sublime. Con él, un cíclope y un dragón podían darse de tortas en una cueva (*Simbad y la princesa*); un cangrejo y unas abejas gigantes, atacar a los seres humanos (*La isla misteriosa*); la diosa Kali (¡la misma de *Gunga Din*!), cuerpo de bronce y privilegiada con seis brazos, asustar a sus enemigos sujetando otras tantas espadas en un memorable combate de esgrima (*El viaje fantástico de Simbad*).

En casa hemos ido disfrutando de una parte de los títulos encumbrados por el mago, pero, a pesar de que *La isla misteriosa* (1961) contiene tres de los elementos que más amamos tanto Santi como yo —la literatura de Julio Verne, la ciencia aplicada a la aventura, y un prólogo con aire de película del Oeste ambientado en un campo de prisioneros de la Guerra de Secesión—, seguramente sea *Jasón y los argonautas* (1963) el más y mejor recordado.

La búsqueda por parte del héroe mitológico griego Jasón del vellocino de oro, que tiene la virtud de la sanación y de librar a los seres humanos del hambre y de las guerras, es casi lo de menos en una película en que las secuencias protagonizadas por los dioses son las que peor han envejecido, y en la que domina el trabajo de Harryhausen en cada una de las pruebas de los argonautas. Jasón, el hombre con una sola sandalia, el niño que escapó de los designios de la muerte gracias a la ayuda que le brindan los dioses en cinco ocasiones, ni una más, ni una menos, es un mortal en manos de los caprichosos inmortales y todopoderosos. Hasta que se cabrea, y avisa: «Los dioses griegos son crueles; con el tiempo, los hombres prescindirán de ellos». Y, sin embargo, las deidades también se defienden ante las excusas de los hombres por sus propias fechorías o ante la mayor de las crueldades, asesinar niños: «Zeus no puede inducir a un hombre a hacer lo que tú has hecho. Solo el hombre es capaz de un acto semejante, y sirve para que los dioses lo conozcan y el hombre se conozca a sí mismo».

Pequeñas (o grandes) enseñanzas, contenidas en una película que esporádicamente lanza sentencias morales de serena y sencilla gravedad («Matar es matarse»), y que ahí quedan para el que las quiera recoger, pero que está marcada por los «momentos Harryhausen»: la mastodóntica estatua de bronce del titán Talos, armada con su espada, que cobra vida con movimientos espasmódicos; el ataque de las arpías con cuerpos de murciélagos; la ayuda de la deidad marina Tritón, sosteniendo los acantilados que se derrumban para que pueda pasar el barco *Argo*; la hidra de siete cabezas; y, el mejor de todos, el ejército de esqueletos salidos de la tierra, que brota gracias a los dientes de la hidra, lanzado como semillas de guerra.

Formado en las Bellas Artes, Harryhausen fabricó el monumental Talos con un muñeco de arcilla de apenas treinta centímetros de alto, y la secuencia de los esqueletos tardó en rodarse más de cuatro meses, a menos de un segundo de metraje por cada día de trabajo, lo que da una meridiana idea de la paciencia y la meticulosidad necesarias para su labor. Mientras, para los aficionados a la pintura, una bella estampa de la película, en el momento en el que los argonautas llegan con su nave a las escarpaduras montañosas en el mar, acaba evocando uno de los cuadros simbolistas fundamentales de la historia del arte: *La isla de los muertos* (1880), del pintor suizo Arnold Böcklin, que también encierra mitología clásica, aunque con Caronte y su barca de los decesos en el lugar de Jasón y sus pupilos. La alta cultura de Böcklin, junto con el prodigioso espectáculo de feria de Harryhausen. La maravilla del cine.

Fritz Lang abordó *Los contrabandistas de Moonfleet* (1955) cuando ya tenía sesenta y cinco años y había legado a la historia del cine algunas de las mejores películas mudas de la historia, principalmente *Metrópolis* (1927), y fabulosos ejemplares de cine negro aguerrido y de palmaria ambigüedad moral, entre ellos, *Los sobornados* (1953). Sin embargo, para un maestro que, como refugiado judío en Estados Unidos tras el ascenso del nazismo, las había visto de todos los colores en la vida, no había aventura menor. Y se encargó de convertir una novela de finales del siglo XIX, *Moonfleet*, de John Meade Falkner, elogiada por Joseph Conrad por su precisa construcción de personajes, en una de las grandes películas de aventuras de la historia. Quizá Robert Louis Stevenson exagerase cuando dijo: «*Moonfleet* es la novela que siempre quise escribir, pero me tuve que conformar con *La isla del tesoro*». Pero lo que sí es cierto es que ninguna de las adaptaciones cinematográficas de la magistral novela de Stevenson, publicada quince años antes que la de Meade Falkner, puede toser a la película de Lang.

Contrabando de coñac, seda y tabaco. Un diamante enterrado por el pirata Barbanegra antes de morir. Una leyenda que cuenta que el saqueador sale cada noche de su ataúd para intentar recuperarlo. Pillaje, corsarios, tesoros, fantasmas. Ojos de niño. Son los componentes perfectos para una historia inmortal, tanto por el contenido como por el punto de vista. Y a pesar de todo, la búsqueda fundamental de la película no es la del diamante sino la de la figura del padre por parte del niño protagonista. Aún más fascinante.

Como John Silver *el Largo*, el cruel, excepcional y seductor personaje de *La isla del tesoro*, Jeremy Fox, el atildado jefe de los contrabandistas que interpreta Stewart Granger, es un hombre hastiado, juerguista y amoral con patentes dobleces de carácter. Pero arrastra una historia quizá imperecedera en ciertos ámbitos sociales a pesar del progreso: la imposibilidad de amar a una mujer de una clase social superior. De joven fue apaleado por ello. Le dejó cicatrices físicas en la espalda, pero aún más en el espíritu. Y ahora es un verso libre. Ya no quiere depender de nadie. Es un indecente que, sin embargo, tras el engorro de tener que hacerse cargo de un niño al que no esperaba, sufre un proceso de redención moral en muchos casos inevitable. Primero quiere deshacerse de él, pero lo acaba salvando tras hacerlo partícipe de sus aventuras. Y he ahí una de las claves: el crío del relato interviene, al igual que Jim Hawkins en *La isla del tesoro*, en las correrías de los delincuentes, y, al hacerlo, provoca la implicación del niño espectador. No es un simple sujeto pasivo rodeado de bucaneros. Es un bucanero más.

Ambientada a mediados del siglo XVIII en la costa sur de Inglaterra, *Los contrabandistas de Moonfleet*, una producción de Metro-Goldwyn-Mayer rodada en estudio, está llena de decorados de cartón piedra y de crepúsculos de aspecto pictórico que, lejos de poner barreras a la credibilidad, lo que hace es introducir al niño que la disfruta en un universo de ensoñación fantasmal de lúgubre divertimento. Y para la historia de la educación cinematográfica queda también una frase de la altiva aristócrata lady Ashwood.

—Los niños son como la peste. No comprendo cómo alguien puede aguantarlos.

Naturalmente, dos minutos después de pronunciar tan lindas palabras, es castigada con la muerte.

Nunca fui un fiel lector de cómics de superhéroes. Sí de tebeo español: *Mortadelo y Filemón*, *Zipi y Zape*, *13, Rue del Percebe* y Bruguera en general. También de *Astérix* y de *Lucky Luke*: me los leí todos en la biblioteca de Martos, mi pueblo. Algo menos de *Tintín*, que en el fondo me parecía un sin sustancia. Pero no entré en la dinámica del fanatismo por Marvel y DC. De niño compré algunos: me gustaba el tacto, el formato, poseerlos, tocarlos, y entiendo sobremanera su coleccionismo y lo que implica sentimentalmente; me apasionaban los dibujos, los encuadres, aunque entonces no tenía ni idea de qué significaba eso y de que era la composición en el interior de la viñeta lo que más me llamaba la atención. Luego me ponía a leerlos y me aburría. No me interesaban un pimiento ni sus aventuras ni su acción ni sus traumas. Me hubiera encantado que me encantasen los tebeos de superhéroes, pero no era así.

Ya de adulto, llevado sin duda por mi profesión, he vuelto a ellos puntualmente como preparación de ciertas críticas de cine de películas de Marvel y DC. He tenido la misma sensación, multiplicada en ambos sentidos. Me flipan a la vista, ojearlos, tocarlos. Los miro y me entusiasman. Los leo y no me dicen nada, o poca cosa. Eso sí, no todos: más allá de la treintena de edad me acerqué a algunas de las consideradas como obras maestras de la novela gráfica. A las que lindan con la temática superheroica y a otras completamente ajenas a ella. A *Watchmen*, de Alan Moore y Dave Gibbons; a *Sandman*, de Neil Gaiman; a *Maus*, de Art Spiegelman. Me parecieron formidables. Pero a mi edad, ahora más que nunca, hay que elegir constantemente entre opciones para el tiempo libre y la lectura. En general, prefiero otras cosas.

Toda esta introducción personal viene a cuento para que entiendan mejor lo que siento ante las películas de superhéroes, que luego son tan distintas entre ellas como las de cualquier género o subgénero, y eso es magnífico. También para que comprendan mejor que en nuestro salón se haya soñado mucho más con *westerns* que con *batmans* y vengadores. Santi y yo —Julia directamente pasa— hemos visto en casa y en los cines estupendas películas de superhéroes.

A él le gustan mucho algunos trabajos que a mí me interesan menos, como la muy infantil *Spider-Man: Lejos de casa* (Jon Watts, 2019) o *Capitán América: El soldado de invierno* (hermanos Russo, 2014). A mí me gustan mucho tanto los solemnes *batmans* de Christopher Nolan como la refrescante falta de pretensiones de *Thor: Ragnarok* (Taika Waititi, 2017) y de la saga *Deadpool.* Y a los dos nos encantan el *Superman* (1978) de Richard Donner, y su secuela, la sensacional locura de Richard Lester en *Superman II: la aventura continúa* (1980).

Eso sí, también hemos visto horrendos truños con los que nos hemos reído del agobio que teníamos por lo incomprensible de las tramas y de los conflictos. También por su vacua grandilocuencia y por su inutilidad como entretenimiento. El ejemplar perfecto en este sentido es *Vengadores: La era de Ultrón* (Joss Whedon, 2015), que conseguimos terminar después de tres o cuatro días de tentativas y más por cabezonería que por gusto. Para un niño, y en estas películas y situaciones yo intento serlo tanto como mi hijo, es fácil ver el poder de los piratas o de un monstruo del Jurásico. Pero ¿qué demonios es el teseracto?, con el carisma visual de un bloque de hormigón y con el que hay que estudiar una carrera de cinco años para lograr entender su significado y su pomposa trascendencia.

Mi superpoder favorito cuando era chaval era la lógica deductiva de Sherlock Holmes. Y entonces no había mejor Holmes que el joven Sherlock de *El secreto de la pirámide* (Barry Levinson, 1985). Eso sí, por muy buenas que sean determinadas películas, el paso del tiempo y el olvido pueden ser dos puñales clavados en el corazón de su consideración por parte del espectador más superficial e insustancial, falto de rigor y de análisis. El tercer tajo sangrante lo ejerce otras tantas veces un aspecto mucho más concreto: el multitudinario éxito de una obra posterior, aunque claramente inspirada en la original, que puede acabar solapando su carácter singular y primigenio, hasta convertir casi en invisibles sus innumerables capacidades. Cuántos niños crecidos en este siglo XXI se habrán acercado a esta obra maestra fundamental para una generación de críos de finales del siglo pasado, llegando a la fatal conclusión de que «se parece a Harry Potter». Pero para eso estamos los mayores, para poner las cosas en su sitio: ¿quién llegó antes y, además, con mejores virtudes?

La influencia de la película de Levinson en las novelas de J. K. Rowling, publicadas a partir de 1997, y por supuesto en la subsiguiente serie de traslaciones cinematográficas de sus novelas, entre los años 2001 y 2011, resulta insoslayable. En los ambientes, en las relaciones entre profesores y alumnos, en los enigmas, en la estructura, en el tono. Eso sí, con una diferencia sustancial: el acercamiento a los problemas e interrogantes por medio de la lógica deductiva en el primer caso, y la resolución de enigmas gracias a facilones golpes de varita mágica en la saga Potter. He aquí un verdadero enfrentamiento narrativo: entre el trabajo, la búsqueda, la inteligencia y el talento, y la pura calle de en medio y el *deus ex machina* constante. No son las únicas diferencias entre la producción de Steven Spielberg, escrita por Chris Columbus y dirigida por Levinson, y la serie de adaptaciones a la gran pantalla de los textos de Rowling, que creo que siempre encontraban sus mejores momentos en el tercio inicial de cada una de ellas, antes de las aventuras, de las hostilidades y de las conclusiones. Hay otra disparidad añadida, y para mí nada baladí: las cintas de *Harry Potter* duran, como media, tres cuartos de hora más que *El secreto de la pirámide*, como síntoma de la elefantiasis habitual de los metrajes contemporáneos y de la banal tentativa de engrandecer un trabajo por medio de la cantidad, como si una película larga fuera mejor que una corta solo por el mero hecho de serlo.

Tiene *Young Sherlock Holmes*, título original bastante mejor que el español, un personaje mítico que arrastra: el detective creado por sir Arthur Conan Doyle, carismático hasta en sus imperfecciones, que iban apareciendo con enigmática cadencia en las novelas y que se intuyen bien en la película, entre ellas una vanidad producto de una inteligencia superior que no pocas veces lo convierte en un fatal presuntuoso. En la figura de Holmes de la cinta de Levinson hay además dos aspectos interesantísimos, que nada tienen que ver con el enigma de la pirámide y con la trama principal, pero sí con su carácter presente y futuro. Primero, un conflicto interior muy adulto y de enorme calado: la aflicción de haber descubierto la infidelidad de su padre, habérselo contado a su madre, y por *culpa* de ello no haber sido perdonado nunca por su progenitor. Y segundo —este, entrevisto con el transcurso del relato de Columbus—, un dolor centrado en su fatal aislamiento adulto, provocado por el irremediable trauma causado tras lo acaecido con su primer amor juvenil. «No quiero vivir solo», dice Holmes con un halo de tristeza y pleno de convencimiento, cuando le preguntan qué quiere ser de mayor. Mucho menos importantes, aunque sí detallistas, son las apariciones de los orígenes de dos de los más notorios aditamentos del detective en las novelas de Conan Doyle: la pipa y su peculiar *deerstalker*, o cervadora, esa gorra de lana a cuadros frecuentemente utilizada para la caza en Reino Unido y otras zonas europeas, convertida en símbolo de su privilegiada cabeza.

«Honradez, rectitud, diligencia.» Son los tres lemas que deben acompañar a los alumnos del colegio donde estudian Holmes y su amigo, el futuro doctor Watson, aquí ya algo pasado de kilos, de mofletes y de fidelidad absoluta. Sin embargo, es otro eslogan, este en forma de consejo, el esencial en el seno de *El secreto de la pirámide*. Una diabólica advertencia relacionada con la esgrima pero que trasciende el honorable ejercicio deportivo hasta alcanzar la exhortación vital, que no podía ser pronunciada por otro personaje que no fuera el villano.

—Nunca sustituyan la disciplina por la emoción.

Justo lo que no hace la película de Levinson, Columbus y Spielberg, cada uno perfecto en su tarea; el director, a través de un ritmo y una elegancia plenas de artesano clásico; el guionista, no por casualidad posterior director de las dos primeras entregas de *Harry Potter*, con un envidiable concepto de la aventura, del exotismo y de la perspicacia; y el productor, con su sello de garantía a través de su factoría, Amblin Entertainment, llevando ese «entretenimiento» del nombre empresarial hasta sus últimas consecuencias. Hay disciplina de cabo a rabo en todas las tareas de construcción de la película, pero, sobre todo, lo que hay es emoción. Que uno de los más divertidos momentos, el ataque del caballero medieval que se escapa de su reducto de las vidrieras para convertirse en figura en movimiento, fuera compuesto en animación CGI por John Lasseter, entonces un joven técnico de Lucas Film, un año antes de su primer corto, *Luxo Jr.*, y diez años antes de su primer largo, *Toy Story*, solo engrandece el rosario de referencias artísticas de una obra que ojalá siga siendo importante para sucesivas generaciones de críos.

Si no la han visto, algo bastante improbable, y se acercan por primera vez a ella gracias a estas líneas, no le den al *stop* cuando empiecen a salir los títulos de crédito. También en el hecho de una escena añadida al final de los créditos es pionera *El secreto de la pirámide*. Y no con el guiño chorra habitual de estos días, sino con un giro esencial en su desenlace, que entronca con la obra de Conan Doyle y además cambia totalmente el tono de un final que muta así hacia lo inconcluso.

La fusión entre el exotismo, el carisma, la emoción de la aventura y la complejidad de los caracteres encuentra uno de sus mejores capítulos de la historia del cine en *El hombre que pudo reinar* (John Huston, 1975), producción que el director de *Cayo Largo*, *El tesoro de Sierra Madre*, *Evasión o victoria* y *Dublineses* (¿se puede ser más ecléctico?) pretendió componer a lo largo de varias décadas, primero con Clark Gable y Humphrey Bogart como protagonistas; luego con Burt Lancaster y Kirk Douglas; más tarde con Richard Burton y Peter O'Toole; después con Paul Newman y Robert Redford, y finalmente lograda con los perfectos Sean Connery y Michael Caine.

Que fueran Connery y Caine no fue idea de Huston, cineasta aventurero especializado en la aventura, sino de Newman, que una vez metido en el proyecto acabó reculando y convenciendo al director de que los dos intérpretes debían ser del Reino Unido y no americanos. No en vano, uno de los diálogos más recordados de la historia acaecía cuando, ya en el soñado Kafiristán, los lugareños les preguntan si son dioses: «Dioses, no. Somos ingleses, que es casi lo mismo».

De nuevo aparece Kipling en nuestra crónica para padres e hijos, y una vez más en una doble vertiente: en el exterior, como escritor del relato *El hombre que quiso ser rey*, en el que se basa la película, y en el interior, en el cuerpo de la historia mismo, como personaje interpretado esta vez por Christopher Plummer en el largo e impactante doble prólogo y en el desmitificador desenlace. Es en su despacho de corresponsal del periódico *The Northern Star* donde el par de crápulas protagonistas, soldados expulsados del ejército británico, firman con él como testigo un contrato en firme con un objetivo brillante, ocurrente e imposible: convertirse en reyes de Kafiristán. El «hermano Kipling», como lo llaman el par de chiflados, simplemente no da crédito a la osadía. Dos granujas contrabandistas, estafadores y chantajistas, dos lunáticos, firman en su presencia un pliego con tinta, vino y cigarros puros: un demente pacto de caballeros. «Ningún hombre blanco ha salido con vida de allí desde Alejandro», los avisa Kipling, nacido en Bombay en 1865, y que algo sabía de la zona. «¿Qué Alejandro?», inquieren los chiflados codiciosos. «Alejandro el Grande, rey de Grecia, 300 años antes de Cristo», aclara el periodista y escritor. La réplica final del simpático Daniel Dravot, el personaje de Connery, ha quedado para los restos.

—Pues si lo hizo un griego, lo haremos nosotros.

Lo más alucinante de Dravot y Peachy Carnehan, su compañero de fechorías, no es que quieran ser reyes: es que están convencidos de que pueden llegar a serlo. Como contrapartida, cuando lo logran, descubren que lo peor de ser rey no es serlo, sino creérselo. Y ahí radica su final. Siempre con la cabeza alta, como cuando los arrestaron «aquella vez por pegarle a un cabo», este par de seductores con buen gusto para el whisky, para las mujeres, para los chalecos y para muchas otras cosas, experimentan lo que significa estar en el púlpito y ser adorado en una tierra donde juegan al polo con las cabezas de sus enemigos muertos. El primer prólogo, que más tarde da paso a la odisea hasta las desconocidas tierras, lo había avisado: en ese comienzo no está Dravot y Carnahan es un despojo físico y humano, y desde esos primeros minutos reluce la poesía de ciertos diálogos: «Hace tres veranos y un millón de años...».

«¡Ostras de la China!», en exclamación recurrente de ambos granujas, qué buena es *El hombre que pudo reinar*.

Por desgracia, en las tres últimas décadas las películas de aventuras que no sean una extensión del espíritu vivaz, superficial y un tanto idiota del parque de atracciones se pueden contar con los dedos de una mano. Apenas hay relatos adultos que puedan ser disfrutados por los críos, que admitan dobles lecturas, aunque estén radicados en los sempiternos conceptos aventureros: el sacrificio, el orgullo, la pasión, la condición de forastero en un universo desconocido, la lucha por el territorio, la defensa del hogar, el descubrimiento de la frontera. Entre esos pocos ejemplares destacan dos: *El último mohicano* (Michael Mann, 1992) y *Master and Commander* (Peter Weir, 2003).

La película de Mann, basada en una novela clásica de la literatura estadounidense, escrita por James Fenimore Cooper en 1826, tiene el aliento habitual del director de las posteriores *Heat* y *Collateral*, una banda sonora de Trevor Jones hermosa hasta el desmayo y una historia de lucha por los territorios americanos en la que cada bando ofrece aspectos contradictorios: arrogancia, violencia, independencia, honor, solidaridad, traición, sacrificio.

«Esto es mucho más emocionante que cualquier cosa que hubiera imaginado», dice el personaje de la mujer inglesa interpretada por Madeleine Stowe, a pesar de la natural incomprensión ante lo que se le ha venido encima: una batalla entre franceses, británicos y las tribus de nativos americanos, siempre por la conquista de territorios en el caso de los primeros y por su defensa en el de las últimas, conocida como Guerra Franco-India (1754-1763). Esa agitación que siente ella, ajena a un lugar que no le pertenece pero también partícipe porque ha encontrado allí incluso el amor, es también la que puede experimentar un crío de hoy ante tales conflictos. Una especie de llamada de lo salvaje, en forma de huida del convencionalismo del ciudadano corriente, que entronca con algunas de las esencias de la aventura y con lo que posteriormente representaron los textos de escritores como Jack London y Henry David Thoreau.

Ahí están también el concepto de frontera, «el único lugar para la gente pobre, donde no tienen que pedir permiso a nadie para vivir, donde no le deben nada a nadie», en palabras del protagonista que interpreta Daniel Day-Lewis, y sobre todo la sensación de extinción que atenaza a los amerindios, trasladada también al título de la obra, entre los deseos imperialistas de los ejércitos y las élites francesa y británica, y los naturales deseos de la gente sin tierra ni hogar por establecerse en un lugar en paz sin un yugo que los atenace.

El honor, concepto de enorme amplitud que no siempre habita en el lado de las cualidades, y con acérrimos enemigos hoy en día, adquiere sin embargo en la película de Mann una de sus acepciones quizá menos discutibles: la que lo aproxima a la dignidad, a la decencia y al respeto mutuo, expuesta en el encuentro entre los mandos francés y británico, cuando este, tras su rendición y las muy honrosas condiciones del enemigo galo, clama: «Se suele creer que la muerte y el honor son lo mismo, pero hoy he aprendido que a veces no es así». Miles de vidas se habían salvado por no empecinarse en un orgullo de naturaleza vanidosa, ese que acaba con los hombres en un hoyo cavado bajo la tierra.

«*Hold fast*», «agárrate fuerte». La leyenda en forma de tatuaje, con cada letra impresa en sangre en ocho de las diez falanges de cada uno de los dedos de un viejo marino —salvo los pulgares, que no se ven—, podría ejercer de lema ante la visión de una obra maestra del cine de aventuras como *Master and Commander*. Sin dientes, patillas tan largas que se han convertido en barba, pelo blanco, ojos azulísimos, casi líquidos, mirada sabia de haberlo vivido todo, puños apretados, agarrados a una cuerda o a cualquier parte del barco que sirva de sostén ante el ataque bélico o la tormenta que se les viene encima, el anciano avisa a los jóvenes grumetes y, al tiempo, al espectador, de que vienen curvas emocionantes, de que el trabajo del director australiano Peter Weir, uno de los últimos clásicos, es inabarcable.

«Mes de abril del año 1805. Napoleón es el emperador de Europa. Solo la flota británica le hace frente. Los océanos son campos de batalla.» Las primeras frases, informativas, sobreimpresionadas en la pantalla, dan cuenta del periodo histórico. Las que siguen, no obstante, añaden un elemento poético que va a ser consustancial al trabajo de Weir: «Navío de la armada británica *Surprise*. 28 cañones. 197 almas». No dice marinos ni soldados, ni siquiera hombres. Dice «almas». Bellísimo. Las órdenes del Almirantazgo al capitán Aubrey son interceptar el barco corsario francés *Acheron*, con rumbo al Pacífico y resuelto a llevar la guerra hasta esas aguas. Hundirlo, quemarlo o apresarlo. El *Acheron*, que apenas se vislumbra durante la película, se convierte casi en una presencia fantasmal. Y la actitud del capitán, interpretado por un portentoso Russell Crowe, sosiego, presencia, dureza, destreza, va a ir tornándose en obsesión. La codicia puede ser la perdición del ser humano.

Weir, cineasta capaz de todo, de adentrarse en cualquier género, apartarse en principio de las ínfulas de autoría y componer el mejor relato del mundo, ya había legado obras tan sensacionales, y distintas, como *Picnic en Hanging Rock*, *Gallipoli*, *El año que vivimos peligrosamente*, *Único testigo*, *El club de los poetas muertos* y *El show de Truman*. El perfecto estilo sin estilo. Cuarenta años de carrera. Solidez, flexibilidad y capacidad de adaptación. Contador de historias, narrador en el sentido más puro.

Aunque sin llegar a los extremos de *Moby Dick*, la inmortal novela de Herman Melville, páginas y páginas de descripciones detalladas de la vida en el mar, terminología náutica extrema, *Master and Commander* cuida también hasta el último pormenor marino en los diálogos, las exposiciones y las esencias. Frases como «¡Abocen la caña del timón!», física cuántica para el lego, nunca molestan y, sin embargo, introducen en un universo de credibilidad, naturalidad y cercanía. No solo eso: la película, entre la aventura para niños y adultos, el trazado de los personajes, la emoción de la contienda y de la duda, y de la vida en el mar, contiene elementos de ingeniería aeronáutica, de ornitología, de entomología, de biología marina, de, en fin, historia natural.

A la meticulosidad se une la expresividad en la imagen creada por Weir, de carácter pictórico. A los diez minutos de metraje, un plano lejano del barco entre la niebla entronca con la obra del pintor inglés Joseph Mallord William

Turner (1775-1851), contemporáneo por tanto de la época que retrata la historia. No va a ser el único. Sin necesidad de calcar, de componer fáciles *tableaux vivant* inspirados en cuadros concretos, el director australiano enlaza con la pintura de Turner. El terreno artístico se completa con la utilización de la música, sobre todo en los dos momentos en los que aparece la *Fantasía sobre un tema de Thomas Tallis*, del compositor británico Ralph Vaughan Williams. La primera, en un instante dramático, cuando uno de los oficiales muere en el mar agarrado al palo de mesana, partido por la mitad, amenazando con hundir el barco y matarlos a todos. La inevitable solución, romper con un hacha las cuerdas que mantienen al hombre al agua agarrado a la vida, la ejecuta el capitán Aubrey entre las miradas desoladas de sus lugartenientes, gloriosamente capturadas por el director y ejecutadas en montaje con tempo perfecto, en el momento quizá más emocionante del relato. La segunda presencia de Tallis y Williams, casi al final, se produce junto con un hermoso *travelling* de Weir mostrando a los muertos tras el combate victorioso. Paradójica frase, esta que incluye las palabras victoria y muerte.

Porque también está el aspecto humano, representado en el silencio en la batalla como antesala de la muerte: «¿Por qué no disparamos?», dice el precioso personaje del médico que interpreta Paul Bettany, mientras cura casi en la oscuridad a los heridos, sangre hasta las cejas. Un niño, hijo de un lord, sufre la amputación de un brazo. Hay una operación a cerebro abierto. También latigazos de castigo por una insubordinación. Y un doctor que se opera a sí mismo, sacándose una bala de su abdomen con la ayuda visual de un espejo. Pero Weir es un artista del encuadre. Nada es gratuito ni violento. Todo es noble, como el violín y el violonchelo que tocan el capitán y el médico: Mozart,

Bach, Boccherini. Distinción hasta la última esquina de cada uno de sus encuadres, sus sonidos y sus textos.

No son pocos los diálogos en los que hay una doble interpretación: bélica y sencillamente humana. «Sigue siendo vulnerable a popa», dice el rol de Crowe sobre la supuesta perfección del barco enemigo. Y remata: «Como nosotros», en una frase con doble sentido que puede referirse a su propio barco o a nosotros como seres humanos, siempre débiles por algún costado. Y él es vulnerable por el flanco de su orgullo desmedido. Es un triunfador y tiene fama de ello entre su tripulación, pero esa vanidad que empieza a asomar puede ir vinculada al olor de la derrota.

Tras el suicidio de uno de los más bonitos personajes, por esquivo, contradictorio e imperfecto, con fama de gafe entre sus compañeros, *alter ego* del profeta bíblico Jonás, que, como él, también se durmió a destiempo en un barco antes de ser defenestrado por sus compañeros, el capitán lanza un responso en su entierro.

—No todos terminamos siendo los hombres que una vez esperamos ser, pero todos somos hijos de Dios.

La frase se clava como un puñal: en los mayores y seguramente también en los pequeños.

Master and Commander, candidata a diez premios Oscar, inclusive el de mejor película del año 2002, en un hito insólito de su tiempo para una película clásica de aventuras, obtuvo dos de ellos, y menores: para los efectos sonoros y para la fotografía de tonos pictóricos de Russell Boyd. Sus productores aspiraban con ella a iniciar una saga basada en los sucesivos libros de Patrick O'Brian, al estilo *Piratas del Caribe*. Sin embargo, aunque llegó a recaudar 212 millones de dólares, su alto presupuesto, de 150 millones, los llevó a la idea de que no acababan de salirles los números. ¿Desde cuándo hay contables para las obras maestras? No ganó lo suficiente y no se hizo secuela alguna. Mejor así. Ahora es una película única.

Una de las obras más singulares del cine de aventuras de fines del siglo xx es la inquietante *The Navigator: Una odisea en el tiempo* (Vincent Ward, 1988). En primer lugar, porque atraviesa las particularidades habituales de la aventura —el exotismo, las conquistas, las exploraciones— con una historia que linda con la fantasía, con la ciencia ficción y con el misticismo. Segundo, porque el viaje en el tiempo es de atrás hacia delante, cuando lo más habitual es que sea al revés: los protagonistas son los habitantes de una aldea de la Edad Media, en 1348, que viajan a nuestra contemporaneidad para colocar una cruz de cobre en la torre más alta del cristianismo, como ofrenda para despejar la peste negra que amenaza al mundo y a su pueblo.

La tercera particularidad de la película, y la esencial, es su estilo, lejos del clasicismo en la imagen y en la narrativa, y por tanto ideal para introducir a los chavales en unos modos formales y de relato a los que no están acostumbrados. Frente al color del núcleo central del relato, la parte medieval, que ocupa el primer tercio y el trecho final, está filmada en un blanco y negro muy contrastado, que puede recordar tanto a ciertas obras de Ingmar Bergman (*El séptimo sello* y *El manantial de la doncella*) como a alguna de Andréi Tarkovski (*Andréi Rublev*). No es un mal primer paso hacia el conocimiento de unos modos distintos de expresión artística, con una película que llegó a participar en la sección oficial a concurso del Festival de Cannes.

Ward, interesantísimo director neozelandés que por desgracia desapareció en el combate que tantas veces son las relaciones entre el arte y el negocio de la industria, entronca en varias imágenes, sobre todo en una de un esqueleto volante, o la muerte que acecha, con las pinturas de los artistas holandeses El Bosco y Pieter Brueghel *el Viejo*. De modo que una visita posterior al Museo del Prado para una primera aproximación a *El jardín de las delicias* y a *El triunfo de la muerte* de sus seguramente ya preadolescentes hijo o hija podría rematar el festín cultural. Las infernales escenas de destrucción y los enigmas de ambos cuadros son el complemento ideal para una película escalofriante y, por qué no, también muy divertida.

5

El cine cómico mudo y otras joyas de los orígenes

Una película que provocará sonrisas,
y también alguna lágrima.

Intertítulo inicial de *El chico*,
de Charles Chaplin

La vigencia contemporánea de no pocos de los pioneros del cine es una de las cosas más fabulosas de la historia del séptimo arte. Que un niño o un adulto del siglo XXI se ría exactamente en el mismo instante y por las mismas razones que un ser humano de la década de 1920 es el triunfo de la comedia, de la imagen y, por qué no, también del humanismo. La sensibilidad, la inteligencia y el sentido del humor, por encima de todos los cambios habidos y por haber. La seducción y el hechizo, que permanecen para siempre.

Charles Chaplin, Buster Keaton, Laurel & Hardy, Fatty Arbuckle, Max Linder, Harold Lloyd, Harry Langdon. La lista de cómicos no es corta. Y a ellos siempre se puede añadir la magia interminable de Georges Méliès. Pantomima, destrucción de la ley y de la propiedad, anarquía, exageración física, vodevil, agudeza visual y, sobre todo, complicidad con el espectador a través de una serie de personajes que partiendo de un arquetipo celebraban la diversidad de las gentes, de sus caracteres y de sus aspectos, de sus reacciones y de sus risas. Cine para el pueblo y sobre el pueblo. Para chicos y grandes. Cine sin apenas referencias, porque todos estaban empezando. Creatividad mayúscula realizada a velocidades forzadas por una industria incipiente, pero industria al fin, cuyo objetivo último, además del arte y las carcajadas, era ganar dinero.

Muchos de la infinidad de cortometrajes iniciales de Charles Chaplin para Keystone, Essanay y Mutual Film Corporation, sus tres primeras compañías, realizados entre 1914 y 1917, pueden ser un valor seguro para adentrarse en el mágico universo del cine cómico mudo, pero quizá sea *Vida de perro* (1918), uno de sus mediometrajes posteriores, el que recomendaría como posible casilla de salida para la que ojalá sea una larga carrera de jolgorio entre ustedes y sus hijos con el blanco y negro y el silencio de los diálogos. Lo tiene todo: pantomima, ritmo, brillantez física, ternura, sorpresa, originalidad, romance, compañerismo y un final redondo y feliz. Y dura 35 minutos que se pasan con la boca abierta de par en par.

En una obra alrededor de la miseria y la soledad, no se pueden echar más risas. Charlot es un sintecho que duerme en la calle, logra comer cada día gracias a la pillería y en la historia se muestra un mundo donde los hombres en paro se pelean entre ellos por un trabajo basura. Sin embargo, el vagabundo encuentra la compañía perfecta en un casi cachorro que no es sino él mismo en versión canina: acaba de escapar de la paliza perruna de una jauría más grande y más fuerte. Corriendo, siempre en desbandada y cayéndose, en un triste desamparo pero con dignidad absoluta, ambos inician un camino hacia la supervivencia lleno de peligros y de carcajadas.

Vida de perro está cargada de gags inolvidables, no menos de cinco de una brillantez histórica, pero dos de ellos salen triunfadores. En el primero, Chaplin da cuenta de una bandeja completa de pasteles en un puesto ambulante sin que el tendero logre cazarlo mientras se los come, uno a uno y a pesar de su vigilancia, con una descacharrante y veloz glotonería asentada en la mortal necesidad. En el segundo, entra a un salón de baile y copas en el que está prohibido pasar con perros, junto con su nueva mascota escondida entre los pantalones, pero el rabo ha quedado fuera, a la altura de su propio culo, al colarse por uno de los agujeros de su ropa vieja. La sensación de ver la cola del perrucho moviéndose en el cuerpo del propio Charlot mientras anda con su particular estilo es de una comicidad imparable para los niños. Y la capacidad del creador para llevar esa situación hasta el absurdo musical, al lado del bombo de uno de los miembros de la banda que toca en el local, sencillamente gloriosa.

Primera de las nueve obras rodadas para First National, su propia compañía de producción, entre 1918 y 1923, *Vida de perro* se completa con una trama melodramática y romántica junto con una de las artistas del garito de copas, a la que interpreta Edna Purviance, una de sus actrices fetiche, que sufre la humillación de su maltratador jefe y es redimida por nuestro héroe de la calle. Chaplin, que no se conformaba con interpretar, escribir y dirigir, compuso además la muy pegadiza banda sonora, con arreglos posteriores de Eric James y Eric Spear, dos de sus habituales ayudantes, acrecentando ese carácter melodramático de la ruindad y del idilio amoroso, y enfatizando las partes de pura comedia.

Tras *Vida de perro*, superior en todos los sentidos a los cortos realizados en Keystone, Essanay y Mutual, o al menos más elaborado, y con la casi total seguridad de que los niños se han enganchado ya en estos tiempos difíciles a la comedia silente, puede ser el momento de regresar a esas distancias más cortas, para luego adelantar de nuevo hasta el formato del mediometraje y finalmente adentrarse en los largometrajes. Las posibilidades entre esas 62 piezas breves de entre 1914 y 1917 son muchas, pero he aquí una posible selección. *Charlot, campeón de boxeo* (1915), donde se prefigura la famosa secuencia pugilística posterior en el largo *Luces de la ciudad*, con esos inimitables regates de cabeza, molinillos de brazos y bailes de piernas, como respuesta posibilista a la llamada inicial de un trabajo con el que salir de la pobreza («Se busca *sparring* para ser golpeado»); una situación que volvería a repetir en el guion de la bellísima película de amor junto con la mujer ciega. *Charlot en la playa* (y los ocurrentes vuelos de los sombreros en un día ventoso). *Charlot en la tienda* (1916), en la que se desarrolla una secuencia mítica en la comedia americana: dos personajes iguales o muy semejantes se encuentran frente a frente y comienzan a mover sus miembros y su rostro para comprobar si (o demostrar que) están delante de un espejo y ante sí mismos; un gag que inspiró a otros dos cómicos del cine mudo, Harold Lloyd, en *The Marathon* (1919), y Max Linder, para un número semejante pero más elaborado en la posterior *Siete años de mala suerte* (1921), y que llegaría a su máxima expresión de comicidad con los hermanos Marx en *Sopa de ganso* (1933). *Charlot, bombero* (1916), con una escalada final en una casa hasta el piso superior, apoyándose en los sucesivos quicios de la fachada, que recuerda en gran medida a la de otro genio del mudo, Harold Lloyd, en *El hombre mosca* (1923). *Charlot, tramoyista de cine* (1916), y el antológico número en el que Chaplin traslada once sillas apoyadas en el mismo hombro, y sin apilar las unas con las otras, y en el que además descubre el gran juego que puede dar una trampilla hacia un sótano que abre sus compuertas por la mitad; un gag que repetiría, con mayor arte aún, en *Luces de la ciudad*, y que Billy Wilder recuperaría en forma de homenaje en *Irma la dulce* (1963). Y, por último, y siguiendo en esta línea de *sketches* que se repiten o reelaboran durante su carrera, *Charlot, héroe del patín* (1916), demostrando su habilidad sobre ruedas, como avance del momento supremo de patinaje en *Tiempos modernos*, con los ojos vendados y al borde del precipicio a causa de una barandilla rota, que lo separa del abismo de los pisos de debajo de un gran edificio. Todas ellas con una duración de entre diez y veinte minutos.

¡Armas al hombro! (1918), mediometraje de 45 minutos, bien podría ser la primera aproximación al cine bélico de nuestros hijos. Su visión zopenca del estamento militar, de la instrucción y del soldado como tipo vulgar y corriente, unida a la desmitificación del heroísmo, mostrado a través de hazañas más basadas en los juegos de niños que en la violencia de los mayores, pueden resultar una bendición para empezar. Charlot inicia la película como el torpe en el pelotón de los torpes, le cuesta un mundo mantener la fila, dar un paso al frente con los pies rectos y girar a derecha o izquierda sin que su culo parezca ir por un lado y sus piernas por otro. Hombros encogidos hacia arriba o caídos hacia abajo, el cómico es un prodigio de gestualidad en un entorno hostil, y con el transcurso del relato y el paso desde la instrucción hasta la acción, lo que va a mostrar es una guerra donde los soldados lo único que parecen desear es dormir, aunque sea con el agua de lluvia y el cieno rozándoles las orejas.

Como buena película ambientada en la Primera Guerra Mundial, son las trincheras su principal núcleo ambiental, prefigurando los *travellings* por el barro de *Senderos de gloria* (1957) y las absurdas estampidas desde las trincheras hasta la muerte, tanto de la película de Stanley Kubrick como de *Gallipoli* (1981), de Peter Weir. Pero, no nos olvidemos, *¡Armas al hombro!* puede ser una oda antimilitarista que acaba con un mensaje inequívoco («Paz en la tierra a los hombres de buena voluntad»), e incluir una trama de amor con una mujer francesa que lo ayuda en su huida de los alemanes, pero sobre todo es una comedia física destinada a la carcajada. Algo que encuentra no pocas veces, con dos gags memorables. Primero, el de Charlot convertido en el mejor francotirador del regimiento, apuntando con una tiza en una madera cada acierto, donde hay que ser un genio del humor para aunar risa y muerte. Y segundo, la incursión casi suicida en las líneas enemigas, en solitario y disfrazado de árbol. Chaplin demostró que, frente a las opiniones desfavorables acerca de la fusión del humor y la guerra en tiempos de contienda bélica —en este caso, en pleno 1918—, la risa puede ser una inmejorable aliada moral.

«Una película que provocará sonrisas, y también alguna lágrima.» La declaración de intenciones de Chaplin con *El chico* (1921), sobreimpresionada en la pantalla en el primer segundo de metraje, no deja lugar a dudas sobre sus intenciones cómicas y melodramáticas, dos de las médulas de su cine. Y a fe que las cumple con una obra que cien años después sigue convocando a los chicos espectadores (y a los mayores) a la misma carcajada y a idéntica emoción exactamente en los mismos lugares del relato, generación tras generación. Con planos míticos como el del niño subido en el camión del orfanato, pidiendo ayuda y clemencia, brazos abiertos, dedos separados, en tensión, lágrimas en las mejillas, rostro desencajado. O como el del beso en los labios de padre adoptivo e hijo durante el conmovedor reencuentro.

La dicotomía riqueza/pobreza, presente también en la base de la posterior *Luces de la ciudad*, mueve el maravilloso folletín de equívocos que en el fondo es la comedia *El chico*. «Una mujer cuyo único pecado es ser madre», reza uno de los intertítulos iniciales, en una defensa de enorme modernidad de la figura femenina de la madre soltera, representada de nuevo por Edna Purviance, actriz en la mayoría de las películas de Chaplin entre 1915 y 1923. En este caso, una chica ninguneada por el padre de un bebé que no puede ser criado en las mejores condiciones, y que acaba, por (in)decisión de la madre, en el coche de una familia rica a las puertas de su mansión. Sin embargo, la comedia (y el drama) de confusiones se inician cuando unos ladrones se hacen con el automóvil, y de paso con el bebé alojado en el asiento de atrás. Así, cuando se dan cuenta de que el robo viene con peligroso regalo dentro, los delincuentes lo abandonan en un barrio depauperado junto a unos cubos de basura. Justo el lugar por el que pasa nuestro vagabundo favorito.

En ese primer trecho del relato, antes de la elipsis de cinco años que va a convertir al bebé en el expresivo niño interpretado por el actor prodigio Jackie Coogan, la comedia domina con una serie de situaciones de una descomunal agudeza y desarrollo cambiante, en las que también hay terreno para la comedia negra: ese plano de Charlot, sentado al borde la calzada con el bebé en brazos sin saber muy bien lo que hacer, subiendo la reja de una alcantarilla, mirando hacia dentro y justo después al crío, y frunciendo el ceño, es de un eminente atrevimiento dentro de una película amparada por la piedad. Por la piedad, por la dulzura y por un trabajo sorprendente con el retoño: cómo se las apañaron para que una criatura tan pequeña bebiera de la tetera colgada por una cuerda, justo encima de su rostro y de su cuerpo, alojados en una especie de hamaca para bebés de inspiración *hippie*, sigue siendo un misterio. Porque no es solo que beba, es que agarra el pitorro de la tetera con la mano derecha como si fuera una persona mucho más mayor, con exquisita naturalidad, y en plano fijo, sin cortes extraños de montaje. El pecho de una madre es una cosa y beber de una tetera con apenas unos meses, otra. La respuesta seguramente esté en el perfeccionismo de Charlie, además de en la paciencia y en el dinero invertido en la producción: el director rodó su obra a lo largo de cinco meses y medio, un tiempo inusitado para la época.

Ya con Coogan en pantalla, seleccionado por Chaplin poco antes en un teatro de Los Ángeles donde el niño, de cinco años, trabajaba junto con su padre en el vodevil, la película avanza por el singular truco familiar del niño «rompecristales» de ventanas a base de piedras, y el paseo inmediatamente posterior del padre adoptivo y, no por casualidad, cristalero. Instantes de pantomima que han quedado para los restos, al igual que, una vez más, la presencia del boxeo, aunque esta vez con un combate entre niños que funciona como parodia y también como preclara escenificación de cómo son algunos padres ante los envites de violencia de sus hijos. Dentro de otros cien años, a través de cualquier sistema audiovisual aún por inventar, los críos seguirán partiéndose de risa con el molinillo de Coogan antes de lanzar las piedras, con las huidas de ambos de la policía y con ese padre patético, matón de barrio, que ve cómo su hijo es despedazado en una pelea por un chavalillo mucho más esmirriado. Y, de paso, se les helará la piel con el drama de la madre y el hijo, con los exquisitos cuidados del truhan y con la inmensa dignidad y humanidad de los personajes.

Porque he ahí la gran novedad de *El chico*, histórico primer largometraje de Chaplin: la presencia de las lágrimas, del melodrama, del desgarro, de la enfermedad y de la tristeza, en una película con la que no dejas de reír o de sonreír. Una fórmula que no abandonaría desde entonces. La pobreza de la gente de la calle, como la del propio Chaplin durante su infancia en las calles de Londres, estaba presente. Las risas de la vida, aun de las paupérrimas, también.

En un mundo de payasos tristes, Chaplin no puede ser más que el rey. *El circo* (1928), película de una hora y doce minutos, es sin duda una de las propuestas más lúdicas de su etapa en el largometraje. Frente a la ambición de obras seguramente mayores como *La quimera del oro* (1925), *Luces de la ciudad* (1931), *Tiempos modernos* (1936) y *El gran dictador* (1940), *El circo* apenas contiene mensaje alguno, más allá de la risa y el olvido, que de todos modos nunca llega. Por lo tanto, una obra perfecta para gozar con los críos que, además, arranca con diez de los minutos más tronchantes de su filmografía gracias a una sucesión de secuencias en una feria. Allí, Charlot, siempre muerto de hambre, se come el bollo de un niño pequeño en brazos de su padre mientras le hace unas irresistibles carantoñas; y se ve envuelto en un enredo con un carterista y un policía que, en una carrera a tres bandas, acaba llevándolos a una de las atracciones. El espectáculo físico y la efervescente diversión que supone la visita a un parque de atracciones se dan la mano en la imagen de Chaplin, expresividad inigualable de cuerpo y rostro, simulando ser uno de esos muñecos autómatas de gran éxito en aquellos años, mientras aprovecha para zurrar a su enemigo el carterista. Para la historia del cine lega también una semilla más tarde recogida por otra figura ilustre, Orson Welles en *La dama de Shanghai* (1947):

la secuencia del laberinto de espejos, en la que nuevamente luchan Charlot, el ladrón y los guardias, inspiró a Welles para componer su brillantísimo combate a muerte entre tres personajes que disparan a lo que parece el físico de su enemigo pero solo es su imagen; doble cara psicológica de unos seres humanos envueltos siempre en el disfraz y la sombra del cine negro americano.

Más tarde, cuando el protagonista, huyendo de nuevo de la policía, acaba irrumpiendo en la pista del circo en medio de una actuación sin éxito de unos *clowns* de apariencia tristona, se ejemplifica la esencia del humor chaplinesco. Su vagabundo tiene gracia a su pesar, más por casualidad y autenticidad que por empeño u oficio. De este modo, cuando finalmente es contratado gracias a las risas causadas por la persecución policial, recibidas por los espectadores como el mejor de los números vistos hasta entonces pese a no formar parte del *show*, esa sustancia cómica de Charlot se da de bruces con la realidad laboral. «¡Vamos, sé divertido!», le dice el dueño del circo. Y, claro, así no hay quien tenga gracia.

A pesar del soporte fundamentalmente cómico inherente de *El circo*, del relato aún pueden entresacarse un par de aspectos de cierta importancia social y personal. La trama de la violencia de género y laboral, que ejerce el dueño del circo contra la fémina de la historia, su hija trapecista, que como en tantas otras ocasiones acaba siendo defendida por nuestro héroe de apariencia vulgar pero espíritu indómito. Y, sobre todo, el amargo final en materia romántica, pues después de haber intentado ganar el amor de la chica durante toda la película, solo termina consiguiendo su afecto. El clásico, rotundo y fatídico «te quiero como amigo» de toda la vida, pero en versión silente. Charlot se inmola por ella, pero el que consigue su pasión verdadera es el guapo funambulista, con la inestimable ayuda del amigo, convertido en el prototipo del *pagafantas* mucho antes de que se conceptuara la expresión.

La decisión de cuándo ver con los chicos las obras maestras de Chaplin más adultas, principalmente *Luces de la ciudad*, *Tiempos modernos* y *El gran dictador*, que incluyen tanto *slapstick* como poderosas reflexiones sociales y políticas, queda para ustedes. Personalmente creo que es mejor retrasarlas un poco para que logren agarrar el sustrato más trascendente, pero, como ya escribí en referencia a *La bruja novata*, cuanto antes sepan lo que supuso el nazismo, quién fue Hitler y cómo sus ideas están lejos de estar desterradas de la faz de la tierra, mejor. Y en cuanto a *Luces de la ciudad*, la gozada de relacionar su final romántico en pareja, y esas manos unidas para siempre, con el desenlace de *WALL·E* puede conllevar la comprensión absoluta de lo que significan verbos como «entroncar» y «homenajear», y términos como «reminiscencias», a menudo utilizados por nosotros, los críticos. Ahora bien, si les explican los paralelismos con estos verbos y en estos términos, igual salen corriendo para siempre: de sus pedantes explicaciones, del cine mudo, y hasta de su compañía como padres y madres. Hacerlo de un modo más natural y con un lenguaje más cotidiano siempre será una idea mejor.

El humor de Buster Keaton, quizá más sofisticado, tenue y complejo que el de Chaplin, popular en el más amplio sentido de la palabra, puede resultar más lejano a los niños más pequeños. Aun así, hasta la llegada de sus obras maestras, principalmente *El moderno Sherlock Holmes* (1924) y *El maquinista de La General* (1926), entre sus cortos y mediometrajes hay de sobra donde elegir para un primer acercamiento a su figura de hombre común y a su cara de palo. Uno de los más espectaculares es *Una semana* (1920), pieza de 25 minutos con algunas de las imágenes que han quedado como marca de fábrica de su humor.

«Las campanadas de boda tienen un sonido dulce pero un eco agrio.» Esta colosal y desesperanzadora frase abre la película, ilustrando las dificultades de la vida en pareja, no tanto porque no haya un amor verdadero como por las circunstancias prácticas sobrevenidas de la convivencia entre cuatro paredes. Tras el baño de arroz (¡y de zapatos!) a las puertas de la iglesia, la pareja que forman Keaton y Sybil Seely, de enorme expresividad en contraposición a la imperturbabilidad del genio, descubren el regalo envenenado de un familiar: un hogar donde vivir, en forma de terreno junto a las vías del tren y de casa prefabricada aún sin construir; una serie de cajas llenas de tablas de madera de distintos tamaños, como una versión inmobiliaria de Ikea de hace cien años.

El conflicto, desarrollado a lo largo de la semana del título, se inicia cuando un expretendiente de la chica cambia la numeración de las cajas, la construcción se complica a pesar de las sutiles artes de Keaton para resolver cualquier situación, y, claro, acaban construyendo una casa que parece salida de *El gabinete del doctor Caligari*. Un hogar expresionista en sus ángulos y en su aspecto, de paredes y ventanas oblicuas, chimenea encima de la bañera y puerta principal en el piso superior, en el que no parece fácil vivir. Los gags se suceden por medio de sorprendentes coreografías en las que siempre parece haber un truco visual que en realidad no existe, como cuando un lado de la fachada cae a plomo sobre Keaton y este se libra del aplastamiento porque su situación encaja justo en el rectángulo hueco de la ventana. Una imagen icónica que repetiría más tarde, con una fachada aún más grande y con mayor peligro, en *El héroe del río* (1928). ¿Artimaña visual? No, simplemente exhaustiva preparación de la toma, con distancias medidas al milímetro matemáticamente para no acabar en el hospital o en el hoyo, y una inusual valentía para ponerse ahí abajo convencido de que nada puede pasar. Keaton, que llegó a romperse el cuello con el agua a presión sobre su cuerpo de una enorme tubería en una secuencia de *El moderno Sherlock Holmes*, no utilizaba dobles para los momentos más peligrosos.

Para la historia del cine queda también la insólita toma de la simpatiquísima Seely sentada en la bañera, con la cámara a la altura de sus ojos, y a la que se le cae el jabón al suelo del cuarto. Como no puede alcanzarlo con el brazo sin que se vea que está desnuda, primero duda, luego mira directamente al objetivo, rompiendo la pared de la representación entre personaje y espectador, y es la mano del *cameraman* la que aparece en el plano para tapar el objetivo durante un par de segundos, los necesarios para que la chica recoja el jabón sin nuestra indiscreta mirada. Genialidad.

Leo McCarey, posterior director de películas sensacionales del sonoro como *Sopa de ganso* (1933) y las dos versiones del melodrama *Tú y yo* (de 1939 y 1957), comenzó como escritor de gags en los cortos de comedia de la compañía de Hal Roach, donde también trabajaba Stan Laurel como guionista, director y actor, y donde Oliver Hardy no era más que un secundario con enorme peso físico pero sin peso específico. Sin embargo, a McCarey, con relevancia creciente en su empresa, se le ocurrió que podría tener su gracia unir como pareja a aquel delgaducho de ojos pequeños y aspecto de panoli y al orondo mofletudo de ojos aún más pequeños, además de otorgar a cada uno unas características concretas respecto de la vida, la amistad y el trato con los demás. La idea del contraste entre uno y otro dio de sí cuatro décadas. Laurel y Hardy, un británico y un estadounidense, rebautizados en español como el Gordo y el Flaco, pasaron a la historia del siglo xx como iconos de la cultura popular.

Ya en el siglo xxi, sin embargo, y a pesar de la relativa buena salud de figuras como las de Chaplin y Keaton, el conocimiento general por parte de las últimas generaciones de niños del humor de Laurel y Hardy está más que en entredicho. Toparse con sus películas es improbable aunque, si se buscan, se encuentran con facilidad. Y uno de los mejores ejemplares para embarcar a los críos puede ser *The Second Hundred Years* (Fred L. Guiol, 1927), cortometraje de veinte minutos en el que, además, hay un gag tan fantástico que fue homenajeado por Billy Wilder en *Traidor en el infierno*, un título al que regresaremos en el apartado del cine bélico.

Con un tipo de comedia más directa y, si se quiere, ingenua, el Gordo y el Flaco pertenecen, como el posterior Jerry Lewis, tan influenciado por ellos, a la vertiente de las orgías de destrucción, o cómo los actos más cotidianos y presumiblemente fáciles del mundo se pueden volver en contra con singular estruendo físico. Tras iniciarse como pareja cómica en *Slipping Wives* (1927), aunque aquí aún como personajes secundarios, el sempiterno llorón Laurel y el malencarado y mandón Hardy son protagonistas absolutos y cabezas de cartel en *The Second Hundred Years*, su siguiente película, en la que McCarey, autor del guion, ejerce de mente pensante en todos los sentidos pese a no ser el director que la filma. Condescendiente y soplón, el

Gordo, sumiso y cobarde, el Flaco, ambos son presidiarios vestidos con la tradicional ropa a rayas horizontales, comparten celda, hacen instrucción en el patio y planean una huida a través de un trabajadísimo túnel en el suelo de su celda, con el que logran llegar nada menos que a la oficina del alcaide. Sin embargo, lo consiguen finalmente con el más idiota de los procedimientos, justo el que imitará Wilder en *Traidor en el infierno*: robando las ropas de unos pintores que encalan un muro en el patio de la cárcel, y saliendo por la puerta principal con los botes y las brochas en las manos. Una situación que, en la mejor tradición del cómico mudo, se estira y estira hasta la saciedad, amparada en el disfraz y en el disimulo continuo. Si son un par de pintores, así hay que actuar, lo que los lleva a dar brochazos allí por donde pasan, incluidas fachadas, escaparates, coches y hasta transeúntes, y por supuesto con pinceladas maestras de comedia en los momentos más oportunos.

Es probable que el primer encuentro de los niños actuales con el universo de Georges Méliès sea con la película de Martin Scorsese *La invención de Hugo* (2011), algo que, con independencia de su calidad, creo que desigual, tiene tres consecuencias, dos de ellas buenas y otra no tan satisfactoria. La primera es que tanto el nombre como el trabajo del mago francés de los orígenes del cine comenzarán a sonarles. La segunda es que pueden acercarse más tarde a la mucho más redonda obra en la que se basa: la novela de Brian Selznick *La invención de Hugo Cabret*, publicada en 2007, que combina ilustraciones originales, elementos de las novelas gráficas y cierta cadencia cinematográfica. De hecho, casi en la mitad de sus más de quinientas páginas aparece dibujada a doble página y al completo la célebre imagen que hizo inmortal a Méliès: una luna de enormes ojos y mirada inquietante, labios gruesos y gesto facial ambiguo, con un cohete espacial incrustado en su ojo derecho. *Viaje a la Luna*, su cortometraje de apenas un cuarto de hora, estrenado en 1902, sigue siendo más de cien años después una experiencia enriquecedora para ver en familia, aunque solo sea por esa imagen mítica y por el coloreado de sus fotogramas.

La tercera consecuencia de adentrarse en la película de Scorsese, la no tan buena, es comprobar cuán distintos son los tonos de la obra de Méliès —de esta película y de otras muchas—, descarado, asombroso, libérrimo y siempre al servicio del espectáculo, y el más bien tristón y adocenado, aunque de apariencia impoluta, del trabajo de Scorsese y de su niño protagonista, síntomas de unos tiempos, los contemporáneos para el cine infantil, de grandilocuencia excesiva y reprobable alergia a la diversión sin aspavientos, a la risa y a la desfachatez de los críos.

«Georges Méliès los esperaba en el salón, ataviado con un esmoquin y con su capa de estrellas y planetas...», escribe Selznick en *La invención de Hugo Cabret*. Ese ropaje, que no es disfraz sino segunda piel en el caso del pionero, es el que define una obra verdaderamente mágica, de un atrevimiento artístico que asusta, incluso antes de que el cine fuera considerado como arte, y al que los niños pueden acercarse hoy en día viendo algunos de sus mejores cortometrajes. Méliès, innovador guiado por el instinto, compuso entre 1896 y 1913 algunas de las imágenes más deslumbrantes del siglo del cine, el XX, a partir de sistemas hasta entonces poco o nada utilizados con esa capacidad, como el famoso paso de manivela, con el que se interrumpía la toma cinematográfica, se sustituían algunos de los elementos por otros distintos o radicalmente opuestos, y se continuaba rodando con un efecto atronador en la platea, donde fantasía y comedia iban casi siempre de la mano. Y en esa línea, la imagen del proyectil espacial en el ojo de la Luna puede ser el ejemplo perfecto.

El hombre de las cabezas (1898), con el propio Méliès como actor, utiliza el método de la doble y de la múltiple exposición —se expone la película a la luz más de una vez— para producir uno de los efectos más divertidos de su obra: el mago sale a escena, se coloca entre dos mesas y se quita la cabeza para posarla sobre una de ellas, quedando su cuerpo decapitado durante unos cuantos fotogramas, hasta que le vuelve a salir otra cabeza, que también se quita para dejarla del mismo modo sobre la otra mesa, y así hasta tres veces. Luego coge un banjo, lo toca mientras las cabezas cantan junto a él, y acaba utilizando el instrumento para aplastar sus apéndices separados. Con la misma técnica, en *El melómano* (1903), de nuevo con Méliès como protagonista, convierte la parte superior del plano en un pentagrama gigante, y el artista se va quitando sucesivamente la cabeza, una y otra vez, para ir lanzándola al aire, con lo que cae en el pentagrama en el espacio correcto y conforma una partitura con sus testas arrancadas de cuajo. Cada pieza dura entre uno y dos minutos, y los niños se quedarán patidifusos con las majestuosas reliquias del prestidigitador cinematográfico.

6

El cine familiar es el que se ve en familia

> En nuestra casa, cada uno hace únicamente lo que quiere.
>
> Lionel Barrymore, como el abuelo Martin Vanderhof, en *Vive como quieras*

Que uno de los subgéneros más habitualmente denostados sea el cine familiar solo es consecuencia del reduccionismo que solemos aplicar a su concepto. Cuando la película maneja una visión crítica, compleja y sustancial de la realidad familiar entre padres e hijos, decimos que es un drama. Cuando, en cambio, consagra una perspectiva conformista, elemental y efímera de la misma realidad, decimos que es cine familiar. Y eso es muy injusto. Quizá por eso, en una tentativa personal más quijotesca que plausible, haya llegado el momento de intentar endosar al subgénero otro tipo de definición en este capítulo del libro: el cine familiar es el que se ve, se disfruta y se sufre en familia; el que trata, en mayor o menor medida, sobre la institución, su influencia en la sociedad y su desarrollo a través de los tiempos, sobre la educación y la transmisión de valores y a veces de lacras. Unas serán comedias familiares; otras, aventuras en familia, y algunas más, dramas alrededor del legado. Pero ninguna de esas películas tendrá chistes más comprensibles, igualados por abajo, sucesos menos legendarios o conflictos tratados con condescendencia. Simplemente serán títulos ideales para ver en familia.

Esto abre el panorama hacia una rendija donde la calidad no esté enfrentada con el subgénero, donde sea cual sea el género principal que acompañe a cada obra protagonizada por chavales y adultos, habitualmente la comedia y la aventura, no tratemos a los niños como a seres inferiores. O al menos no del todo. Como decían Les Luthiers en un maravilloso e irónico *sketch* dominado por la máxima «¡A los niños hay que decirles siempre la verdad!», titulado «La gallina dijo Eureka» y narrado por el vozarrón de Marcos Mundstock: «Después de todo los chicos, aun los más pequeñitos, son seres pensantes. Casi podríamos decir que son seres humanos».

Cariño, he encogido a los niños (Joe Johnston, 1989) es una película tan inabarcable y tan querida en nuestra casa que hasta el último momento no me he decidido por el compartimento estanco en el que escribir de ella. Finalmente, aquí está, en el cine familiar, aunque no deje de ser una historia de aventuras clásica y un ejemplar modélico de ciencia ficción ligera, capítulos por los que hemos circulado ya o que iremos visitando.

«Mamá y papá discutieron mucho, y mamá ha pasado la noche con la abuela.» La frase, al teléfono, esculpida en una media sonrisa más que escupida con un rictus de dolor por una adolescente, e inmersa en una producción de peripecia física, espíritu regocijante y comicidad imparable, casi podría convertirse en una anomalía en un relato familiar contemporáneo, donde parece que hay que resguardar a los críos de cualquier suceso que pueda hacerlos pensar de más. Sí, los padres, ocasionalmente o con recurrencia, no nos ponemos de acuerdo y discutimos. Con la cantidad de asuntos complejos que hay que tratar a cada minuto, cada día de la semana, que eso no ocurriera nunca solo podría ser producto de un milagro o de simple dejadez. Sin embargo, en el cine comercial de puro entretenimiento de nuestro tiempo los apuntes sociales suelen ser muy aislados y, si les da por aparecer, síntoma de la coyuntura, surgen como una losa de máxima gravedad y no como lo que realmente son: peajes de la institución, que a veces pueden tener suma importancia pero que en la mayoría de los casos resultan insignificantes.

Es solo una de las virtudes, y en modo alguno la más relevante, de una película inspirada en un clásico de la serie B de ciencia ficción, *El increíble hombre menguante* (Jack Arnold, 1957), basado en una novela de Richard Matheson pero que sabe convertirse en genuina obra de su época, los efervescentes años 80, por medio de alguna de las señas de identidad familiares del cine infantil y juvenil de la época: padres excéntricos, irresponsables o paródicos, incluso un poco bobos; y madres mucho más racionales y con bastantes más dedos de frente.

—¿Qué estoy haciendo mal?

Se lo pregunta a sí mismo uno de los dos padres de la película sin caer en la cuenta de que es un pesado insensato que está machacando a su hijo porque no es lo suficientemente alto, fuerte y buen jugador de fútbol. La cantinela introspectiva, enmarcada en una cinta que nada (o poco) tiene que ver con los traumas paternos, seguramente ejerza una efectividad mucho mayor en los críos, como método de identificación, que cualquier discurso de gravedad impostada.

Por supuesto que lo esencial de *Cariño...* es que la máquina de uno de los padres, arquetipo del científico loco, ocurrente y desastroso, transforma a sus hijos y a los hijos de sus vecinos en seres humanos «del tamaño de un moco»; que las correrías de los niños por un jardín donde la hierba se ha convertido para ellos en una jungla son un jolgorio para el espectador; que Rick Moranis es un cómico divertidísimo, y que el trabajo de producción con el agrandamiento de la cotidianidad de una casa cualquiera es formidable. Pero no deja de ser una gozada que de una película de aventuras en apariencia intrascendente se puedan entresacar enseñanzas. ¡Si hasta los preadolescentes se besan en la boca y de medio tornillo en el clímax de alegría final!

La sustancia de *Matilda* (Danny DeVito, 1996), película familiar basada en una novela del escritor galés Roald Dahl, no puede ser más singular y estimulante: una niña autosuficiente en el seno de una familia delirante. Pero es que las proles y los ambientes de Dahl nunca fueron convencionales y sus historias, aún menos. Su literatura infantil está destinada en exclusividad a niños sin miedo a los traumas, a las crueldades y a las singularidades de carácter. Leer de crío alguna de sus novelas siempre es un reto, y no por su dificultad narrativa sino por su endiablado tono, entre lo amargo, lo desternillante y lo macabro. Así son, sobre todo, *Charlie y la fábrica de chocolate*, con dos notables adaptaciones cinematográficas, la de Mel Stuart de 1971, titulada en España *Un mundo de fantasía*, y la de Tim Burton de 2005; y *Las brujas*, también con dos traslaciones fundamentales, que, por su carácter casi salvaje, abordaremos en el capítulo del terror. *Matilda* no llega a esos extremos, pero no son pocos sus desafíos.

«Personas desagradables en un entorno agradable.» Así define Dahl a los padres de la niña protagonista: un estafador profesional en su negocio de venta de coches y una adicta al bingo. La desidia con su hija de estos padres desastrosos llega al límite de no recordar cuántos años tiene, de olvidar llevarla por primera vez al colegio cuando le toca por edad, y de obligarla a ver telebasura cada noche en lugar de la lectura que tanto ansía ella. «¿Un libro? ¿Para qué quieres un libro si tienes una televisión? ¡Un libro nunca te dará lo que te puede dar un programa de la tele!», le grita el padre, interpretado por el propio DeVito con impresionante sorna.

Como ya había hecho Nicolas Roeg en su adaptación de *Las brujas*, del año 1990, a la que llegaremos cuando abordemos el miedo, el DeVito director entiende a la perfección que las tomas en gran angular le sientan fenomenal a las historias del felizmente despiadado Dahl. Esos planos con forma de ojo de pez distorsionan todavía más un conjunto de por sí deforme, grotesco y absurdo, y la película, con un formidable realismo en las reacciones de los críos que acompañan finalmente a Matilda en el colegio, se convierte en inolvidable por la desfachatez con la que se abordan los traumas, por su jocosa alegría y por su esperanzador mensaje: los libros dieron a Matilda no solo una formación, un placer y una evasión; también le fueron diciendo, en voz baja, al oído y en calma, que ya no estaba sola. Que a pesar de tener unos padres horrendos y un hermano matón que la llama todo el tiempo «cara boba», ella era mucho mejor que su familia, por su inteligencia, y por la fuerza de su mente, con poderes paranormales, como una suerte de versión infantil de la «telequinética» Carrie White de la novela de Stephen King y de la posterior película de Brian De Palma. La personalidad de Matilda, vía

Dahl, vía DeVito, llega hasta tal punto que se instala en una revolucionaria idea no apta para progenitores temblorosos: la subversiva convicción de que los niños puedan castigar a sus padres cuando estos se hacen merecedores de ello.

Del genio de Dahl pueden dar cuenta otras adaptaciones de sus textos, pero quizá lo que desvele con más claridad su talento sea el hecho de que autores de toda clase y condición, épocas y estilos, sensibilidades y objetivos, hayan realizado incursiones en su complicado universo de fantasía y realidad. Muy poco tienen que ver la ternura en formato digital de Steven Spielberg en *Mi amigo el gigante* (2016), la sutileza artística realizada a mano por Henry Selick en *James y el melocotón gigante* (1996), y la estilosa ingenuidad de Wes Anderson en *Fantástico Sr. Fox* (2009), salvo la diversidad de matices para espectadores de receptividades contrapuestas, y que en todas ellas acaba habitando, con mayor o menor gloria, la naturaleza creativa de un escritor único para los niños.

Con *Qué bello es vivir* (Frank Capra, 1946) ocurre algo desacostumbrado en nuestra casa: el que más llora con ella, con diferencia, soy yo. Y no es que lo haga ahora, que se supone que soy un padre de familia como George Bailey, al que a veces, como a cualquiera, le puede la intranquilidad por sí mismo y por los que le rodean, el desasosiego por las dificultades de la vida familiar o laboral, la preocupación de a qué estamos jugando en este mundo del demonio, tantas veces de una complejidad tan extrema que te acaba sepultando. No he tenido la tentación de colgarme de un puente para lanzarme a las heladas aguas de un río, como el bueno de George, pero quién no ha pasado dificultades interiores y exteriores como para ponerse de los nervios ante la enésima pregunta de un hijo en un momento del día en el que se requiere sosiego; quién no ha respondido con aspereza a la aficionada insistencia de una hija ante la práctica de un instrumento musical, como le ocurre al padre en la parte final del relato con la pequeña Zuzu frente al piano; quién no se ha sentido decepcionado con las cosas que ha aportado al mundo desde que nació, o desde que se convirtió en una persona adulta.

Siempre, desde muy joven, he llorado muchísimo con la parte final de la película de Capra, con la del regreso al hogar, y entonces no me tocaba identificarme con el papá Bailey. No sé, quizá estuviera intuyendo lo que me esperaba en el futuro. Y cuando por fin la vi con mis hijos, ocurrió algo inesperado: sentía que a ellos, durante la primera parte de la historia, la de la reconstrucción en forma de *flashbacks* de algunos de los grandes momentos de la vida del personaje interpretado con maestría, cercanía y apabullante sencillez por James Stewart, no les acababa de entusiasmar. Ahora bien, tras el giro provocado por el simpático ángel de la guarda, cuando a George no lo conoce ni la madre que lo parió simplemente porque nunca ha existido, el mejor hallazgo de una película llena de hallazgos, fui notando el cambio en los ojos de mis hijos. La emoción comenzaba a tomar forma. La de ellos y, naturalmente, por enésima vez, la mía. «Es la primera vez que te he visto llorar», me dijo Santi tras nuestro tradicional aplauso final con el *The End*. Ay, y seguramente no será la última. Por suerte o por desgracia.

El maravilloso cuento de Navidad que es *Qué bello es vivir*, con su particular Mr. Scrooge incluido, el malvado y ruin señor Potter que interpreta Lionel Barrymore, nos habla de la honestidad, de la decencia, de la dignidad. Y de cómo a veces tales virtudes, tan pasadas de moda que hoy en día son palabras que apenas se utilizan en una conversación, se pueden volver en contra en forma de cruel reverso de las dificultades de la vida en comunidad. «El éxito no ha embotado su ingenio, su sabiduría y su compasión», escribió John Ford en el prólogo de *Frank Capra: El nombre delante del título*, la autobiografía del director. La «compasión» a la que alude su amigo Ford es otra de las relevantes esencias del relato de un hombre común que, puestos a elegir, siempre prefirió a los demás antes que a él mismo. Capra estaba convencido en esa época de que sus personajes debían abrazar los corazones no con lógica sino con clemencia, quería ocuparse de las dudas del ser humano insignificante —como Bailey, como casi todos nosotros—, de la pérdida de la fe en sí mismo, de un buen samaritano que no sabe que lo es, de un ser humano que, palabras mayores, está demasiado cansado. Y en un largo proceso de producción y de escritura, en la cual participó un puñado de guionistas célebres, terminó componiendo una película con la que llorar. Con la que llorar de alegría.

Unos años antes de *Qué bello es vivir*, Capra ya había dirigido otra historia sobre la familia y la dignidad, sobre la integridad y el rechazo de la avaricia. Esta, eso sí, sin una gota de tristeza: una comedia alborotadora y febril, jocosa y delicada, titulada ilustrativamente en España *Vive como quieras* (1938). Una obra en la que, paradójicamente, Lionel Barrymore, el villano rastrero de *Qué bello es vivir*, interpreta al bondadoso abuelo de la familia protagonista. Eso es un actor.

—En nuestra casa, cada uno hace únicamente lo que quiere.

La frase del abuelo define a la familia solo hasta cierto punto. Porque la excentricidad, nunca molesta para los de fuera del hogar, está pergeñada con esmero: un abuelo que toca la armónica; un yerno que hace cohetes en el sótano junto con un amigo que llegó para entregar un paquete años atrás y acabó quedándose a vivir; una hija que escribe compulsivamente comedias de teatro que nunca se publican ni se representan; una nieta bailarina aficionada, que hace pasos de danza hasta para caminar hacia la cocina; un yerno-nieto que toca el xilófono y vende por el vecindario unos pasteles llamados Sueños de amor, condimentados por su joven mujer; y una nieta, la protagonista, a la que pone rostro Jean Arthur, que es la única que tiene un trabajo convencional como secretaria en una gran empresa inmobiliaria.

El libertario estilo de vida, único e intransferible, choca cuando se enamoran la secretaria y su joven jefe, hijo del magnate y heredero de un imperio familiar donde es esencial esa tontería del «prestigio social», y donde la máxima laboral es la codicia: «Si somos listos, seremos el mayor monopolio individual del mundo». Para que la película fuera más ágil, a Capra se le ocurrió filmar con dos cámaras las secuencias en la casa, algo nada acostumbrado en esa época, y plasmar con mayor naturalidad el contraste de la reunión con la familia del novio, riquísimo y bonachón, al que otorga su decencia habitual James Stewart. De ese modo, las actuaciones serían más espontáneas y directas, y la variedad de puntos de vista ofrecería numerosas posibilidades en la fase de montaje. El resultado es una película maravillosamente loca de atar, en la que puede ocurrir cualquier cosa.

Basada en una obra de teatro de George S. Kaufman y Moss Hart, ganadora del premio Pulitzer, *Vive como quieras* es una muestra más del habitual humanismo de Capra, personificado en la solidaridad entre los miembros de la comunidad y la amistad verdadera como alimento para el espíritu. Mientras que a la estirada madre del novio Stewart parece salirle una urticaria en su penosa honra ya que «la chica pertenece a una absurda familia de clase media», el abuelo basa su existencia en «la fortuna de tener amigos». La autenticidad, la independencia y la integridad no son cuestiones fáciles de labrar. Tal y como acaba defendiendo el personaje de Stewart, fascinado por su familia política, «hace falta valor para hacer lo que uno quiere». Y más si se hace con nobleza y hasta con gracia exultante.

Ningún título de la historia del cine español ha estado más cerca del espíritu de Capra que *Un ángel pasó por Brooklyn* (Ladislao Vajda, 1957): humanismo, comedia, poso dramático, ascendente social y elemento sobrenatural. Vajda, director húngaro afincado en España que hizo películas por media Europa, además de ser el autor de una de las más grandes obras producidas por nuestro cine, la policial *El cebo* (1958), compuso una trilogía de trabajos que poco tienen que ver entre ellos en cuanto al tono, pero que han pasado a la historia como conjunto porque comparten un protagonista singular: el niño prodigio Pablito Calvo. *Marcelino, pan y vino* (1955), magnífica, es pura crueldad católica, casi una historia de terror para niños y grandes. *Mi tío Jacinto* (1956), una obra maestra, posee una negrura social desacostumbrada en un país en dictadura y con censura, pero esta vez se la colaron al franquismo. En cambio, *Un ángel pasó por Brooklyn*, coproducida con Italia, es perfecta para los críos, aun teniendo un par de instantes de particular crudeza.

Como ya les conté, se me atragantan las cintas de animales que hablan, aunque haya excepciones, y una de ellas es precisamente *Un ángel pasó por Brooklyn*, que bien podría conceptuarse como un relato de redención canina: o cómo tener que llevar una vida de perros para darse cuenta de la perfidia, la avaricia y la desfachatez que se gastaba siendo ser humano. Además, en esencia, no es una película de animales que hablan: cuando el cruel abogado que amenaza con desahuciar a medio vecindario se convierte de la noche a la mañana en chucho, por obra y gracia de una especie de bruja buena que vende cuentos por las casas, no se comunica como un humano, sino ladrando. «Ladrarás toda tu vida, hasta que encuentres a alguien que te quiera», lo había maldecido la hechicera.

Fábula moral ambientada en el vecindario de las familias de origen italiano en el barrio neoyorquino, la película posee, junto con el «toque Capra», unas gotas de ciertos títulos del neorrealismo italiano menos lacerante, particularmente de *Milagro en Milán*, e incluso podría entroncar muy bien con las historias en formato de animación producidas por Walt Disney. Pablito Calvo, al que siempre ponía voz Matilde Vilariño, dobladora habitual de niños en una época en la que no se filmaba con sonido directo, era un prodigio de expresividad, y los productores ficharon a un actor internacional con el fin de lograr estrenar en la mayor cantidad de países posibles: Peter Ustinov, que ya había sido Nerón en *Quo Vadis*, y que con posterioridad ganó un Oscar al mejor actor de reparto por *Espartaco*. Sin embargo, junto con lo bonita que es la historia, vista la película quizá el dato que más sorprenda es que no se rodó en Nueva York sino en los estudios Chamartín de Madrid, donde se lucieron el decorador Antonio Simont y el director de fotografía Enrique Guerner, con el apoyo de retroproyecciones y de la primigenia técnica del *travelling-matte*, un antecedente artesanal de los actuales cromas, capaz de fundir en un mismo plano la imagen de una persona con un fondo sacado de otro lugar.

Siguiendo la línea del cine español, *La gran familia* (Fernando Palacios, 1962) ha tenido para sucesivas generaciones el sabor de las películas navideñas; el de la nerviosa cotidianidad de un niño que se pierde por unos momentos u horas, algo bastante habitual antes y ahora; el de ese abuelo con la conciencia remordida por una comprensible falta de cuidado que grita «¡Chenchooo!» con voz temblorosa y ánimo encogido. Para mis hijos, además, es una película que sirvió de fotografía en movimiento de cómo podía haber sido la vida en casa de sus abuelos a principios de la década de 1960. Les cuento: en casa del abuelo materno de Santi y Julia eran diez hermanos; en casa de la abuela materna eran trece. Yo, a pesar de los años que han pasado desde que los conocí, aún me lío con algunos nombres y caras de los miembros de mi familia política, y con los primos de mi mujer, que, como pueden imaginar, son decenas a pesar de que la siguiente generación ha bajado el pistón, el lío se multiplica. Para mis hijos, en cambio, en estos tiempos de proles reducidas, ver la película de Palacios suma el espectáculo y la mejor escenificación que puedan imaginar de la historia de una parte de la familia.

«¡Demasiados trabajos, demasiados hijos!», le dice uno de sus clientes al padre interpretado con su sempiterno garbo por Alberto Closas, aparejador de profesión, trabajador incansable al que no le llegan los planos al cuello para poder pagar las facturas de los críos, y soñador exquisito con que su hijo mayor pueda lograr lo que él no pudo llegar a ser: arquitecto. A su lado, la madre, ama de casa a la manera tradicional, ordenada, paciente, comprensiva, ahorradora, práctica y encantadora después de quince partos. ¿Película condescendiente con una manera de ser y de vivir la vida en la España de la época? Por supuesto. ¿Reflejo cinematográfico del desarrollismo económico impulsado por los tecnócratas del Opus Dei, entonces al mando en el Gobierno del dictador Franco? También. Y sin embargo, al mismo tiempo, Pedro Masó, su productor, coguionista e ideólogo, no dejaba de ser un maestro del costumbrismo. Y, junto con sus compinches de escritura de siempre, Rafael J. Salvia y Antonio Vich, también un artesano de la comedia, de las situaciones y de los diálogos.

Ver a Pepe Isbert, irrepetible, jugando con una cuba de metal puesta en la cabeza y al mando de un imaginario automóvil repleto de siete críos, con las manos en un volante que no es sino la tapa de una olla, no tiene precio. Es una de las imborrables imágenes de la película de Palacios y Masó, estructurada en tres actos por medio de tres tiempos señeros en el año de cualquier chaval: los exámenes finales, las vacaciones de verano y la Navidad. Personalmente me encanta la bella estampa de la familia al completo con la ventana abierta cada noche, mirando hacia la casa de los vecinos, también con la ventana de par en par como muestra de solidaridad, para permitir algo poco comprensible para los chicos de hoy en día: poder ver la tele, artefacto que en aquellos años en pocas casas relucía, con su fuerza para el imaginario colectivo. De hecho, mis padres siempre cuentan que, a finales de los años 60, la primera tele de su vecindario —de nombre bien explícito: Barriada Sindical— fue la suya, y que algunos amigos iban por las noches a su casa para verla, acompañados de sus propias sillas, casi a modo de sesión de cine en comunidad. Aparentes historias del abuelo cebolleta que, naturalmente, cuento a mis hijos para que sepan también de dónde venimos.

Desde luego que la visión de la mujer se ha quedado rancia: la esencia del personaje del chico mayor es que va a superar a su padre convirtiéndose en arquitecto; y la de la chica mayor, que está a la espera de que su aspirante a novio le declare su amor. Pero es que aquella España era así de añeja, y también es bueno que los chicos sepan —y repito la expresión del párrafo anterior, esta vez en otro contexto— de dónde venimos. Que se haya quedado antigua es una buena forma de ver lo que hemos cambiado, y lo que nos queda por desterrar, pues por desgracia aún persisten lamentables restos del naufragio patriarcal en ciertos ámbitos.

Para la historia del absurdo y de las curiosidades cinematográficas queda también el hecho de que la intérprete de la madre, Amparo Soler Leal, solo fuera siete años mayor que la intérprete de la hija mayor, María José Alfonso. Una muestra más de lo fantásticas que pueden ser las películas y de su capacidad para la gloriosa mentira. Eso sí, que la elegante señora Alfonso, todavía hoy intérprete en activo a los ochenta años, sea ahora nuestra vecina, y mis hijos se la encuentren por la calle y en el supermercado, ha acortado un tanto la distancia entre el mito del pasado de *La gran familia* y nuestra propia perspectiva en casa.

Un padre cualquiera como yo, escribiendo sobre el padre perfecto, por nombre Atticus Finch, es un pasaporte seguro hacia la autodestrucción. Nadie despliega las enseñanzas, las metáforas, las moralejas, las regañinas, los consejos y las explicaciones como Atticus. Nadie es tan guapo ni se quita y se pone las gafas con el porte de Gregory Peck. Nadie es tan calmado, elegante, inteligente, solidario, respetuoso, decente y comprensivo como ese abogado, viudo y padre de dos hijos en la América profunda durante la Gran Depresión de los años 30, que decide defender a un hombre negro de la violación de una chica blanca frente a las presiones e intromisiones sociales en un territorio donde el racismo campa a sus anchas. Nadie, incluso cuando se equivoca, lo hace de un modo tan correcto. Todos los padres queremos ser Atticus Finch pero no sabemos ni por dónde empezar. Quizá, por aceptar nuestra pequeñez. Y por amar y disfrutar con nuestros hijos *Matar a un ruiseñor* (Robert Mulligan, 1962), la perfecta versión cinematográfica de la preciosa novela de Harper Lee, publicada dos años antes.

La obra de Mulligan, que después haría las magníficas *Verano del 42* (1971) y *El otro* (1972), producida además por otro cineasta de envergadura, Alan J. Pakula, modélico director de cine político con las posteriores *Klute*, *El último testigo* y *Todos los hombres del presidente*, no es una película familiar al uso. Es un drama social y moral acerca de la pérdida de la inocencia, del aprendizaje, de la ética y de la asunción de los momentos más relevantes de la existencia, de las encrucijadas a las que un ser humano, adulto o niño, llega en ciertos momentos y ante las que hay que actuar de un modo u otro, ambientada en el seno de una familia que desarrolla sus días de pena y gloria junto con otras proles bien distintas. Para mí, eso es una película familiar. Para mí, eso es la vida.

«Di siempre la verdad, no hagas daño a otros y no creas que eres el ser más importante sobre la tierra. Rico o pobre, puedes mirar a cualquiera a los ojos y decir: "Puede que no sea mejor que tú, pero soy tu igual".» Ante esto, solo hay que postrarse. No es la única frase para enmarcar. «Eres valiente cuando sabes que estás vencido y de todos modos sigues adelante pase lo que pase» es otra de ellas.

Pero el relato de *Matar a un ruiseñor*, y sus diálogos, de donde surgen estas sentencias, nunca parecen un catálogo de autoayuda ni un formulario de ímpetu mañanero como tantas otras historias, ya sean películas, libros o tazas de desayuno. La educación y la preparación para el devenir nunca nacen como lección maestra sino como puro discurrir ante el triunfo y el fracaso, ante las inevitables caídas, ante las dificultades sufridas por el ser humano en su abrazo o en su contienda con otros seres humanos de distintas circunstancias e ideales.

La sesión de viernes noche con Julia y Santi fue mágica. Se notaba a cada momento que les encantaba; que se veían reflejados en Jem y Scout, los hijos de Atticus, que jugaban con ellos; que aún podían verse enfrentados en el colegio a semejantes prejuicios sociales; que los regalos de su misterioso y fantasmal vecino, el mítico Boo Radley, les producían tanto desasosiego como ilusión; que la parte del proceso por violación les interesaba incluso desde el punto de vista sexual. Ellos están creciendo en todos los aspectos, como Jem y Scout, y a veces tienen tan pocas certezas sobre el mundo de los mayores como aquellos críos de hace casi cien años. Si además de pasar dos horas acurrucados en el sofá, sufriendo con las injusticias, valorando lo que se tiene y aprendiendo que es pecado matar a un ruiseñor, agarran cierto saber sobre lo complejo que es esto de vivir junto con otros que no son como nosotros, será la gloria. Y llegará un momento en que, como me ha ocurrido a mí y seguro que también a ustedes, tengan que pasar el testigo porque el poder de identificación se ha transformado desde verse como hijos hasta aceptarse como padres. E igualmente plegarse ante la imposibilidad de siquiera acercarse a Atticus Finch.

Entre esas películas que, según el concepto más añejo y convencional, no se pueden considerar familiares pero que son perfectas para ver en familia está *Descubriendo a Forrester* (Gus Van Sant, 2000), considerada en su día como la modesta cara B de *El indomable Will Hunting*: llegó apenas tres años después de esta, ambas están dirigidas por Van Sant en su faceta de aplicado director de encargo, alejado de obras de vanguardia como *Elephant*, y compartían retrato de personajes y subtextos. A pesar de todo, *Descubriendo a Forrester* tiene una combinación explosiva para alguien como yo, y seguro que para muchos de ustedes: baloncesto y literatura. Apasionante fusión de dos actividades en principio alejadas entre sí con base en esos prejuicios de imposibilidad de abrazo entre la cultura y el deporte, cada vez más felizmente desterrados, la película discurre con naturalidad por el arte, el ocio, el comportamiento, la educación y la ética. Y tiene dos excelentes virtudes: la narración es muy clara y los conflictos son bastante complejos. Ideal para chicos y chicas de diez años o más que practiquen con regularidad un deporte de competición.

Un chico de barrio, negro, de clase trabajadora, gran jugador de baloncesto a sus dieciséis años y al que le encanta escribir (en secreto), establece una bonita conexión con un huraño y anciano vecino, que resulta ser una versión ficticia de J. D. Salinger, escritor con una primera novela maestra de juventud, luego sin apenas obra ni vida social y mucho menos vida pública. Y el primer aspecto de máximo interés en la película es una suspicacia desgraciadamente habitual en algunos ambientes sociales: ser un gran estudiante está mal visto en la pandilla, y no digamos escribir; ser un gran baloncestista, en cambio, suma puntos en la comunidad. Por eso el protagonista, que sabe que los empollones no caben en un barrio donde reina el fracaso para triste orgullo y falso consuelo de todos, hace lo mínimo para aprobar e ir pasando, y nunca demuestra lo que en verdad sabe, para no destacar.

Historia sobre la integridad y la fidelidad, *Descubriendo a Forrester* llega a su clímax asentada en un conflicto deportivo de apariencia elemental pero que en casa con mis hijos se volvió irresoluble. Resumiendo: al chico de extracción social baja le dan una beca en un prestigioso colegio privado gracias al baloncesto y a un ilustre examen estatal, en el que no ha disimulado su brillantez al no ser pública la nota, lo que ha dejado impresionados a los educadores. Junto con un compañero de equipo, también espectacular baloncestista, con el que ha establecido una rivalidad casi enfermiza, lleva a su nueva escuela a una final deportiva, al tiempo que se ha topado con la terquedad de su nuevo profesor de Literatura, que, fiel a un clasismo siempre extendido, no se cree que un chico negro de barrio pueda escribir tan bien y tenga tal cultura literaria. Como ya habrán comprobado, junto con la emoción y el disfrute, cada paso en la película es una invitación a la reflexión y a la conversación con sus hijos.

Pero seguimos: el punto álgido se produce en la final de baloncesto. Los miembros de la junta escolar apoyan al chico protagonista, a pesar de una acusación de plagio por parte del profesor incrédulo, en la que puede llegar a tener razón, pues se trataba de un cuento de su mentor, el sosias de Salinger, luminosamente «reelaborado» por el chico. Y al final, la clásica falta personal con el tiempo cumplido y un punto abajo. Dos tiros libres para un chaval de dieciséis años que debe decidir si quiere meterlos o no. Y sabe meterlos: unos días antes, él y su compañero de equipo e irritante rival han encestado cincuenta seguidos sin fallo para resolver una pelea en la cancha. Querer meter esos tiros libres ante las miradas de todos los implicados en el incidente del presunto plagio significaría ser fiel al deporte, a unos compañeros de equipo y a un entrenador, a uno mismo, a su espíritu competitivo y a sus ansias de superación. Fallarlos adrede llevaría consigo nada menos que una muestra de integridad, esa cualidad cada vez más en desuso; sentirse libre para no caer en los chanchullos de la junta del colegio, ávida de triunfos deportivos a pesar de que su estrella ha sido acusada de una falta educativa muy grave aún sin resolver.

Los falla.

Mi hijo se queja: «Pero ¿por qué los falla?». No tengo una respuesta fácil: «Por decencia». Se lo intento explicar, aunque ni yo mismo estoy convencido. Santi, que juega al fútbol, que para el caso es lo mismo, es un competidor. No le da igual perder que ganar, como parece estar de moda en cierta pedagogía. Yo también era así. Desde luego, y siempre se lo digo, lo esencial es disfrutar: en el recreo, en las calles del barrio, en los entrenamientos y en las ligas, y que lo haga el equipo al completo. Nunca le hablo de ganar o perder, ni antes ni después de los partidos. Pero, sin llevar ese espíritu competitivo hasta extremos delirantes, hay que intentar ganar: en el sentido del esfuerzo, de la mejora, de la alegría compartida con unos amigos y un grupo.

Quizá cada lector tenga una respuesta distinta al conflicto final de *Descubriendo a Forrester*. Yo aún dudo. Aunque sí tengo una cosa clara sobre una actitud cada vez más extendida entre los padres y educadores deportivos: sin forzarlo hasta el exceso y sin pasar por encima de valores esenciales, como el compañerismo, no da igual ganar que perder. De vez en cuando en redes sociales se convierte en viral algún partido de críos en el que un equipo que va ganando por una goleada exagerada se deja marcar un gol para que los del equipo contrario se alegren un poco y no se vayan de vacío. Padres e hijos, en los vídeos, parece que ríen y lo festejan. Para mí no hay nada más humillante. Si juegan solo para divertirse, quizá sería mejor hacerlo en el patio o en el parque cada día. Pero no apuntarse a una competición, porque les puede caer la del pulpo con chicos y chicas de su edad que procuran mejorar cada día mientras disfrutan. Creo que lo ideal es que aprendan, que se esfuercen, que se diviertan, que sufran. Ganando y perdiendo por goleadas, que sientan que el deporte es pasión y empeño. Que no va la vida en ello, pero que no da igual el triunfo que la derrota. Que perder por goleada no es perder en el sentido estricto, sino un paso más en la vida. En la película, el viejo escritor interpretado por Sean Connery da un consejo al joven estudiante: «Escribe con el corazón y reescribe con la cabeza». Yo también lo estoy haciendo.

En esas insoportables películas familiares deportivas —según la definición más añeja y convencional—, las que muestran valores, las *necesarias*, se acumulan cada vez con mayor asiduidad situaciones en la línea de esos vídeos en redes sociales. No les diré los títulos, pero existen, vaya si existen. Y tienen cierto éxito, aunque si han seguido leyendo hasta aquí es que, como mínimo, no tienen claro que yo esté muy equivocado respecto de la reflexión sobre la práctica deportiva. Los esfuerzos por evitar a los niños cualquier mal, de los que ya hemos hablado en este libro, llevan a los padres a un inútil ahínco para que no se frustren. Y ahora que incluso el «agresivo» color rojo de las correcciones en los exámenes parece llevar a la angustia de los chicos, según un estudio reciente de estrategias educativas, quizá podamos llegar a la conclusión de que podemos estar criando a unos cuantos alérgicos a la frustración. Cuando irremediablemente les llegue, en los estudios, en la amistad, en el deporte, en el amor, en el trabajo, no sabrán cómo reaccionar.

A ninguno de esos guionistas cursis y melifluos de películas familiares se les ocurrirá, por ejemplo, una secuencia como la que sigue, sacada textualmente de un partido de mi colegio de pueblo, cuando teníamos trece años. La escuela donde yo estudiaba apenas tenía tradición futbolística, y si no fuera porque nos empeñábamos los niños, los profesores ni nos hubieran apuntado a las competiciones. Corrían otros tiempos, en los que conceptos como actividad extraescolar o educación deportiva ni existían, al menos en mi ámbito social. Un sábado jugábamos al fútbol 11, en campo de tierra, contra un colegio de ciudad, con entidad, de élite dentro de los parámetros en los que nos movíamos. Nosotros no teníamos preparador y ni siquiera entrenábamos durante la semana. Jugábamos en el colegio y, cuando nos echaban, en la calle, entre los coches, regateando las farolas y las señales de tráfico y marcando goles en la puerta de un garaje. Ese era nuestro entrenamiento. El equipo lo hacíamos entre los que mejor jugábamos, pero hasta nos costaba encontrar a once niños con capacidad futbolística. Hacia la mitad de la segunda parte nos ganaban 7-0, pero de vez en cuando llegábamos a puerta, teníamos alguna oportunidad que otra, y en una de esas colamos un gol. Entonces, en uno de los gestos más maravillosos que he visto en un campo, el mejor del equipo junto con el que esto escribe —no es soberbia, es un hecho sin importancia— se me acercó en el centro del campo.

—¿Cuánto puede quedar de tiempo?

Fernando Navero, aún amigo, al que no le gustaba perder ni en los recreos y que acabó jugando durante doce años en Tercera División y de capitán del equipo de mi pueblo, el Martos C. D., estaba pensando en la remontada. Lo preguntaba completamente en serio, y eso no tiene precio.

Nos metieron dos más. Acabamos 9-1 y nos fuimos a casa. Con nuestra frustración y nuestras risas. Por allí no había padre o madre algunos. Eran otros tiempos, estaban trabajando. Y nosotros aún nos acordamos de aquel momento sublime de ilusión deportiva.

Uno de los momentos más especiales alrededor de una sala de cine lo viví el día que fui con mi niña a ver *Las niñas* (Pilar Palomero, 2020). Lo de «mi niña» es un decir, porque a los trece años, cerca de los catorce, y más en los tiempos que corren, se es mucho más adolescente que cría, pero que las protagonistas de la película tuvieran entre once y doce años, y que la historia estuviese ambientada a principios de los años 90 en un colegio de monjas, justo la época y el lugar en los que a esa misma edad se desarrolló su madre, convirtió la experiencia de Julia en una insólita mezcla de identificación por lo que aún pervive entre las chicas de su edad, que es bastante, y el conocimiento de lo que pudo oler y respirar casi treinta años atrás la madre que la parió. Que además fuéramos al cine en medio de la pandemia del coronavirus, con mascarillas e incertidumbre, acrecentó el carácter inolvidable del momento.

¿Convierte todo esto a *Las niñas* en una película familiar? No en la acepción acostumbrada, pero sí en lo percibido. Hablar después de la sesión de lo que se pueden parecer las vidas, las ilusiones, las certezas y las dudas de aquellas y de estas preadolescentes, y desentrañar juntos los misterios y las metáforas de una obra magnífica es lo que realmente convierte aquella tarde en una jornada sobre la familia y el cine.

Una imagen ensoñadora se nos quedó grabada: el primer paseo en moto de la cría con un chico, sobre todo porque, con una puesta en escena delicada, poética e inusual, nunca se ve ni al chico ni la moto. Solo la sensación de libertad: un plano detalle del pelo al viento de la niña, liberado de ataduras. Un memorable plano que envuelve una historia sobre la pérdida de la inocencia, el encontronazo con los secretos del hogar en una sociedad patriarcal y las primeras aproximaciones a lo prohibido: el alcohol, el tabaco, el encuentro no tanto con el sexo y su práctica, aún un poco lejos, sino con lo ridículo de los utensilios asociados a él, y ese condón encontrado en un cajón como representación de la clandestinidad.

Película enclavada en el cine de autor, de mayor complejidad y con narrativa distante del habitual producto sobre y para niñas, la creación de Palomero deja abiertas además sutiles figuras que se les pueden escapar a los espectadores más pequeños. No importa. ¿Cuántas películas vimos nosotros de críos en las que había aspectos que no entendíamos del todo, relaciones que no acabábamos de interpretar? Muchas, y no por eso dejaban de gustarnos. Y, en caso de disfrutarlas en compañía entre grandes y pequeños, siempre queda la posibilidad de la explicación: no en una ampulosa dirección profesor/alumno, como un sabio que ilumina al neófito, sino como la rica experiencia de la cultura y la vida compartidas. Y una de las mejores virtudes de *Las niñas* está en el simbolismo de las secuencias con las que se abre y se cierra el relato: una criatura que finge cantar porque le han dicho siempre que no lo hace bien, y una chica decidida a encontrar su propia voz. Por ahí empieza la madurez.

7

La comedia, risas en compañía

> ¿Que si está claro? ¡Hasta un crío de cuatro años podría comprenderlo! ¡Rápido, busquen a un niño de cuatro años! A mí me parece chino...
>
> Groucho Marx, como Rufus T. Firefly, en *Sopa de ganso*

Que los niños no se rían con las mismas cosas que los mayores no quiere decir que unos y otros no podamos compartir carcajadas, pese a que pueda ocurrir que incluso en las formas de exteriorizarlo vayamos por carriles distintos. Mis hijos se ríen de mí, que no conmigo, cuando estamos viendo una película o una serie de comedia; ellos sueltan una risa a mandíbula desencajada por un gran gag o una aguda línea de diálogo y yo me limito a una sonrisa y a una frase muy particular de asunción de mi hilaridad y de la brillantez cómica del artista: «Qué bueno...». Puede que incluso me haya hecho más gracia que a ellos, pero justo por eso no entienden que tantas veces no suelte una risotada. Quizá sea la edad, o quizá sea mi personalidad, pero mi regocijo, como tantas cosas en la vida, suele ir por dentro.

En estos años no son pocas las historias y los mitos humorísticos que hemos compartido, empezando por *Bob Esponja* y buena parte del cine de animación, y acabando con las maravillosamente gamberras *Súper empollonas* (Olivia Wilde, 2019) y *Chicos buenos* (Gene Stupnitsky, 2019), ejemplares para el paso de la pubertad a la adolescencia. Lo que en cambio no hemos celebrado juntos han sido las típicas comedias familiares que no nos suelen hacer gracia a los padres, asentadas en la (penosa) idea de que todos los chistes deben ser comprensibles hasta para los más pequeños. De ese tipo de producto, cuando les ha apetecido, se han ocupado ellos solos. Yo no he claudicado a la tendencia paternal de la mentira cómplice con los hijos, y ellos no me lo han reprochado. Al menos que yo sepa.

Pero vayamos paso a paso, o escalón a escalón. Después de haberse alimentado durante un tiempo del dibujo animado, de las persecuciones, de las caídas, del espectáculo alrededor del fracaso, de la humillación y de la demolición física, lo que llegó muy pronto fue el momento de su mejor espejo en el cine de acción real: las películas de Jerry Lewis y con Jerry Lewis, maestro de la pantomima, genio de la comedia, artista de la destrucción.

Lewis se había formado como moderna versión del clásico *clown* al lado de Dean Martin, tanto en clubes nocturnos como en la televisión y el cine, en una serie de dieciocho películas entre los años 1949 y 1956, en la que el primero ejercía el prototipo del Augusto, el payaso desestabilizador, grotesco y adicto a la mueca y a la catástrofe, y el también habitual cantante Martin representaba el tipo de payaso llamado Cara Blanca, elegante, serio, siempre digno y mandón. Para entendernos, ya que buena parte de los padres nos criamos en su día con ellos: Martin era una especie de Gaby de Los Payasos de la Tele, mientras que

Lewis hacía al mismo tiempo de Fofó, Miliki y Fofito, aunque todo esto sin vestuarios ni maquillajes de payaso clásico.

Sin embargo, el gran salto cinematográfico lo dio Lewis en solitario, ya sin Martin, como guionista y director de sus propias películas, a partir del año 1960, y junto con el director Frank Tashlin, que había filmado al dúo en obras como *Cómicos en París* y *Loco por Anita*. La pareja interpretativa Lewis-Martin podía ser un entretenido espectáculo. La pareja creativa Lewis-Tashlin es arte de la comedia.

Tanto en los títulos dirigidos por Tashlin como en los suyos propios, Lewis forjó un personaje inimitable a medio camino entre el adulto y el niño. Oro puro para la pareja de espectadores formada por un progenitor y un pequeño en la que se asienta este libro. Y más si las características de sus roles son las de un adulto asexuado, lo que en modo alguno tiene que ver con la homosexualidad sino con ese desapego mezclado con el asco que los críos sienten durante bastante tiempo por el amor y el sexo. En sus películas, Lewis es un niño grande que todo lo destruye: con su torpeza, pero también con sus ganas de agradar, su zopenca diligencia, su plena disposición para cagarla casi en todo momento. Si lo piensan, y si no lo han vivido lo van a vivir, es una etapa más en los críos. Esa en la que empiezan a querer hacerlo todo por sí mismos: el desayuno, la merienda, la apertura de botes, la ayuda en casa, lo cual acaba no pocas veces en bacanales de destrozo y con los padres intentando limpiar las paredes de las salpicaduras del Cola-Cao caído de mala manera. Sus hijos, y por supuesto los míos, son, han sido o serán *jerrylewis* en potencia, capaces de ponerte de los nervios si no te partes antes de la risa.

Por razones evidentes, la película ideal para comenzar con Lewis es *El ceniciento* (Frank Tashlin, 1960). Los niños conocen tanto el cuento original como con toda probabilidad la producción animada de Disney de 1950, y tienen clarísima la tipología de personajes: la malvada madrastra, aquí interpretada nada menos que por Judith Anderson, la pérfida ama de llaves de *Rebeca*, de Alfred Hitchcock, aunque en versión viuda rica de la costa oeste de Estados Unidos; las sanguijuelas de las hermanastras, aquí hermanastros, y por supuesto la dulce criada de la familia, ninguneada por todos, obligada a hacer todas las tareas de la casa. Un rol que no podía ser otro que, en masculino, el de Lewis.

Tashlin, que había empezado su labor como artista en los universos del cómic y del dibujo animado, dos formatos creativos de enorme influencia en su cine posterior, aplica al ritmo de sus planos y de sus secuencias la cadencia de las viñetas de los tebeos y, por otro lado, la aceleración y el atrevimiento típicos del *cartoon* a otros muchos gags. Ver a Lewis recién levantado, en la primera secuencia, intentando peinarse delante del espejo es ya un prodigio de representación cómica de lo que puede ser un niño con cuerpo de adulto pretendiendo abrazar el método con el peine y su pelo. Una esforzada aplicación, rota a cada segundo por la desastrosa espontaneidad del crío que lleva dentro. Una irresistible fusión cómica entre lo milimétrico de la raya y el flequillo y el terremoto del pelo revuelto y el qué más da.

Es la misma fórmula que utiliza Tashlin con el actor en *Lío en los grandes almacenes* (1963) y *Caso clínico en la clínica* (1964). La primera se inicia con una película de super-8, grabada por unos empleados de una potentada de los negocios al sorprendente novio de su hija. Es Lewis, naturalmente, comiendo en la barra de un bar bajo la atenta mirada de la cámara oculta, chupándose los dedos como un crío, con diversos problemas para mantener la cuchara recta al tomar un puré y sacándose los restos de comida de entre los dientes con esa mezcla de ternura, espontaneidad y jocosidad tan suya. En una imagen posterior, también tomada con cámara oculta, se desarrolla una vez más ese carácter asexuado de sus personajes, al mostrarlo besándose en la puerta de casa con la hija de la mamá espía, que teme «que se vaya a casar con un imbécil»: brazos caídos, cabeza recta, boca cerrada, parece un niño acosado por una mujer, en lugar de una pareja de novios amándose con placer.

Lío en los grandes almacenes es además la película con uno de los números más emblemáticos de Lewis: el de la máquina de escribir invisible (o inexistente), al ritmo de la insólita pieza musical para orquesta (y máquina de escribir) de Leroy Anderson, titulada precisamente *The Typewriter*, y que había sido compuesta en 1950. La fastuosa gestualidad de Lewis ha pasado a la historia con este gag.

En cambio, en *Caso clínico en la clínica* el mejor número de los ideados por Tashlin tiene menos que ver con el poderoso primer plano de Lewis que con la coreografía de las clásicas persecuciones del cine mudo pergeñadas por Buster Keaton, Harold Lloyd y el Gordo y el Flaco. Una influencia esta última, la de Stan Laurel y Oliver Hardy, que ya se había concretado en la primera película como director de Lewis: la magistral *El botones* (1960), en la que, junto con un par de célebres ingenios humorísticos, uno con el botones Lewis colocando unas sillas en un salón de actos, y otro como telefonista de recepción, pendiente de unos cuantos aparatos de más para su siempre eficaz torpeza, Lewis homenajeaba al mítico Flaco bautizando a su protagonista como Stanley.

«No me preocupa el hecho de que mis películas, a primera vista, sean triviales o dulzonas. Hago películas para mis tataranietos y no para mis colegas directores o para los críticos. Nunca veré a mis tataranietos, pero cuando ellos vean mis películas lo entenderán», llegó a decir Lewis, pensando más en los críticos americanos que en los europeos, encargados finalmente de encumbrar su cine como arte, y pensando, desde luego, en sus tataranietos, que bien podrían ser nuestros hijos. De hecho, buena parte de las películas de Lewis tienen la sencillez de las narraciones infantiles, enlazan muy bien tanto con los cuentos como con los relatos clásicos, y ahí encaja precisamente su película más famosa: *El profesor chiflado* (1963), versión libérrima de la magnífica novela corta de Robert Louis Stevenson *El doctor Jekyll y Mr. Hyde*, en la que Lewis se desdobla como profesor de Química tímido, feo y zopenco, y como guapo rompecorazones, patético chulo de club nocturno y despreciable ser humano, gracias al descubrimiento de la pócima científica del amor.

A pesar de todo, aún hay algo peor que la torpeza de Jerry Lewis: la idiota torpeza de Peter Sellers como el inspector Clouseau. Lewis, en sus películas, es un tonto simpatiquísimo. Clouseau, en las suyas, es un tonto que va de listo sin poder disimular su imbecilidad, y eso es tronchante. Hablar de Clouseau, naturalmente, es hablar de su oponente: el extrañísimo personaje de la Pantera Rosa, con un nacimiento y un desarrollo tan singulares en el mundo del cine y del dibujo animado que merecen historia aparte.

Los dibujos animados de la Pantera Rosa formaron parte de la infancia de nuestra generación y aún hoy escuchar las notas maestras de Henry Mancini en los episodios y la festiva canción de Doug Goodwin «From Head to Toes» («De la cabeza a los pies»), que acompañaba a sus títulos de crédito iniciales y finales, supone un viaje en el tiempo de reconfortante nostalgia. De su importancia para al menos un par de generaciones da cuenta el hecho de que uno de mis grupos favoritos de juventud, los gaditanos de San Fernando Los Hermanos Dalton, *power pop* de enganche refrescante e inmediato, grabaran en 1994 una versión aún más acelerada y desbordante que la original de Goodwin. Un tema de un pegadizo aplastante, con el que sus conciertos de mediados de los años 90 lograban convertirse durante dos minutos y cinco segundos en una jugosa mezcla de desparrame juvenil e ilusionante memoria infantil.

Lo curioso del caso es que los dibujos de la serie tienen su origen en los títulos de crédito iniciales y finales de una película que nada tiene que ver con la animación: la comedia de Blake Edwards *La pantera rosa*, del año 1963, en la que no había pantera alguna sino un diamante de color rosa bautizado así, objeto de deseo de sus pícaros protagonistas, siempre investigados por Clouseau. Aquella sencilla animación de apenas un par de minutos fue realizada por Friz Freleng, dibujante de Warner, creador de personajes como Porky y Speedy Gonzales, que en esa época poseía un estudio propio de animación por encargo. Sin embargo, la extraña figura de una pantera rosa y tranquila tuvo tanto éxito en la película de Edwards que Freleng se animó a componer un cortometraje al año siguiente, en 1964, ganador del Oscar de la categoría, además de una serie de secuelas en forma de piezas breves concebidas para exhibirse en los cines, y a partir de 1969, una serie de televisión: *El show de la Pantera Rosa*, que se prolongó hasta 1978. Que todo eso culminara en la creación de un pastelito de la marca mexicana Bimbo, que también nos alegró los recreos cuando éramos críos, era ya el acabose.

Mientras, en paralelo a los dibujos animados, Edwards, origen casi sin pretenderlo de un rol esencial en la cultura popular de aquellos años, dirigió siete largometrajes más de una saga conocida como «de la Pantera Rosa», aunque en realidad se tratara de historias protagonizadas por el idiota gendarme francés. La segunda de ellas, *El nuevo caso del inspector Clouseau* (1964), la mejor de todas, fue la elegida en nuestra casa para presentar a mis hijos los despropósitos del policía parisino, y para seguir disfrutando, en una línea que había comenzado con el Gordo y el Flaco y continuado con Jerry Lewis, con una especie de carrusel alrededor de las orgías de destrucción masiva de sus torpes protagonistas.

Superior en todos los aspectos a la producción original de 1963, *El nuevo caso del inspector Clouseau* se mueve a través de un humor elegante, sutil y disparatado que apenas necesita de una historia atractiva ni de estrellas de la actuación para sobresalir. Ahora es la fragmentación la que domina, con una serie de gags presididos por el absurdo en los que Sellers se siente en su salsa con su imperturbabilidad, y en los que Edwards se luce a partir de una coreografía en su puesta en escena que debe mucho al género musical: planos generales en que las caídas y las torpezas de Clouseau parecen espectaculares bailes de necedad. Un humor aparentemente ingenuo, pero de una complicadísima sofisticación, en el que un gag recurrente a lo largo de la película (lo que los anglosajones llaman *running gag*) ejerce de seña de identidad de una forma de hacer reír que en la actualidad apenas se practica: un plano de apenas cinco segundos de un furgón policial que traslada a Clouseau a comisaría como detenido, en el que el sonido de la sirena parece querer ilustrar el mismo ritmo que las carcajadas de los espectadores.

Si Clouseau afirma tener «un plan infalible» para resolver el asesinato que envuelve el relato, más como excusa argumental que como intriga de interés, hay que echarse a temblar. Sellers, inimitable en sus gestos faciales, apenas perceptibles pues Edwards nunca abusa del subrayado de los primeros planos, se ha librado en esta película de la rémora de las estrellas de la primera entrega (David Niven, Robert Wagner, Claudia Cardinale...), y el director brilla al centrarse únicamente en la mecánica del gag.

Cuenta la leyenda que George S. Kaufman, prestigioso crítico de teatro, dramaturgo y escritor cinematográfico, guionista de algunos de los grandes éxitos de los hermanos Marx en el vodevil de Broadway y en el cine de Hollywood, se desesperaba con la irrefrenable tendencia de los cómicos hacia la improvisación, y una frase suya entre bambalinas, puede que apócrifa pero reveladora, da cuenta de ello con gracia casi de los Marx: «Calla, calla, que creo que están diciendo una línea del texto original». La anarquía era la máxima de un humor que, aunque a menudo incluyera sátiras de la sociedad americana y golpes certeros a la hipocresía del ser humano, tampoco tenía grandes ambiciones. No obstante, se llegaba a lo sublime a través de lo ridículo.

Cuando yo era pequeño, era tan habitual encontrarse los fines de semana con películas de los Marx en la televisión que ahora nos parece casi increíble que las nuevas generaciones de chavales apenas sepan nada de ellos. Particularmente porque, aunque sea un tipo de humor que apenas se practique en la actualidad, tiene en los dibujos de *Bob Esponja* a su más fiel heredero —como ya comentamos en el capítulo de la animación—, y la popularidad de la serie de Stephen Hillenburg puede hacer que los críos se sientan familiarizados con su caos narrativo, con la originalidad de sus situaciones, con la extrañeza de sus réplicas y con la locura de sus personajes.

Dentro de la consustancial anarquía de los Marx, *Sopa de ganso* ejerce de capitana general entre el caos. Y es curioso que la película más loca de una filmografía loca estuviese dirigida por un artesano de Hollywood, por el nombre más relevante de los que se hicieron cargo de las producciones de los Marx, por alguien que debía estar acostumbrado a la coherencia de las narraciones. Pero Leo McCarey, posterior director de *Siguiendo mi camino* y *Las campanas de Santa María*, había comenzado como guionista de gags en las comedias del cine mudo y, recordemos, había unido a Laurel y Hardy como pareja cómica, lo que sin duda hizo que su labor en *Sopa de ganso* fuera de expansión de la libertad más que de control narrativo. El resultado es de una demencia humorística irrepetible, de un surreal admirable.

La definición de surrealismo que habla de una liberación arbitraria de la imaginación se hace carne en la película, en una línea conceptual en que la palabra clave no es «liberación» ni «imaginación», sino «arbitraria». Que Salvador Dalí fuera uno de sus seguidores más fanáticos, sobre todo de Harpo, al que le llegó a plantear personalmente hacer una película con ellos, confirma la ilógica surrealista de su humor. Un encuentro, el de Dalí y Harpo, famoso también por un hecho accidental: aquel guion del pintor español, titulado *Jirafas a lomos de una ensalada*, fue entregado en mano al cómico estadounidense, pero a este se le perdió. Por suerte, Dalí tenía otra copia que aún se conserva, por si algún valiente se atreve a filmarlo.

Groucho es en *Sopa de ganso* Rufus T. Firefly, presidente del inexistente país de Freedonia (o Libertonia, según la traducción), otro personaje de nuestro libro con secuela cultural y popular en forma de, esta vez, banda de rock lisérgico: los madrileños y homónimos Rufus T. Firefly. Junto con Chicolini y Pinki —Chico y Harpo, naturalmente—, y de la mano de McCarey, Firefly recupera y engorda la mítica secuencia frente a un espejo inexistente que inició Max Linder en *Siete años de mala suerte*, y suelta algunos de los diálogos más estrambóticos del cine de los Marx, en una aparente parodia sobre el poder en las películas de guerra que, sin embargo, se transforma en algo mucho más loco y sin sentido, sin un hilo conductor claro, sin la habitual historia de amor de dos personajes secundarios ajenos a los cómicos, y con un desenlace que quizá ejerza de metáfora del juego de niños que es *Sopa de ganso*: una batalla bélica a base de pelotazos en la cabeza a un muñeco de feria que no es sino el villano de la historia.

—Si lo encuentran está perdido.

—¡Qué tontería! ¿Cómo voy a estar perdido si me encuentran?

De réplicas así está llena *Sopa de ganso*. Tantas, que a veces es complicado incluso pillarlas todas porque la siguiente te agarra riendo la anterior. Y además a una velocidad supersónica. McCarey, en principio reticente a embarcarse en una cinta de los Marx, aceptó porque habían sido los propios hermanos los que habían dado su nombre a Paramount para ponerse al frente de la cámara. McCarey evitó los acostumbrados números de piano y arpa de Chico y Harpo, respectivamente, que solían ralentizar la acción y el humor, y les dejó cierta vía libre, por ejemplo con la imposición de Chico de que no se podía empezar a rodar secuencia alguna después de las seis de la tarde. «Estaban como una cabra. Eran unos irresponsables», resumió el director en una larga entrevista con Peter Bogdanovich, casi cuatro décadas después. Y nosotros bien que celebramos aún esa irresponsable locura.

En mi niñez, casi adolescencia, sin embargo, la película de los Marx que más veces vi fue *El hotel de los líos* (William A. Seiter, 1938). La grabé en el primer vídeo Betamax de mis padres en un pase por televisión y algunas secuencias las tenía tan gastadas por el uso que les salieron rayas a las imágenes y el sonido se oía cada vez más entrecortado. Con respecto al resto de los títulos de su filmografía, también tenía a favor que no había números musicales al arpa y al piano de Harpo y Chico, y que no salía el más bien sosaina Zeppo, el cuarto hermano, en su habitual papel de galán enamorado de la chica, y sí otro actor, el muy simpático Frank Albertson, con mejores dotes para ese registro característico de guapo formal un tanto panoli. La película tiene una estructura mucho más ordenada que *Sopa de ganso* e incluso que *Una noche en la ópera*, lo que puede ser bueno o malo para los pequeños, según se mire, pero a la hora de desmadrarse lo hacía al mismo nivel que las más gamberras. Al frente del guion estaba Morrie Ryskind, especialista en cine *marxista*, pues ya había escrito otras tres películas de la *troupe*, pero dotado además de un toque especial para la comedia romántica con un grado particular de desenfreno, lo que había demostrado en dos de mis comedias adultas preferidas de aquellos años 30: *Al servicio de las damas* (1936) y *Damas del teatro* (1937), ambas de Gregory La Cava.

Esos gags de *El hotel de los líos* que repetí hasta la saciedad en los años 80 de mi niñez fueron los primeros que les puse a mis hijos en casa, como muestra de lo que se podían encontrar si veíamos la película completa, y como presentación de un humor que, al revés que los de mi generación, nunca habían visto ni de pasada por la tele: los hermanos persiguiendo por la habitación del hotel a un pavo que había ganado Harpo en una rifa; y Harpo de nuevo, que ante un pantagruélico banquete con carne, café, tostadas y pasteles, colocado ante unos personajes que llevan días sin poder echarse nada al estómago —los tres hermanos y el rol de Albertson—, prefiere comerse un plato de pequeñas bolitas indescifrables, con un tamaño poco más grande que un guisante, una a una, con tenedor, a velocidad meteórica y con rictus impasible. A veces un ligero vistazo a una parte del todo no es matar la sensación de plenitud de una película completa, sino el perfecto aperitivo que alimenta el hambre para una buena comida posterior. Así pensé que sería y así fue: el maravilloso disparate que eran los Marx para mí, también lo es ahora para ellos.

Cuando hace unos años empecé a impartir cursos en universidades sobre el cine de Ealing me sorprendió el desconocimiento casi general del concepto, de su contenido y de sus películas, incluso en alumnos bastante formados en lo cultural, lo cinematográfico y lo personal. La productora británica Ealing Studios, que de ahí nace la acepción, existe con variados nombres desde nada menos que 1896, pero fue a partir de su refundación en 1938 cuando pasó a denominarse como uno de los barrios al oeste de Londres, y a partir de la posguerra mundial, cuando durante apenas una década se especializó en un tipo de comedia basada en unas particularidades concretas: historias fundamentadas en la alteración o desorganización de la sociedad; sentido de comunidad; talante amablemente agitador; compromiso social; excentricidad, originalidad y feliz inverosimilitud de la mayoría de sus situaciones e historias, y búsqueda del entretenimiento y la sonrisa antes que de la carcajada. En gloriosas palabras de Michael Balcon, jefe de producción e ideólogo, junto con una serie de guionistas y directores mayúsculos, la mayoría de ellos muy jóvenes: «Cogíamos a un individuo, o a una comunidad, y les dejábamos estrellarse contra un problema aparentemente irresoluble».

Fueron apenas diecisiete comedias, concentradas entre los años 1947 y 1955 (con algún ejemplar algo más tardío), pero crearon escuela y aún hay puntuales títulos británicos que, amparados en sus esencias, intentan revitalizar su estilo. Entre ese magma cómico y social, las más conocidas son *Ocho sentencias de muerte* (Robert Hamer, 1949) y *El quinteto de la muerte* (Alexander Mackendrick, 1955), pero la más adecuada para los críos es precisamente la primera, la que según la mayoría de los especialistas inicia el memorable ciclo de producciones: *Clamor de indignación* (Charles Crichton, 1947).

En el relato de la película de Crichton, que tenía entonces treinta y siete años y que culminaría su carrera con la soberbia *Un pez llamado Wanda* (1988) siendo ya un anciano de setenta y ocho, hay una médula espinal que marca el camino: la imaginación de los niños protagonistas, al igual que el ingenio de Ealing, como método para escapar de los pesares de la reciente guerra. De hecho, en un momento ejemplar, el director filma a sus pequeñas criaturas jugando a la guerra no en un escenario creado en un plató, sino en las mismísimas ruinas del barrio de Covent Garden, como una suerte de jugosa reminiscencia del documentalismo británico de los años 30, pero en una película brillantemente inverosímil de los años 40.

Clamor de indignación se inicia además con una secuencia que podría ejercer de metáfora de las intenciones de Crichton: la imaginación infantil puede salvar vidas en tiempos de penuria. Un aburrido coro infantil ensaya una canción en la clase de canto de un colegio. Mientras el sacerdote guía cada nota, uno de los críos no lee la partitura, sino un tebeo escondido en su carpeta, y emula que canta, pero no lo hace. Sin embargo, el guía espiritual y musical se cosca, y con un sutil movimiento mientras dirige, agarra la historieta con un par de dedos y, sin abandonar su tarea con los demás críos, la lanza por la ventana abierta del aula ante la estupefacción del ávido lector a destiempo. Los adultos lanzan al viento todo lo que tiene de imaginativo este complejo mundo. A partir de ahí, esta primera comedia de Ealing, con los propios chicos y chicas como protagonistas y escrita por el gran guionista de la productora, T. E. B. Clarke, avanza como aventura y como intriga al ritmo de los mensajes en clave de una banda de criminales, impresos en esos mismos tebeos que los mayores arrebatan a los pequeños.

En *Los apuros de un pequeño tren* (1953), de nuevo dirigida por Crichton y escrita por Clarke, no hay niños entre sus protagonistas, pero ni falta que les hace a los críos espectadores. El sentido de comunidad característico de los relatos de Ealing es percibido como una lucha de todos a una que bien merece un esfuerzo. En este caso, el de un pueblo, como tantas localidades españolas y de otros países, que ve cómo se cierra su línea férrea, desaparece su estación de tren y deben limitarse al autobús. De modo que, para evitar la suspensión definitiva, se les ocurre que podrían llevar ellos mismos la infraestructura, la gestión, la organización y hasta la conducción del tren, como una suerte de cooperativa en la que todos aporten y cualquiera se beneficie.

Comedia blanca, simpática, noble y a ratos descacharrante, *Los apuros de un pequeño tren*, tras *Clamor de indignación*, podría llevar a los niños hasta un territorio hoy no demasiado acostumbrado: el de la comedia social sin ínfulas dogmáticas ni sermones morales. A un sentido *Ealing* de la vida, y a un paso previo para llegar al resto de las comedias de la productora, más adultas y aún más memorables, con *Pasaporte para Pimlico* (Henry Cornelius, 1949), *Ocho sentencias de muerte* y *El quinteto de la muerte* como cimas.

Antes de acercarnos en casa a la muy ingeniosa *Un cadáver a los postres* (Robert Moore, 1976), ya jugábamos al Cluedo en familia con los niños. De hecho, en un rasgo muy mío, jugábamos a un Cluedo de la marca Borrás casi nuevo pero comprado a principios de los años 80. En otra posible clasificación restrictiva del género humano, se podría decir que solo hay dos clases de críos: los que cuidan sus juegos y los que no lo hacen. Así que ya saben a qué (repelente) grupo pertenecía yo.

Un cadáver a los postres, como el Cluedo, se desarrolla en una mansión con una serie de estirados personajes que, eso sí, no responden al nombre de señor Pizarro, profesora Rubio y marqués de Marina, como en la versión española del juego de mesa. Pero la base es prácticamente la misma: hay un muerto en la casa y entre el reducido grupo de protagonistas y el propio espectador deben averiguar la identidad del asesino y su metodología. La película, más que a Moore, director menor al que apenas se le reconocen méritos en su labor, pertenece sin duda a su guionista, Neil Simon, dramaturgo de continuado éxito, que a esas alturas de su carrera ya había escrito obras como *Descalzos por el parque* y *La extraña pareja*. Simon parodia con infinita gracia las novelas de Agatha Christie ambientadas en un único lugar y en un tiempo reducido, y lo hace con una irrechazable raíz argumental: un excéntrico millonario invita a su mansión a los cinco detectives más célebres del mundo y el que resuelva el asesinato que se producirá durante la reunión ganará un millón de dólares. Cena y asesinato, un programa sin parangón.

La clave, sin embargo, no está en el «cluedo», en la resolución del asesinato o lo que los ingleses llaman *whodunit*, sino en la reflexión final sobre el subgénero y, cómo no, en el disparatado humor de cada una de las situaciones. Por allí andan los sosias de la señorita Marple y de Hércules Poirot, míticas creaciones de la novelista Christie, y hasta del detective televisivo Colombo, interpretado por el propio Peter Falk, en una forma de metalenguaje que, de puro fácil, resulta brillante. De este modo, el reparto acaba otorgando al conjunto un aire de libertinaje narrativo muy especial, repleto de tronchantes anacronismos.

Para los anales quedan también el absurdo de que el mayordomo de la casa, interpretado por un juguetón Alec Guinness, se llame Benson Señora (*Bensonmum*, en la versión original), lo que da pie a no pocos juegos de palabras, y la histórica presencia del novelista Truman Capote, escritor de *A sangre fría*, como intérprete del rico y pérfido señor de la casa. *Un cadáver a los postres* otorga además la posibilidad de ir tirando del hilo de los *whodunits*, entretenimiento literario y cinematográfico perfecto en la pubertad y la primera adolescencia. Empezar por aquí, por la parodia, para luego enlazar con *Asesinato en el Orient Express* (Kenneth Branagh, 2017) y *Puñales por la espalda* (Rian Johnson, 2019) —disfrutadas por mis hijos en el cine justo después de haber descubierto la comedia de Simon y Moore en el sofá—, y acabar en la cima de *El nombre de la rosa* (Jean-Jacques Annaud, 1986) puede sonar raro, pero les prometo que tiene cierta lógica.

Cuando se llega a la pubertad, fundamentalmente porque las hormonas comienzan a hacer de las suyas en cualquier aspecto de la vida, y también en materia de humor, las comedias demasiado blancas dejan de tener su gracia. O, al menos, toda la gracia que podían tener durante la infancia. A partir de los doce o trece años, tanto por parte de los chicos como de las chicas, se demandan otros chistes —en el cine y en la cotidianidad—, y no pocas veces es necesario incluso frenarlos, porque el peligro de que se salgan de madre está al acecho. A esa edad, tanto cuando yo era chaval como ahora, que lo veo en mis hijos cada día, las historias más punzantes, puede que incluso hirientes para los personajes, reinan en el universo de la carcajada. Y, como vengo repitiendo a lo largo de esta aventura, estamos ante un tiempo en el que es más que probable que sus ya no tan pequeños dejen de tenerlos a ustedes como principales compañeros de sillón o de butaca de cine, para empezar a ponerles los cuernos con los amigos y amigas de su edad. Hay que acostumbrarse a ello, y además es genial que sea así.

Yo debía tener unos trece años cuando vi con mis amigos en mi propia casa, vía videoclub, la picante en todos los sentidos *Entre pillos anda el juego* (John Landis, 1983). Entonces no conocía el término anglosajón *screwball comedy*, no sabía quién era Ofelia ni había visto la ópera *Las bodas de Fígaro* (ni esta ni ninguna otra), pero sí sabía quiénes eran Landis, Dan Aykroyd, Eddie Murphy y Jamie Lee Curtis, y también había visto en aquellas siestas televisivas de la infancia *El príncipe y el mendigo*. Y de todo ello hay suculenta sustancia en una película fabulosa, cuyos componentes en materia artística empecé a calibrar mucho más tarde de partirme de risa con los colegas en aquel sofá de casa que, por cierto, había hecho mi propio padre, tapicero de profesión.

Las *screwball comedies*, sin una traducción clara en español aunque se suela utilizar el término «comedias locas» para referirse a ellas, reinaron en los años 30 y 40 en Hollywood, y, en una definición perfecta del crítico Andrew Sarris, son «comedias sexis sin sexo», descripción inigualable para la cinta de Landis. Aquellas películas, con *La octava mujer de Barba Azul* (Ernst Lubitsch, 1938), *Historias de Filadelfia* (George Cukor, 1940) y *La fiera de mi niña* (Howard Hawks, 1938) como posibles paradigmas, contenían historias insólitas, poco plausibles, con tramas improbables acerca de la lucha de sexos y del contraste entre los ricos y los que no lo son absoluto, con mezcla de gags visuales y verbales, un punto de exageración física (el *slapstick*), una esencia romántica y algo que encaja fenomenal con *Entre pillos anda el juego*: diálogos sofisticados en situaciones ingenuas, y diálogos ingenuos en situaciones sofisticadas. A partir de los años 50 y 60, las *screwball* declinaron, pero puntualmente diversos autores las han ido recuperando, jugando con sus particularidades y adaptándolas al contexto de su tiempo. Justo lo que hace Landis en estos años 80 con una historia sobre los desmanes del capitalismo salvaje, los entresijos de la bolsa y Wall Street y el desprecio de los de arriba por los de abajo.

De Landis ya conocía las espectaculares *Granujas a todo ritmo* y *Un hombre lobo americano en Londres*, cada una en un género, el musical y el terror. A Dan Aykroyd lo había visto precisamente en *Granujas...*, y en *1941*, de Spielberg; a Eddie Murphy, en la comedia policiaca *Límite: 48 horas*; y a Lee Curtis, como reina del terror adolescente, en *La noche de Halloween* y *La niebla*. Todos ellos, de nuevo en muy distintos géneros, títulos perfectos para la pubertad entre amigos.

Sin embargo, lo esencial aquí está en los paralelismos con *El príncipe y el mendigo*. Como ya vimos en el capítulo de los seres de carne y hueso de nuestro libro, en la novela de Twain y sus adaptaciones, por una confusión, dos chavales de sorprendente parecido físico pero tan distintos como el heredero del reino y un paupérrimo crío londinense, intercambian sus identidades y sus posiciones en el mundo. En *Entre pillos anda el juego*, a causa de una diabólica apuesta entre dos viejos millonarios y racistas, el joven, listo, formado y profesional heredero de un imperio empresarial intercambia su puesto en la sociedad contemporánea con un descarado indigente negro que se hace pasar por ciego y lisiado en la guerra de Vietnam, sin serlo en absoluto y sin haber pisado territorio oriental en su vida. Como ven, una situación improbable típica de las *screwball*, reactualizada por Landis con mimo y mordacidad, y con un bonito guiño en la confección del reparto: a los dos ancianos los interpretan Don Ameche y Ralph Bellamy, actores que cuarenta años atrás contribuyeron, respectivamente, al éxito de dos comedias locas fundamentales: *Medianoche* (1939), de Mitchell Leisen, coescrita por Billy Wilder; y *Luna nueva* (1940), de Howard Hawks.

Según la teoría inicial de uno de los ruines millonarios, *cualquiera* podría dirigir una empresa de éxito consolidada, mientras que si alguien cayera en desgracia y lo perdiese todo, incluidos sus amigos, su pareja, su empleo y su hogar, se acabaría acostumbrando a la delincuencia. El otro apostante, en cambio, piensa que nada tiene que ver con el ambiente y con la educación y sí con los genes: un elemento de una prole de triunfadores saldrá adelante en cualquier situación. De ahí el original *Trading Places*, título que hace referencia tanto al comercio, con presencia importante en la trama, como al intercambio de lugares en la vida. Landis juega con los contrastes ya desde los títulos de crédito, acompañados de imágenes de un mayordomo preparando un suculento desayuno en bandeja de plata y de un grupo de chicos negros jugando al baloncesto en la calle con una canasta fabricada con una caja de frutas anclada a un poste de la luz.

A la banda sonora de Elmer Bernstein, con un toque de pompa y circunstancia, en la línea de la famosa composición homónima del inglés Edward Elgar, se añaden piezas provenientes de *Las bodas de Fígaro*, de Wolfgang Amadeus Mozart, ópera bufa que no por casualidad también se desarrolla en un ambiente palaciego. Así, la burla y el equívoco confluyen, en el fondo de la historia y en los acompañamientos formales, en una comedia donde el sentido «sexi sin sexo» lo aporta el simpatiquísimo romance entre los personajes de Aykroyd y Lee Curtis, llamada Ofelia, como la enamorada de Hamlet, en un último toque noble y de herencia aristocrática.

Para alguien que creció revolcándose de la risa con *Aterriza como puedas* (David Zucker, Jim Abrahams, Jerry Zucker, 1980), con sus chistes sobre pedofilia («¿Has visto alguna vez una película de gladiadores?»; «¿has visto alguna vez a un hombre desnudo?»), sus chanzas alrededor de una niña enferma agarrada a un gotero y su abofeteamiento en serie a una mujer a la que hay que tranquilizar, abordar una comedia así desde los parámetros actuales resulta particularmente imposible. La vi por primera vez en el cine con mis amigos y amigas cuando teníamos unos diez años. No pillamos sus chistes sobre pedofilia porque ni en nuestros más oscuros sueños teníamos la menor noción de lo que significaba la palabra ni el contenido de la penosa parafilia. Repetimos varias veces en la gran época de los videoclubes, en los años 80, cuando ya sabíamos quién era el jugador de Los Ángeles Lakers Kareem Abdul-Jabbar y entendimos por qué cuando sacan de la cabina a aquel copiloto del avión iba vestido de cintura para abajo con unos pantalones y unas medias de baloncesto. Y más tarde la he vuelto a ver, de adulto, con la fuerza de la comicidad y también de la nostalgia, con la relativa sorpresa de su atrevimiento, y con el convencimiento final de que ver aquella película cuando éramos niños no nos hizo peores personas.

En su día fue calificada en España como película para todos los públicos y lo sigue siendo para el Ministerio de Cultura, pero no para ciertas cadenas de televisión, que la han emitido en algunos de sus pases con ese letrero destinado a llamar la atención de que no está recomendada para menores de trece años. Aunque la cuestión principal quizá no sería esta, sino la alta probabilidad de que si se hiciera o se estrenase ahora una película con esos chistes sería pasto de las llamas de algunos sectores de la sociedad contemporánea.

Un controlador aéreo adicto al tabaco, al alcohol y a esnifar pegamento; chistes que al mismo tiempo podrían ser considerados como racistas, homófobos, pedófilos y metaficcionales («¿Has estado alguna vez en una prisión turca?», en referencia al entonces reciente éxito de *El expreso de medianoche*, de Alan Parker); un gag que juega con el arquetipo de las relaciones entre las azafatas y los pilotos, asentado en un simulacro de sexo oral entre una de las auxiliares de vuelo y un piloto automático, que en realidad es un muñeco hinchable con la boquilla para inflarlo justo en aquella parte... ¿Puede alguien reírse con estos chistes en la actualidad? Los padres y las madres, desde luego que sí. Entre los hijos caben dos posibilidades: que ni los huelan porque no se enteren de su intríngulis, que es lo más probable, o que los más avispados sí los pillen, en cuyo caso una explicación o conversación entre mayores y pequeños acerca de la salvaje y políticamente incorrecta comedia negra nunca viene mal. Otra posibilidad es esconder la película a sus hijos y que no la vean nunca. Cada uno sabrá lo que quiere ofrecer a los suyos y lo que no quiere en modo alguno que se pierdan.

Es muy probable que se escapen los detalles de la parodia metalingüística de las películas de catástrofes, entonces en boga, con títulos como *Aeropuerto* y sus secuelas, o *El coloso en llamas*, con sus personajes arquetípicos y sus situaciones repetidas hasta la saciedad. Y, sin embargo, la diversión sigue estando presente. Como también lo está en otra de sus películas posteriores: *Top secret!* (Zucker, Abrahams y Zucker, 1984), inigualable parodia que fusiona nada menos que las películas musicales juveniles de Elvis Presley de los años 50 y 60 con ciertos títulos bélicos de la Segunda Guerra Mundial, repletos de nazis circunspectos y violentos, junto con un grupo de asaltantes a un castillo al estilo *Doce del patíbulo*. Que en realidad esté ambientada en la Alemania Oriental comunista acrecienta aún más un batiburrillo tan poco plausible que, ante su reunión, solo cabe la carcajada cómplice y casi soez.

En casa, ante *Aterriza como puedas* y *Top secret!*, yo pillo todos los chistes y los chicos solo la mitad, pero se calcula que los ZAZ, acrónimo de los directores, perpetraron en la primera de ellas un gag cada menos de tres segundos. Aunque los niños, seguramente ya preadolescentes, solo agarren la mitad de la mitad, habrán sonreído o se habrán carcajeado decenas de veces al final del metraje, justo cuando en los títulos de crédito sigue habiendo chistes, como dar las gracias a Charles Dickens como inspiración. No parece poca cosa en esta vida tan engorrosa en demasiadas ocasiones.

8

El cine de indios y vaqueros, también llamado *western*

> Elegiste mi forma de vida. Ojalá tengas agallas para resistirla.
>
> John Wayne, como el coronel York, a su hijo, en *Río Grande*

El *western* me huele a sábado por la tarde. A decisión difícil a la hora de la siesta. A encrucijadas que te manda la vida cuando tienes diez años y las circunstancias no son las de ahora; las de Santi, por ejemplo, que cuando quiere ver una película del Oeste va a la estantería del pasillo donde están reunidos los DVD del género, escoge una y la pone; o la busca en las cadenas de cine donde sabe que no faltan nunca. Allá por los primeros años 80, en cambio, siempre las emitían hacia las cuatro de la tarde, en un contenedor de la entonces llamada «primera cadena» de la televisión pública, con el título de *Sesión de tarde*. Pero había un problema grave: a esa misma hora, en la «segunda cadena», la otra, porque no había más, estaban los deportes. Y también me encantaban. Así que había que decidir entre *Río Bravo* y el partido de semifinales de Roland Garros al que había llegado Pepe Higueras, nuestro mejor tenista de entonces; o entre *Fort Apache* y el partido entre Francia e Inglaterra del Torneo de las Cinco Naciones, cuando aún no habían fichado a Italia para adjudicarse (casi) cada año la cuchara de madera.

Puede que a los exclusivamente cinéfilos estas últimas frases les suenen a chino, pero les prometo que tienen sentido, y los cinéfilos amantes del deporte de una cierta edad me entenderán sin problemas. No obstante, la tecnología (y sobre todo los padres que podían permitírsela) siempre acude en ayuda de los desfavorecidos en situaciones de compleja disyuntiva como esta, y llegó el vídeo. Entonces empecé a simultanear las dos cosas que más me gustaban del mundo: el cine y el deporte, *Sesión de tarde* y *Estadio 2*. Grababa la peli para disfrutarla después y veía en directo los partidos. Era niño, pero no tonto, o al menos no del todo.

Con independencia de la nostalgia, el *western* evoca la conquista de un territorio a lo largo de la segunda mitad del siglo XIX, pero, sobre todo, en un arco de tiempo bastante reducido, entre 1860 y 1890. Como en la épica griega, en el cine del Oeste los héroes, o los antihéroes, están condenados a vagar sin un rumbo fijo y sin un destino claro. Es el recorrido purificador de unos seres humanos habitualmente en lucha consigo mismos, pero también con otros frentes: los indios, la ley, la corrupción, el azar y la propia naturaleza, a veces tan salvaje como cualquier noche de whisky, póquer y pistolas en el *saloon* de un poblacho de mala muerte.

Personajes a veces claramente buenos o malos, aunque en muchas ocasiones de una complejidad tan inabarcable que no es fácil colocarlos en un rincón moral definido. Para los niños, casi huelga decirlo, es mejor empezar con la primera tipología que con la segunda, para, como siempre, ir avanzando en sutileza, matices y ambigüedad, hasta llegar, mucho después, a la crepuscularidad, un concepto que abarca tanto el fondo como la forma de las películas: una modulación de la luz y de los comportamientos, en un tiempo que se agota, donde ya nada se puede conquistar. La desesperanza, la ferocidad, el desasosiego, la renuncia y la autodestrucción serán entonces los triunfadores en el duelo.

Títulos de crédito iniciales. Un hombre a caballo entra en plano por la parte izquierda del encuadre. Música de tono nostálgico de un clásico: Victor Young. Es el *cowboy* errante que llega de ninguna parte, hace una parada en un lugar, cambia las vidas de muchos de los personajes, y se va por donde ha venido. Sin meta, sin destino. Es una de las tipologías más fascinantes del *western*. La de *Centauros del desierto* (1956), de John Ford, o el esplendor de un relato que va de una puerta que se abre a otra —en realidad, la misma— que se cierra. Y también la de *Raíces profundas* (George Stevens, 1953), con el vaquero interpretado por Alan Ladd, clave para la defensa de un grupo de familias, de pequeños propietarios, frente al acoso de un clan con apariencia y ademanes mafiosos, los Ryker, que pretenden quedarse con todas las tierras.

«El que es observador alcanza su meta.» La frase, pronunciada por el *cowboy* y dirigida al hijo de la familia protagonista, domina *Raíces profundas*. Estamos ante un relato que vemos nosotros como espectadores, pero siempre a través de la escrutadora mirada del crío que interpreta con espectacular expresividad el debutante Brandon De Wilde. Los ojos de un niño, vigilantes, curiosos, que miran fijamente a su alrededor con la naturalidad del que no teme estar rompiendo una norma social. Joey, que así se llama el crío, mira a Shane, que así se llama el vaquero, casi como el fanático del fútbol que se encuentra por la calle con su ídolo. Shane podría ser todo lo que no es su padre, o lo que él cree que no es su padre: un pistolero capaz de luchar por su familia y por sus tierras armado de brío, pistola y razones. Por eso cuando, escondido en una esquina del *saloon*, ve cómo Shane se deja humillar por uno de los cuatreros al servicio del terrateniente, no quiere creérselo: el mito se estaba configurando, pero amenaza con derrumbarse. O también cuando, ya en la parte final del relato, comprueba que en una pelea a puñetazos entre el *cowboy* y su padre, que en realidad se respetan mutuamente, el primero utiliza el revólver para golpear a su oponente y poder ser él, y solo él, el que se enfrente a la familia Ryker. Es un mártir para la causa de la nobleza, aunque el crío no acabe de entenderlo a la primera.

La madre, sabia por naturaleza, ya había avisado al niño ante la intensidad de sus miradas.

—No le cojas mucho cariño a Shane.

—¿Por qué?

—Porque algún día se irá.

Los hombres como él nunca se quedan. Están condenados a vagar. Y un valle, por muy fértil que sea la tierra y por mucho que se comience a amar a la esposa prohibida, no es lugar para él. El precioso triángulo de amor y amistad que se conforma entre el vaquero de oscuro pasado, el honrado labriego y la fuerte esposa es otra de las virtudes de una película emocionantísima. Cada uno de los vértices sabe de qué pie cojea el contrario, en todos los sentidos, pero se complementan a la perfección. Hay un infinito respeto mutuo. Y los tres están dispuestos a apartarse de sus pasiones para no malograr al otro. «Sé que a veces soy lento, pero tengo ojos», resume el marido en una frase de sencillez extrema y belleza inagotable. Nosotros, como espectadores, también lo hemos visto: el descenso de la mirada hasta el suelo de Shane cuando el matrimonio se besa; la seriedad excesiva del marido cuando su mujer y el vaquero bailan con complicidad.

«¿No volveremos a verlo nunca?», pregunta la mujer al vaquero a la hora de la inevitable partida, cuando el trabajo está hecho y su deber como símbolo del *western* debe culminarse con su marcha. Entonces Shane, ante un interrogante cálido y esperanzador, lanza una respuesta sonora y hermosa, que esconde la más entrañable de las mentiras: «Nunca es mucho tiempo».

Un *western* antibélico de inspiración pacifista y desarrollo político sobre el eje de unas conversaciones de paz. Esta personal definición de *Flecha rota* (Delmer Daves, 1950) puede ofrecer una buena idea de la rareza extrema de una película que, a pesar de sus formas clásicas, presenta unas situaciones que desde el punto de vista narrativo y desde el moral se desvían bastante del arquetipo de las cintas del Oeste.

Una novela publicada en 1947 por el periodista y escritor Elliott Arnold, de título original *Blood Brother*, sirvió de base a Daves para componer esta oda al entendimiento entre enemigos de una misma tierra, Estados Unidos. Un personaje real domina el conjunto: el indio Cochise (c. 1812-1874), jefe de la facción chiricahua de los indios apaches, que primero organizó una revuelta contra el hombre blanco junto con el resto de las tribus apaches, y más tarde lideró las conversaciones de paz frente a un alto mando del ejército americano, el general Oliver Howard, con plenos poderes otorgados por el entonces presidente, Ulysses S. Grant, que pretendía «una paz justa con los apaches». En medio de ambos bandos, un personaje también real: Tom Jeffords, exsoldado confederado en la guerra civil estadounidense, buscador de oro, amigo de los indios y gran héroe de la película de Daves, al que interpreta con su cercanía habitual James Stewart.

Pese a la historia de amor interracial, que la tiene, al distintivo retrato de la amistad entre Cochise y Jeffords, y a las reuniones diplomáticas, la violencia en tierras de Arizona también está presente en una época de guerra cruenta. Se cortan cabelleras, se entierra a los hombres dejando las cabezas al aire para que las devoren las hormigas, y se cuelga de los árboles con una soga a los seres humanos. Pero Daves, implacable artesano de Hollywood, filma esos momentos con un sombrío colorismo de bellísimas formas cercanas al onirismo de corte expresionista. Pone así una cierta distancia a través del arte, del tono y del lenguaje cinematográfico, de un modo semejante al de George Sidney, otro artesano, en la muerte de Milady en *Los tres mosqueteros*.

«Nunca imaginé que una madre india llorase por sus hijos», dice uno de los personajes en un pasaje de la historia, como muestra señera de los prejuicios del hombre blanco frente al indígena. En palabras del propio Cochise, «hablar de paz es muy fácil, vivirla es muy difícil», en un dictamen que podría valer para cualquier conflicto de cualquier época. De hecho, la flecha rota del título como símbolo de paz se torpedea en el relato de Daves desde ambos lados: por la intolerancia, la presunta superioridad moral y las maquinaciones de una parte de los ciudadanos de Tucson, salvajes a pesar de estar en el lado del supuesto progreso, que tachan a Jeffords de espía y de renegado e incluso lo intentan ahorcar; y por el temido y también mítico jefe Gerónimo, aliado inicial de Cochise con su facción indígena bendoke, y luego desligado del proceso de paz.

El 26 de octubre de 1881 se produjo en Tombstone, Arizona, el tiroteo más famoso de la historia del oeste de Estados Unidos: el del O.K. Corral, que enfrentó a las fuerzas del orden encabezadas por los hermanos Earp y a una banda de traficantes de ganado robado, formada por la familia Clanton. Fue a la hora del alba, cuentan las crónicas que duró apenas treinta segundos y, en principio, no contenía suficientes ingredientes para engrosar la leyenda. Pero, en 1931, el éxito de una biografía sobre Wyatt Earp, que había muerto apenas dos años antes, a los ochenta, traicionando con su longevidad el espíritu violento y efímero del lejano Oeste, y la posterior película de John Ford *Traición de los fuertes*, de 1946, fueron alimentando el mito. Antes y después del trabajo de Ford, más películas. Las más famosas, *Tombstone* (George Pan Cosmatos, 1993) y *Wyatt Earp* (Lawrence Kasdan, 1994). La mejor para compartir entre chicos y grandes, *Duelo de titanes* (John Sturges, 1957).

La película de Sturges reúne algunos de los mejores ingredientes de las historias épicas: nobleza, amistad, fidelidad, sacrificio. Pero también complejidades en las que los chavales más despiertos pueden ir entrando, centradas en la corrupción personal, la cara oculta del orgullo y la raíz de la autodestrucción. Así, el primer trecho del relato está marcado por el desencanto de un viejo *sheriff* que se niega a detener a unos criminales. Otrora tipo duro, ahora no quiere riesgos innecesarios, acogotado por sus circunstancias: «He prestado servicios a la ley durante veinticinco años en los peores sitios del territorio. ¿Y sabes lo que he ganado por ello? Vivir en una mísera casa de huéspedes, y el derecho a lucir una estrella de latón». Es la esquina sucia que apenas se ve de las historias de grandeza y valentía. Es la desazón, el choque entre un ideario teórico y unas situaciones prácticas. Es el mismo desaliento de los policías de las grandes ciudades en el posterior cine americano de la década de 1970. La frase del *sheriff* la podría haber pronunciado cualquier policía corrupto del cine de Sidney Lumet de los años 70 y 80: *Serpico* (1973), *El príncipe de la ciudad* (1981).

La canción original «Gunfight at the O.K. Corral», compuesta por Ned Washington y Dimitri Tiomkin, el músico de la banda sonora, y cantada con esplendor de barítono por un mito de la canción *western*, Frankie Laine, abre y cierra la película y marca el tono a la perfección: la ley de las pistolas y la cercanía de la muerte, pero también la presencia del amor y de la familia.

—¿Sabe tu mujer que mañana será viuda?

Esta frase rotunda y sublime la suelta una de las mujeres poco antes del duelo ante el orgullo quizá desmedido de los hombres. La violencia, vista desde el otro lado. También la enfermedad, presente en la figura más apasionante de la película, la de John *Doc* Hollyday, una tos andante, enfermo de tuberculosis, alma ennegrecida, complejísimo carácter, aún más en su relación con la mujer que lo acompaña. Juntos son el prototipo del ni contigo ni sin ti. Ella, enamorada; él, simplemente vanidoso. Autodestructivos ambos.

En el otro lado del amor y de la historia, una mujer fuerte, descarada, independiente, que se niega a la triste sumisión de las damas de la época, que juega al póquer en el *saloon* y se atreve a desafiar la arraigada mala costumbre de que las chicas no puedan hacer determinados asuntos de hombres. Una pelirroja altísima que sabe lo que hace y hace lo que quiere. Y, en medio, unos diálogos certeros como los Colt Frontier 1873 que portaban los Clanton. Como este entre Earp y Hollyday ante el inminente matrimonio del primero.

—Nos gustaría que asistiese a la boda. Si no se lo impide el póquer...

—Lo mío no son las bodas sino los entierros.

El carisma inagotable de Burt Lancaster y Kirk Douglas completan el festín emocional de una película extraordinaria. El cine también es eso: rostros, actitud, personalidad, atractivo, la mirada de dos tipos que dicen no ser amigos pero que están dispuestos a morir juntos. La generosidad del que siempre hace trampas a las cartas pero nunca le hace trampas a la vida.

Buena parte de ese seductor atractivo de Lancaster y Douglas en *Duelo de titanes* reluce de nuevo en otra película de Sturges: *Los siete magníficos* (1960), versión *western* de la mítica *Los siete samuráis*, creada por Akira Kurosawa seis años antes, obra fundamental en muchos sentidos, con la que aspiro a culminar el aventurero recorrido de este libro. A Yul Brynner, con fama de guapo, nunca acabé de verle el atractivo, quizá porque no me entusiasma su película más famosa, *El rey y yo*, y también porque en su otro gran papel, como Ramsés II en *Los diez mandamientos*, las ropas y los ambientes se comen parte de su porte. Sin embargo, en *Los siete magníficos*, camisa y sombrero negros, andares de elegante modelo, actitud imperturbable, mueca socarrona, no se le puede dejar de mirar con los ojos como platos. A su lado, quién da más, Steve McQueen, James Coburn y Charles Bronson, tipos duros de algunas de las películas más celebradas de mi infancia y mi adolescencia.

Con *Los siete magníficos* regresa esa tipología de la que ya hablamos respecto de *Bichos* en el capítulo de la animación, con un pueblo de pusilánimes que contrata a un grupo de profesionales para que los cuide de sus salvajes atacantes. Pero, esta vez, con un apunte de texto muy ilustrativo, y más tratándose de una crónica sobre la educación cinematográfica. Ese momento llega cuando los niños del lugar, seducidos por el bravío de los guardianes, y por oposición a lo que han visto siempre, le dicen al personaje de Bronson que sus padres «son unos cobardes». El pistolero, visiblemente contrariado, les enmienda la plana y viene a decirles que porque él tenga un revólver no es ningún valiente, y que sus padres sí que lo son, cuidando de ellos y con una responsabilidad que pesa como una tonelada: «Llevar una granja y trabajar como una mula. Eso es el valor».

«Sabemos labrar y cuidar la tierra, pero no sabemos matar», le habían dicho los campesinos al personaje de Brynner, cuando aquellos le ofrecen encabezar el grupo de los magníficos por un sueldo irrisorio, en una sentencia que une la sencillez con una extraña poesía. No es la única frase inolvidable de una película pensada para la acción, que sin embargo contiene unos textos fabulosos, como cuando hablan del joven personaje de Horst Buchholz, empeñado en unirse al grupo pese a su inexperiencia, y escenifican las consustanciales características de una cierta edad.

—Es muy joven y muy orgulloso.

—De jóvenes orgullosos están llenos los cementerios.

La inolvidable banda sonora de Elmer Bernstein, que para los que nacimos a principios de los años 70 también es la música de un mítico anuncio del tabaco Marlboro, completa una obra que, llevando el espíritu social de Kurosawa al universo impoluto de Hollywood, sigue cautivando además por un último motivo: por su anticipación para los críos de alrededor de diez años de lo que suponen otros grandes *westerns* de sacrificio, con *Grupo salvaje* (1969), de Sam Peckinpah, a la cabeza. Obras más adultas que, eso sí, no creo que estén recomendadas antes de los catorce años, la edad que, para mí, separa la infancia cinematográfica del resto de la vida cinéfila, en la que ya todo cabe.

La construcción y el avance del ferrocarril tuvieron una importancia fundamental en el lejano Oeste, en la configuración de su sociedad y de su economía, en un nacionalismo creciente que unía a los estados de uno y otro extremo del país por medio de las vías del tren. Que el gran desarrollo ferroviario se produjera tras la finalización de la Guerra de Secesión, es decir, en el arco de tiempo que ocupan la mayoría de los *westerns*, no hizo más que acrecentar la presencia del tren en el imaginario colectivo del género de las pistolas y la conquista del territorio. Una tesitura en la que entra directamente por la puerta de los mitos el nombre de Jesse James, forajido con razones para serlo que, acompañado por su hermano Frank y una banda de (in)condicionales, regó de venganza y de robos el estado de Misuri entre los años 1866 y 1882.

De su relevancia histórica dan cuenta las nada menos que 38 películas sobre su figura, realizadas entre 1908 y 2007, varias de ellas magníficas, con *Balas vengadoras* (Samuel Fuller, 1949), *La verdadera historia de Jesse James* (Nicholas Ray, 1957), *Sin ley ni esperanza* (Philip Kaufman, 1972), *Forajidos de leyenda* (Walter Hill, 1980) y *El asesinato de Jesse James por el cobarde Robert Ford* (Andrew Dominik, 2007) a la cabeza. De los múltiples acercamientos, de estilos muy distintos, yo elegí para ver con Santi la también sensacional *Tierra de audaces* (Henry King, 1939), que comienza con una detallada descripción de lo que supuso el avance inexorable del caballo de hierro en un periodo de progreso, pero también de crueldad, avasallamiento y de falta de certidumbres; de injusticias, inestabilidad y anarquía. Época, en definitiva, de forajidos, unos con armas, robando trenes y bancos, y otros con presencia impoluta y sin pistolas, pero con el embaucamiento del listo, con la amenaza del poder, del que tiene la sartén por el mango: los delincuentes de cuello blanco de la época, los empresarios que compraban las tierras de los granjeros, honrados e incultos, a precios irrisorios. Mafias de la construcción, la usura y la defensa legal, en un estado gangrenado por la corrupción donde demasiados policías y jueces estaban al servicio del dinero.

Pero se toparon con la resistencia de Jesse y su familia a la venta de sus tierras, pese a la amenaza de la expropiación pública por una contraprestación aún menor, y, en la película de King, estos acaban hiriendo en defensa propia a uno de los enviados de esas empresas ferroviarias, iniciando así un camino sin salida por la delincuencia.

Elegantísima en sus secuencias de tiroteos, *Tierra de audaces* está filmada en un hermoso Technicolor que reluce con belleza, particularmente en las escenas nocturnas y de interior, con una exquisita composición del encuadre por parte del maravilloso artesano que era King, conformando planos de una preciosa cualidad pictórica. El director, capaz también de filmar una espectacular secuencia de huida de los hermanos James que culmina con un salto a la carrera desde una ladera alta hasta las aguas de un río, ambos montados en los caballos, que vuelan junto con los hombres cayendo a plomo y con estruendo en la corriente, aplica a cada momento una serenidad clásica que, en buena parte, renuncia a la inmensidad del paisaje en beneficio de la tenue intimidad a la luz de un candil. *Western* sobre la imposibilidad del hogar en un tiempo de violencia, culmina además con el famoso asesinato de Jesse, cuando subido a una silla intentaba enderezar la horizontalidad de un cuadro con la leyenda «Dios bendiga nuestra casa», metáfora perfecta de la inviabilidad de una vida en paz.

Tierra de audaces no está escrita por cualquiera. Nunnally Johnson, su prestigioso guionista, sería el autor un año después de la adaptación de *Las uvas de la ira*, novela del premio Nobel John Steinbeck filmada por John Ford en 1940, y culminaría su carrera como uno de los artífices del libreto de *Doce del patíbulo*, de Robert Aldrich, en 1967. Johnson imprime al relato de James una perfecta cadencia, con la que el pistolero va mutando desde el justiciero con causa hasta el forajido sin más razones que la huida hacia delante, representada por una frase maestra.

—Ya no es un caballero en guerra contra el tren. Es un animal salvaje.

Los chavales espectadores, sus hijos, calibrarán de qué modo las razones pueden convertir a los hombres en desechos de lo que fueron y comprobarán que la obstinación, demasiadas veces, nos vuelve soberbios y mezquinos. Jesse James, disparado por la espalda por Bob Ford, interpretado por un habitual de los roles ambiguos, John Carradine, no era ya un hombre con astucia y libertad sino simplemente «lo que los tiempos hicieron de él».

«Elegiste mi forma de vida. Ojalá tengas agallas para resistirla.» La frase, durísima, de un padre militar hacia su hijo, marca cualquier comentario acerca de *Río Grande* (John Ford, 1950), uno de los vértices de la sensacional Trilogía de la Caballería del maestro, junto con *Fort Apache* (1948) y *La legión invencible* (1949). En esas palabras se aúnan la enseñanza, la advertencia, el rigor y una forma de cariño más cercana a la nobleza que a la dulzura. Las (supuestas) virtudes de la vida militar, que defiende el personaje paterno interpretado por John Wayne, y que en muchos sentidos también justificaba Ford, no implican que no haya un contraplano interesantísimo, que viene a sostener que esa integridad y esos valores a veces se extralimitan, conformando una forma de vida en la que la soberbia, las reglas y la severidad apenas dejan resquicios. Y ese matizado contraplano lo conforman el hijo, a pesar de haber ingresado voluntario en el ejército siendo apenas un adolescente, tras haber sido expulsado de la academia de West Point «por haber suspendido Matemáticas», y también la madre. Una mujer, a la que pone rostro Maureen O'Hara, alejada en principio del arquetipo de las historias de Ford, pues lleva quince años separada de su marido militar, a causa de uno de esos conflictos a los que lleva siempre la guerra: él, siguiendo órdenes —de nuevo, la autoridad militar—, quemó durante la guerra civil estadounidense las plantaciones de la familia de ella.

Hay que ser un genio para que una película que se desarrolla en buena parte en el interior de las tiendas de campaña del ejército resulte tan bella formalmente. Y además, hacerlo a través de la sobriedad y no del manierismo: encuadres en los que las criaturas, ya sean un militar impoluto, un sargento zopenco y peludo con la camisa abierta o una imponente pelirroja, siempre parezcan tener una hermosura y un carisma especiales, y en los que los acompañamientos, apenas un candil, una palangana y una rudimentaria estufa, reluzcan como los de una aristocrática mansión.

Río Grande tiene una estructura en su relato que empieza y termina con un mismo momento, pero en dos tiempos distintos: el regreso de los soldados de una batalla contra los indios apaches al elemental fuerte donde viven, con las esposas y los niños esperando al borde del camino, expectantes ante la posibilidad de la muerte de sus maridos y padres. Ese camino de vuelta al borde del mítico Monument Valley, rostros ajados no ya por la victoria o por la derrota sino por la dureza de la contienda, pues siempre se pierde aunque se gane; hombres muertos, heridos, mutilados, destrozados psicológicamente, nunca resulta de satisfacción plena. Esa es la «forma de vida» a la que se refería el personaje de Wayne con su hijo. Y, en verdad, a pesar de la dureza excesiva de su discurso, hay que tener agallas para resistirla.

Acusado no pocas veces a lo largo de la historia de —como mínimo— reaccionario por parte de ciertos reductos ideológicos a los que bien se podría calificar de sectarios y de dogmáticos, pero en los que lo que acababa dominando era la pura y supina ignorancia acerca del corpus fílmico, artístico y emocional que el cineasta estadounidense de origen irlandés había creado, Ford era un intelectual que abominaba del término, un conocedor de su sociedad muy consciente, como sus personajes, de que su tiempo se agotaba. Un hombre que habló de la familia como elemento integrador, del marginado como pensador y como hombre de acción, de la derrota, del fracaso, de la soledad, del desarraigo, del regreso al hogar y de las últimas oportunidades con la calidez de lo sublime, con la intimidad de lo cercano, con formas que podían ser líricas y épicas al mismo tiempo. En palabras de Orson Welles: «John Ford sabe de qué sustancia está hecha la tierra».

En nuestra casa Ford es una institución con una obra casi inabarcable, a la que solemos acudir en momentos de desamparo con nuestras propias vidas, y hablo más de mí que de nadie, porque sabemos que ofrece cobijo, piedad y sabiduría. Santi llegó a ver una decena y media de películas de Ford antes de cumplir los once años.[1]

Aquí es posible que el orden, aunque siempre dependa de cada espectador y lector, no sea del todo baladí. Nosotros dejamos las más complejas, por la ambigüedad de sus personajes y de sus historias, para el antepenúltimo trecho. Y digo antepenúltimo porque aún nos queda mucho de Ford por descubrir juntos. Es decir, *Centauros del desierto* y *El hombre que mató a Liberty Valance*, aunque seguramente sean las mejores, vinieron años después de debutar en familia con *Caravana de paz*, *Fort Apache* y *La legión invencible*. Luego, más allá del criterio, estará el gusto personal, que en un niño y en un adulto nunca podrá ser el mismo por distintos motivos; unos, obvios, y otros que, naturalmente, se me escapan. De ahí que a mi hijo, casi hasta la extenuación, le diera por ver *Misión de audaces* repetidamente durante un tiempo y siendo aún un mequetrefe de siete u ocho años. Una película quizá más ingenua y aventurera, pese a estar ambientada en la guerra civil, en el seno de un regimiento del bando de la Unión, que desde entonces quedó rebautizada en casa como «la película del matasanos», en referencia al apelativo que endilgan al doctor del regimiento, interpretado por William Holden. Es el arduo y maravilloso misterio de la cabeza de un niño y de lo que

1. *La diligencia* (1939); *Tres padrinos* (1948); *Fort Apache* (1948); *La legión invencible* (1949); *Caravana de paz* (1950); *Río Grande* (1950); *El hombre tranquilo* (1952), en la que tuvimos la compañía de Julia; *Centauros del desierto* (1956); *Misión de audaces* (1959), también con Julia; *El sargento negro* (1960); *Dos cabalgan juntos* (1961); *El hombre que mató a Liberty Valance* (1962); *La conquista del Oeste* (1962); *La taberna del irlandés* (1963) y *El gran combate* (1964).

anida en ella, ya sean historias, personajes o simplemente términos.

Dos hombres y un destino (George Roy Hill, 1969) tiene una relevante novedad para los críos: estamos del lado de los cuatreros, de los ladrones de bancos, del otro lado de la ley, y sufrimos por ellos y con ellos. Pero Butch Cassidy y Sundance Kid son simpáticos, encantadores y atractivos. Demonios, son Paul Newman y Robert Redford. Aunque esto último es posible que a sus hijos no les diga nada. «¿Cuál es Paul Newman y cuál es Robert Redford?», preguntó Santi a la mitad, revelando una cuestión sorprendente de inicio para varias generaciones de adultos, y comprensible si se piensa en qué momento empezaron a ser familiares para nosotros. Cassidy y Kid ni siquiera matan a nadie en sus robos. Eso sí, hasta que se ven obligados a ello en la parte final: las circunstancias, siempre las circunstancias. En la historia real, Robert Leroy Parker y Harry A. Longabaugh, los nombres de su partida de nacimiento, quizá no tuvieran la belleza de Newman y Redford, pero sí que gozaban de cierto porte. Etta Place, la esposa de Sundance, de la que algunas fuentes dicen que era maestra y otras que era prostituta, tampoco tiene los bellos rasgos de Katharine Ross y, sin embargo, hay en ella un aire de misteriosa delicadeza. Hay fotos, pueden buscarlas y mostrárselas a sus hijos tras acabar la película, mientras les cuentan que, como aclara Roy Hill en el comienzo, solo «la mayor parte de esta historia es verídica».

En el libreto de William Goldman, que desgrana en uno de los capítulos de su soberbio libro de enseñanzas sobre la escritura *Las aventuras de un guionista en Hollywood*, hay otra novedad para los niños que, además, en este caso, está anclada en las desventuras reales de sus personajes: los protagonistas se pasan la película huyendo de una banda de enemigos que ni siquiera tienen rostro, pues nunca se les llega siquiera a vislumbrar de cerca, y acaban «muriendo solos en una tierra extraña». Cuando Goldman presentó su primera versión del guion a los estudios, un ejecutivo le dijo que qué diantres era eso de irse a Sudamérica, que John Wayne nunca hubiera huido de nada ni de nadie en sus películas. Para un niño, es posible que eso quede al margen; pero también es probable que lo acabe interiorizando, no de un modo traumático sino desde un punto de vista desmitificador: *Dos hombres y un destino* es, definitivamente, una obra distinta, creada en una época de Hollywood opuesta a las anteriores de este capítulo y de nuestra vida cinéfila en familia. El Nuevo Hollywood de finales de los años 60 y de toda la década de 1970, áspero, realista y equívoco, parió obras así. Pese al carisma y a la hermosura de sus intérpretes. Y en el cine, como en la vida, hay que ir dando pasos y dejar atrás, poco a poco, la edad de la inocencia.

Sin embargo, pese a la crudeza final, Goldman y Roy Hill envolvieron su trabajo de un halo de elegancia insuperable. La banda sonora de Burt Bacharach, con su famosa canción «Raindrops Keep Falling on My Head». La presencia de la bicicleta como inevitable acercamiento a un nuevo mundo, con el que se iría dejando atrás el salvaje Oeste y a los caballos, en beneficio del automóvil y de ese artilugio a pedales que entonces únicamente vendían los charlatanes de feria. Y, sobre todo, el atractivo que desprenden Newman y Redford (y, por supuesto, Ross), encumbrado en la secuencia del desfiladero y el salto al río. Un instante mítico, con sus miradas, su diálogo y la carcajada de Newman, que además nacía del amor al cine de aventuras clásico de Goldman, y de una película muy querida en casa: *Gunga Din*, con el salto de sus protagonistas en una escena de la parte inicial, que había estremecido a Goldman cuando era niño y que ahora emulaba. Lo clava el guionista en su libro: «Si vas a robar, roba solo de los maestros».

—¿Cuáles son tus planes, Butch?

—Bolivia.

—¿Y qué es eso?

—No seas ignorante. Bolivia es un país.

Dos hombres y un destino está repleta de diálogos chispeantes como este. Pero también de sueños rotos. Cuando finalmente, tras la larga huida del grupo que los persigue, contratado por el empresario del ferrocarril al que han robado con reiteración, llegan a la ansiada Bolivia, la desvencijada estación de Santa Inés les muestra un panorama lejos de lo paradisiaco: gorrinos, gallinas y una llama; chabolas y pobreza.

Desde ese instante, si sus hijos siguen expectantes ante semejante ambiente, significará que están preparados para una nueva etapa: la de los antihéroes equívocos de ciertos títulos de Anthony Mann; la del cine de Sam Peckinpah, Robert Aldrich y Sergio Leone, de Clint Eastwood y de Quentin Tarantino. La historia del *western* es larga, procelosa, bellísima, casi inabarcable y está compuesta de películas para todas las edades. Pero parece lógico —si es que hay algo de lógica en mostrar cine del Oeste a un niño de cinco años— no empezar con los más salvajes relatos de una tierra salvaje. Ahora apenas se hacen *westerns*, pero la contrapartida es que la mayoría de los que se componen y que llegan a los cines son muy buenos. Uno de los últimos, *Bone Tomahawk* (2015), del interesantísimo director y escritor S. Craig Zahler, alcanza extremos gore en sus acciones, aunque no tanto en la explicitud de sus imágenes, filmadas a cierta distancia. Que en el lejano Oeste se cortaban cabelleras ya lo *sabíamos* por las películas, pero quizá nunca lo habíamos *visto* de ese modo.

Hasta llegar a las desmembraciones de cuerpos de Zahler, aún quedará un trecho de tiempo más o menos largo para sus hijos, porque aquí la violencia y la ambigüedad se multiplican, y lo más probable es que esta parte del camino la labren ellos solos, o con sus amigos cinéfilos, sin la ayuda ni la compañía de los adultos. Pero otro tipo de *westerns* les esperan. Que siga la fiesta.

En este tiempo he perdido la cuenta de las películas del Oeste que he visto con mi hijo, y entre ellas se han acumulado algunos estupendos títulos de excelentes directores de segunda fila o no habituales en el género, junto con obras de nombres ampliamente reconocidos por la historia del cine.[2]

Cuando Santi tenía unos cinco años, una tarde de verano le dio a mi mujer por llevárselo al supermercado. Seguramente no había nadie más en casa y aún era peque-

2. Entre los primeros, por si les sirven a ustedes de pista, están *Orgullo de comanche* (George Sherman, 1950), *La carga de los indios sioux* (Lloyd Bacon, 1953) y *Asalto al carro blindado* (Burt Kennedy, 1967). Entre los segundos, *La carga de la Brigada Ligera* (Michael Curtiz, 1936), *Mando siniestro* (Raoul Walsh, 1940), *Espíritu de conquista* (Fritz Lang, 1941), *Río de plata* (Walsh, 1948), *Río Rojo* (Howard Hawks, 1948), *El correo del infierno* (Henry Hathaway, 1951), *El honor del capitán Lex* (André De Toth, 1952), *La última patrulla* (De Toth, 1953), *Tambores lejanos* (Walsh, 1951), *Fort Bravo* (John Sturges, 1953), *Fiebre de venganza* (Walsh, 1953), *Rebelión en el fuerte* (Walsh, 1954), *El séptimo de caballería* (Joseph H. Lewis, 1956), *Horizontes de grandeza* (William Wyler, 1958), *Río Bravo* (Hawks, 1959), *Los comancheros* (Michael Curtiz, 1961), *Los profesionales* (Richard Brooks, 1966), *El Dorado* (Hawks, 1966), *La última aventura del general Custer* (Robert Siodmak, 1967) y *El póker de la muerte* (Hathaway, 1968).

ño para dejarlo solo, en una de esas incongruencias típicas de mi vida: si lo dejabas solo cinco minutos te morías de miedo por la irresponsabilidad, pero un rato después eras capaz de ver con él *Centauros del desierto*. Aquella tarde de sucio calor madrileño de agosto, y en el primer trecho de una calle fea y desolada de nuestro barrio, Santi pronunció una de aquellas frases que nadie le había enseñado pero que al parecer había ido asimilando a la perfección. «Ya casi llegamos, Santi», le vino a decir su madre. A lo que respondió:

—Aún nos queda atravesar el desierto de Arizona.

No era su primera frase de tal calaña. Otro día, un domingo solitario quizá del mismo verano, al bajar las escaleras mecánicas del intercambiador de trenes de cercanías cuando íbamos a no sé dónde, soltó con precisión:

—Aquí no hay ni un alma.

Cuento esto y al mismo tiempo me muero de la vergüenza. Nunca me han gustado los niños graciosillos, expuestos para las risas de los adultos y jaleados en público. Como esos que salen a contar chistes o a cantar en los programas de Canal Sur o en *MasterChef Junior* y parecen estar imitando a su abuela. Los adultos, en todo caso, deberíamos reírnos con los de nuestra clase y dejar a los críos en paz. Así que, ante esos sobresaltos verbales, no sé si síntomas de locuaz precocidad o de simple espontaneidad, creo que la mejor y única opción es pegar la carcajada, porque no hay más remedio, pero sin celebrar su gracia y por supuesto sin darlo luego a conocer a los cuatro vientos. Y en relación con la exhibición de ciertas destrezas de los niños siempre me acuerdo de lo que cuenta Fernando Savater en *El valor de educar*: «Cuando hace unas décadas surgió en Francia una niña llamada Minou Drouet, celebrada como prodigio porque escribía poemas, Jean Cocteau comentó: "Todos los niños son poetas... menos Minou Drouet"». Y, sin embargo, aquí estoy yo escribiendo estas cosas. Así es la vida a veces: bochornosa y con la habilidad suficiente para llevarte la contraria respecto de tus pocas y raras certezas.

El día que al comienzo de una cena familiar Santi dijo: «¡Papá, bebamos hasta emborracharnos!», supe que era el momento de empezar a racionarle las películas del Oeste.

9

Primeros acercamientos a la muerte

> Papá, ¿por qué ese ataúd es tan pequeño?
>
> Anna Chlumsky, como Vada,
> en *Mi chica*

La muerte es tan consustancial al ser humano como la vida. Pero es la muerte, y el hecho de que pueda llegar en cualquier momento, la que nos hace como somos. Ahora bien, ¿en qué momento los niños son plenamente conscientes de nuestra naturaleza como mortales? Y, aún más importante, ¿en qué instante lo son no ya con respecto a los demás, sobre todo a los más ancianos, sino de su propia esencia como seres humanos mortales? Por desgracia, hay niños que enferman, hay niños que mueren, y hay niños que ven la muerte a su alrededor demasiado pronto.

A tema tan peliagudo se han acercado no pocas películas de muy distintos géneros, formatos y estilos, y aunque el conflicto, que abarca desde lo puramente físico hasta lo filosófico, sea seguramente incomprensible a ciertas edades, el cine puede ir estableciendo una serie de componentes emocionales que lleven a los críos, como espectadores, a pensamientos, reflexiones y sospechas de innegable cercanía. Quizá no a certezas, pero sí al menos a cierto planteamiento de las dudas.

No sé si hay un modo de acercarse de una manera natural entre padres e hijos a la caducidad de la vida. Lo que sí creo es que el cine ha elaborado suficientes historias apasionantes como para que la complejidad de la cuestión sea, en algunos sentidos, algo menos impenetrable para ellos. Es la muerte la que otorga a la vida su gran valor, y negarla, esconderla o silenciarla en nuestra relación con los pequeños no parece la mejor de las ideas. Tarde o temprano, todos nos vamos a dar de bruces con ella. Ojalá nosotros antes que ellos.

Bambi (David Hand, 1942) hace tiempo que no es una película: es un mito. Un hecho del relato ha acabado trascendiendo a la propia producción de Disney, a su época y a su arte, y apenas hay hueco para más que para un único apunte: es la historia que con toda probabilidad lleva a los pequeños al primer acercamiento a la muerte de sus existencias, y eso los deja marcados para siempre. No obstante, aquí estoy yo para intentar desmitificar un tanto un suceso, por supuesto que dramático, pero creo que nunca tan trascendente. El trauma de la infancia de todo ser humano parece ser que fue ver *Bambi* cuando era pequeño y quedar impresionado de por vida a causa del tránsito fatal de la madre del cervatillo por los disparos de una escopeta. Pero a veces me gusta dar un paso a un lado, no dejarme llevar por los lugares comunes e investigar, en mi recuerdo y en los de los demás, preguntar a amigos y conocidos, y creo que cabe la pequeña posibilidad de que el crimen del cazador con el animalillo se haya convertido en un cliché de comportamiento, de conversación, de medio de comunicación, de reportaje periodístico, de impostura psicológica y cultural. Y que tampoco sea para tanto.

Ojo, no me refiero a la muerte de una madre, que es lo más atroz que le puede pasar a un crío; ni siquiera al drama explícito del fallecimiento de una protagonista en una historia para niños, sino a esa línea directa que va de la muerte de la madre de Bambi al pensamiento de los pequeños de que su madre se puede morir. Habrá casos, sin duda, en críos de una sensibilidad especialmente vulnerable, pero no tantos. Somos cuatro en casa y ninguno se acuerda del momento en que vio la película por primera vez.

Quizá seamos los seres más gélidos de la tierra, la familia de hielo (buen título para una película), pero yo no lo recuerdo como una impresión infantil y cuando la vi con Julia, ya como padre, solo estaba expectante para observar cómo respondía ella. La reacción fue nula. Incluso le pregunté, por si acaso no lo había entendido: primero, porque era muy pequeña; y segundo, por la utilización del fuera de campo por parte del director, al narrarse la acción fuera del ojo de la cámara (o del dibujo, en este caso) y por tanto fuera del ojo del espectador, para así evitar el hecho físico del cadáver. Sí, «Se ha muerto la madre», me contestó, pero ni lágrimas ni tragedia ni complejo alguno posterior. De hecho, ahora no se acuerda ni de dónde la vio. Yo sí lo recuerdo: la vio conmigo, en un ordenador portátil, los dos tumbados en la cama de matrimonio, solos, con la luz apagada y de noche. Es decir, las condiciones perfectas de intimidad, sosiego y hasta luz para que aquello fuera el rosario de la aurora. ¿Por qué me acuerdo tan claramente? Justo por eso, porque se ha convertido en un cliché, en un momento se supone que especial para nosotros como padres y para ellos como niños, y estaba deseando que llegara ese instante mítico. Pero, en mi caso, fue un fracaso cultural. Santi, que como ya he comentado se saltó la fase Disney para volver a ella más tarde, dice que la vio por vez primera en el colegio, pero que ni recuerda especialmente la secuencia ni que la clase se convirtiera en una catarata de lágrimas colectivas o de niños rogando a la profesora volver a casa con su mamá.

Que la película se abra con un plano lúgubre, de verdes oscuros y grises que inspiran una cierta tristeza, ya debería haber avisado sobre lo que se cierne después. Unas imágenes bellísimas conformadas a partir de la cámara multiplano, ya utilizada en *Blancanieves y los siete enanitos*, *Fantasía* y *Pinocho*, pero que en diversos pasajes de *Bambi*, sobre todo en ese comienzo nocturno entre árboles desvencijados y cataratas ensoñadoras, alcanza cotas de virtuosismo gracias a una sensación de profundidad cercana a las tres dimensiones, en tiempos de animación en dos dimensiones. Como dice la canción que acompaña a los títulos de crédito iniciales: «El amor es una canción infinita / La vida es breve y fugaz». Desde luego, pistas sobre la tragedia venidera no faltan desde el primer segundo.

En el aspecto puramente cinematográfico, de puesta en escena, la mítica secuencia de la muerte y sus aledaños son un portento de la composición, del uso del color, de los efectos sonoros y de los matices de la musicalidad y del silencio, además del citado recurso del fuera de campo. Tras la estampida de los animales que acompaña al estruendo de los cazadores, también con la ayuda del efecto multiplano, los colores se van endureciendo: pasan del verde claro al marrón, al negro y al rojo sangre. Hay una primera elipsis, con el salto hasta el otoño y la caída de las hojas, de nuevo con la paleta de colores dominada por el rojo oscuro. Y finalmente, tras otra elipsis hasta el invierno, la pantalla queda sometida por el blanco de la nieve, y posteriormente de la lluvia, en una simbología que será una constante a lo largo de la historia del cine. La nieve como augurio fatal del fin. Bambi se despierta y dice: «Mamá, mira, ¿qué es eso blanco?». «Es la nieve», contesta la madre. Pero no es solo la nieve: es el presagio de la muerte. Solo le quedan unos minutos de presencia en el relato y en el mundo de la ficción.

Vuelven los disparos. La huida de la madre y del hijo. Un plano en el que el pequeño parece haber encontrado cobijo, y una última descarga de escopeta. Y, bajo la más intensa de las nevadas, aparece el ciervo: «Tu mamá ya no puede estar contigo». Y los violines de la banda sonora sueltan un puñado de notas desgarradas.

Tras *Bambi*, el décimo largometraje de Pixar, *Up* (Pete Docter, Bob Peterson, 2009), podría ser el segundo encuentro con la muerte de nuestros hijos. Y también el primer acercamiento a una narrativa más elevada, cronológica pero distinta, quizá novedosa para ellos, a base de elipsis más largas de lo habitual, y en una historia en la que además una de las protagonistas muere antes del cuarto de hora.

Los primeros minutos de *Up* son asombrosos en toda su extensión: por los trazos de sus dos personajes, por sus mínimos diálogos, por el imperio de la imagen, por la ayuda de la música, por el tono, por su modo de contar, por la utilización de los colores y las sombras, por los inmensos detalles de los fondos. Ese inicio no podría llevarse a la literatura ni al teatro ni a ningún otro arte. Solo puede ser cine, quizá el mayor elogio que se le pueda hacer a una película. Es el encuentro del niño con la aventura exterior. También el encuentro sentimental: con alguien que piensa, respira y ríe como uno mismo. La mirada mutua. En este caso, la de una niña y un niño de la misma edad. Ella, atrevida, juguetona, chispeante. Él, tímido, delicado, casi contra las cuerdas de ella, aunque no dominado sino en una estabilidad y una complicidad francas, cada uno con su estilo personal y con sus particularidades de exteriorización de la voluntad y del cariño.

«¡Esto es Sudamérica!», le dice ella, bajo una tienda de campaña casera en una habitación cerrada, y a la luz de una linterna. «Es como América...», clama con aspecto de sabia precoz, y entonces remata con voz susurrante, enigmática, como la diablilla más inteligente de la faz de la tierra: «... Pero al sur».

Y después, las elipsis continuas. Dos segundos de ambulancia tras una caída que no se ve, un brazo enyesado. Prosa cinematográfica cortante, a ritmo de martillo pilón que con cada zas te ofrece un golpe en las entrañas. Nueva elipsis, esta de unos veinte años como mínimo, desde la salida de la ventana de la habitación del niño herido y las promesas mutuas de aventura en Sudamérica, hasta el *flash* de una foto en el día de la boda de ambos. El amor, la reforma de la casa de sus sueños, la convivencia, las risas, la calma, las manos que se agarran, las miradas cómplices, los deseos de maternidad y paternidad, la preparación, la ilusión, la enfermedad, la preocupación, el cansancio, la recuperación, la esperanza. Nueva elipsis, esta vez a través del nudo de las corbatas de él. Y entonces, la vejez. En compañía, juntos siempre. Los besos y los bailes en la ancianidad. La misma mirada de amor. El recuerdo de las promesas incumplidas. Y de nuevo, el cansancio de ella, esta vez fatal. El gotero de hospital y las (últimas) caricias. La mirada postrera de la pasión vivida. El entierro. Con globos. La muerte con elementos infantiles. La vida en unos segundos.

Desde que ella sale por la ventana de él siendo dos críos, él, coloradote y rechoncho, ella, dientes destartalados, ojos abiertos y traviesos, y hasta que él cierra la puerta de casa con su globo, tonos oscuros en el dibujo, han pasado apenas cuatro minutos y cuarenta segundos. La fuerza y la ternura de una vida en compañía, en uno de los mejores pasajes de película de la historia del cine. No ya para niños ni de formato animado. Del cine, a secas. Docter y Peterson, codirectores y coguionistas, han hecho arte, han provocado emoción. A los niños y a las niñas, a los hombres y a las mujeres. Al ser humano. Con el cine, con la vida. Y también con la muerte.

Con *El alucinante mundo de Norman* (Chris Butler, Sam Fell, 2012) se da un salto más en la relación entre los niños y la muerte a través del cine. Su protagonista, como el de *El sexto sentido*, tiene el poder de hablar con los muertos. Y la premisa, expuesta tras una apariencia ingenua de película infantil, lleva a sus directores a hablar de temas de enorme trascendencia con una notable carga de profundidad, sin dejar de ser una ocurrente producción animada en *stop-motion* de aspecto más gamberro que grave. *ParaNorman* —su título original es perfecto en su gracia gramatical— nos habla de la tiranía social de la insolidaridad; del rechazo al otro, al raro, al distinto; de los peligros de la masa enfurecida, del fuego en manos del vulgo, de las jaurías humanas amparadas en el anonimato de la cantidad para impartir justicia desde la turbamulta retrógrada de la cobardía.

El chico, solitario e incomprendido, vive en un pueblo que por culpa de una tradición milenaria es asolado por los zombis. Pero detrás de la aventura contra los espectros y frente a los muertos vivientes, lo más atractivo de esta película jugosa, aunque con un punto de amargura, son los paralelismos con otras obras de arte que nos mostraron el peligro del poder inquisitorial y de la suma de cobardes que despliegan el poder físico de su aglomeración. Por ahí resuenan los ecos de *Las brujas de Salem*, obra teatral de Arthur Miller; de *El doctor Frankenstein* (1931), película de James Whale, y de *Furia* (1936), el título de Fritz Lang que encarna a la perfección los conceptos de tomarse la justicia por su mano y del ojo por ojo. Ambos, además, de un modo erróneo.

La formidable banda sonora de Jon Brion, músico habitual de la primera etapa del cine de Paul Thomas Anderson, imprime en la película esos matices ásperos con los que ennegrecer sus festivos homenajes: a las cintas de terror de serie B, de risas, casquería roja y mocos verdes; y también a las comedias gamberras de instituto, de amigotes, pedos y banal atrevimiento. Brion añade notas de sintetizador de carnicería criminal de los años 80 en algunos temas, pero en la mayoría inocula una dulce melancolía teñida de cierta esperanza, como en el precioso corte musical titulado «Norman's Walk», que acompaña el chocante paseo del niño protagonista por sus calles, mientras saluda a los muertos que se va encontrando: amigos y vecinos que quizá no querría tener, pero con los que ha acabado llevando una insólita relación de cordialidad. Un bellísimo universo sonoro que culmina con la canción que acompaña al desenlace y a los títulos de crédito, la feliz «Little Ghost», de The White Stripes, compuesta por Jack White siete años antes, y que sin embargo parece haber sido creada para poner nervio musical y letra ejemplar al final de la película dirigida por Butler y Fell. Versos que le encajan como un guante, en los que el autor de la canción pide a un fantasmita que lo «aterre con un poco de amor», mientras le confiesa que él es el único ser vivo que puede verlo.

El asunto de la británica *Viento en las velas* (Alexander Mackendrick, 1965) es especial. Su tono aparentemente ingenuo de cinta clásica familiar va escondiendo una grandísima película de aventuras que rompe con cualquier arquetipo y, he ahí su grandeza, descubre una insólita amargura que se va colando por cada resquicio de su odisea de piratas y críos. La vida no siempre es justa, los niños pueden morir y las clases sociales siempre estarán ahí para hacer la existencia más fácil a los de arriba y más complicada a los de abajo.

Mackendrick, director asociado en sus inicios a las felizmente inverosímiles comedias de la productora Ealing, había demostrado un toque especial para el humor en *Whisky a go-go*, *El hombre del traje blanco* y *El quinteto de la muerte*, además de una trascendente furia para las relaciones humanas y periodísticas en la desoladora *Chantaje en Broadway*, pero lo que hace en *Viento en las velas* es ofrecer una lección de cómo filmar una muerte con pudor y maestría. En fuera de campo, como con la madre de Bambi, pero en este caso la de un niño que, por accidente, cae por una ventana y se desnuca al instante. El director no añade ni una nota de música. Solo el silencio, las sombras nocturnas y los rostros de pesar entre la muchedumbre que celebra una fiesta y que se va acercando a la fatídica esquina del tránsito, tapada en todo momento por una escalera exterior. La configuración del escenario, del decorado, como método para no mostrar lo irrepresentable.

—Está muerto, no lo toque.

Película de piratas más nobles que cualquier miembro de la nobleza, con un Anthony Quinn de mirada franca y generosa, *Viento en las velas* culmina con un plano desolador de un barquito de juguete sobre un riachuelo, que engloba dos aspectos aparentemente inconciliables de la vida: el juego de niños que es muchas veces la aventura y el ahorcamiento de unos inocentes, esta vez narrado no en fuera de campo sino a través de una elipsis. Cuando sale el *The End*, los niños espectadores no saben lo que decir. Al menos Santi no dijo ni mu, y solo se atrevió a exteriorizar un tímido aplauso que escondía la extrañeza y el desengaño de la injusticia. Que el personaje del crío que muere esté interpretado por el posteriormente reputado novelista Martin Amis, hijo del aún más insigne escritor Kingsley Amis, en su único acercamiento a la actuación, acrecienta aún más el mito cinematográfico, y por qué no, también literario, de una película imperecedera.

La bautizada como Tragedia de los Andes (o Milagro de los Andes, acepción creo que menos afortunada) siempre me ha parecido la odisea real más apasionante vivida por el ser humano en el mundo reciente. Un grupo de personas aisladas en una montaña tras un accidente de avión, que, tras reparar en que el único modo de seguir con vida es recurrir al canibalismo, decide alimentarse con los restos de sus amigos y compañeros de viaje ya fallecidos, ante la más que dudosa llegada de un rescate. Después de ocho días, se había cancelado la operación de salvamento y ellos lo habían oído por la maltrecha radio entre los restos del avión. Treinta y tres personas, algunas de ellas malheridas, del número inicial de cuarenta y cinco que viajaban en la aeronave, con el deseo más valioso y profundo que se pueda tener: vivir. Seguir con algo de fuerzas y, más que esperar acontecimientos, tomar la iniciativa.

Afrontar algo como esto resulta inimaginable desde la pequeñez de nuestra existencia. Y, en principio, poner a los niños en casa una película sobre el suceso parece poco más que una locura. En la nuestra, sin embargo, ver *¡Viven!* (Frank Marshall, 1993) fue un éxito emocional durante el metraje y una satisfacción aún mayor por la conversación que mantuvimos después entre padres e hijos. Desde luego, ayuda que la película esté dirigida con pudor y sin sensacionalismo. De hecho, es una coproducción entre Universal y Paramount que en muchos países fue distribuida por Buena Vista, compañía de Disney. Por tanto, aunque no dirigida directamente a los niños, sí al menos con la suficiente mesura en su visualización como para resultar relativamente adecuada para ellos. Algo que no evita que por debajo subyazca una cierta carga de profundidad que suma los hechos en sí, su significado físico y sus consecuencias psicológicas y morales. Porque no es solo comer carne humana: es, en algunos casos, comerte literalmente a tus seres queridos recién fallecidos, a tus amigos y familiares. Así que nada de milagro; únicamente valor.

—Lo conseguimos porque no sabíamos que era imposible.

La frase de Nando Parrado, uno de los jugadores del Old Christians Club, el equipo de rugby que iba en el avión junto con familiares, amigos y algún aficionado, y al que interpreta en *¡Viven!* Ethan Hawke, puede sonar hoy a frase de camiseta o de libreta diaria, a lema de autoayuda. Pero lo que implica, incluso en materia filosófica y hasta teológica, está lejos de esa levedad, de ese victimismo que a veces mueve el mundo, de ese empuje personal tan de moda basado en la nada, simple superficie si no va acompañado de una fuerza (sobre)humana en la adversidad. La película narra 72 días incomprensibles para cualquiera.

Caminar durante diez días entre la nieve y el frío en busca de quién sabe qué, con el rostro lleno de estalactitas y el alma cargada de utopía, para acabar vislumbrando una salvación. Toparse con el destino de todo ser humano y decirle que nones, que uno no está dispuesto a irse aún. Ganar a la muerte una partida, no precisamente de ajedrez, como en *El séptimo sello*, de Ingmar Bergman, sino de convencimiento.

«Ay, mi pescadito, deja de llorar / Ay, mi pescadito, no llores ya más...» Si conocen la canción, ya estarán con la piel de gallina pensando en el personaje que la canta. Si no, vayan preparándose para la conmovedora *Capitanes intrépidos* (Victor Fleming, 1937), pero ármense de pañuelos: en nuestra casa se batieron récords de lágrimas en la especialidad de películas. Y la «culpa», esta vez, no es de Kipling, el escritor de *El hombre que pudo reinar* y autor de la novela en la que está basada, sino de los gustos melodramáticos y del impulso de Hollywood. Así, quizá como ente, como método de trabajo y como impulso para el corazón, porque entre unos y otros —el guionista John Lee Mahin, nominado al Oscar por su trabajo; el director Fleming; y el productor Louis B. Mayer— decidieron cambiar el muy discutible final de la novela, tanto en materia social como moral, por otro mucho más exacto para lo que se había contado antes: el proceso de aprendizaje y redención de un chaval repugnante. ¿Culpables entonces de sentimentalismo? Ni mucho menos; unos artistas.

Apenas han pasado veinte minutos de metraje y ya podemos decir que Harvey Cheyne, el niño de diez años al que interpreta el prodigioso Freddie Bartholomew, es caprichoso, imprudente y mezquino en general; vanidoso, chantajista y egoísta con sus amigos; altivo con sus criados; sobornador e impertinente con su profesor; embustero con su padre; quejica con cualquier cosa que no le venga dada y calumniador con su colegio. Cada uno de los adjetivos, aplicados a una actitud concreta del chico durante el relato. En el momento exacto en que otro niño por fin acaba dándole un puñetazo, dan ganas de aplaudir. No lo hacemos porque estamos en contra de cualquier violencia, pero por dentro lo pensamos. Nosotros, los espectadores, y hasta los demás personajes. «Ese puñetazo se lo hubiera dado gustoso cualquiera de los otros ciento veinte niños del colegio», explica el director de la institución a su padre. «Parece que he criado a un pequeño Maquiavelo», responde, comprensivo, el padre, millonario hombre de negocios y viudo, sabedor de que ha dejado hacer a su hijo en demasía, sin preocuparse mucho por su interior durante demasiado tiempo. La benevolencia contemporánea, en su papel de abogada de los pobres diablos, diría que no es más que una víctima de las circunstancias, y es posible que haya algo de razón. Pero no toda. También es un mal bicho.

Hasta la vida en general está en contra del niño: en un viaje en un lujoso barco, donde continúa ganándose el desprecio de cualquiera con el que se cruce, el maldito zagal se cae por la borda; el destino, también harto, es el que parece empujarlo. Un salto hacia el abismo que lo coloca en la encrucijada de seguir siendo un cretino o iniciar una senda iniciática, ser el protagonista de uno de los más bonitos relatos de aprendizaje de la historia del cine al lado de un nuevo mentor: un pescador portugués llamado Manuel, al que interpreta Spencer Tracy. Y eso que, cuando aún estamos en el primer tercio de la historia, en los primeros momentos en el barco pesquero que lo ha salvado de la muerte por ahogamiento, el crío sigue mostrando una calidad superior para la ingratitud. Tanta, que el viejo marino que ejerce de capitán del barco le acaba arreando otro guantazo con el que, de nuevo, como espectadores, estamos más cerca de la ovación atronadora que de la denuncia en el juzgado. Perdón.

Manuel lo pescó del mar, lo salvó de la muerte sin posible redención, y desde entonces es su pescadito. Un chaval que va a experimentar de primera mano lo que es el duro trabajo para ganarse un jornal, lo que son la solidaridad, la camaradería y la amistad profunda. Y también lo que es la muerte. Fleming, el director que firmó finalmente aquella obra magna titulada *Lo que el viento se llevó*, por la que habían pasado varios realizadores, y el mismo artesano que culminó otra obra tan fundamental como *El mago de Oz*, por la que de nuevo desfilaron cuatro realizadores distintos, envuelve *Capitanes intrépidos* de un precioso sentido del humanismo y de la decencia. Con una cadencia de narrador mayúsculo, con sentido del humor y una parte final en la que los llantos son los protagonistas, pero sin caer en lo melifluo ni en lo lacrimógeno. Se llora con ganas porque hay motivos para ello. Y cuando los hay, el desconsuelo en el cine es casi reconfortante.

El encuentro con la muerte se convierte en un acontecimiento físico desde la primera frase de la extraordinaria *Cuenta conmigo* (Rob Reiner, 1986): «Tenía doce años, estaba a punto de cumplir los trece, cuando vi por primera vez a un ser humano muerto». El arranque del relato en el que se basa la película, *El cuerpo*, de Stephen King, es menos gráfico, pero más mental: «Las cosas más importantes son siempre las más difíciles de contar». En realidad, ambas frases hablan de lo mismo. Cada ser humano sabe perfectamente cómo fue su primer encuentro con un cadáver. Les ahorraré el mío porque pasaríamos directamente al apartado del cine de terror, proveniente de las circunstancias y de algunas absurdas tradiciones sociales, aunque seguro que recuerdan el suyo, normalmente asociado al drama familiar. King, en su historia, y Reiner, en su adaptación cinematográfica, en cambio, lo llevan a un terreno bien distinto, el de la aventura más grande que se pueda experimentar: «¿Os gustaría ir a ver un muerto?», pregunta a sus amigos Vern Tessio, uno de los críos de la pandilla protagonista. El fallecido es un chaval desaparecido unos días antes, que Reiner, ya en la parte final de la película, filma en primer plano, con un tono dificilísimo de lograr, aunando respeto y explicitud a partes iguales: consideración por el chico fallecido, pero franqueza en el hecho físico del deceso y sus consecuencias.

Punteada siempre por la bellísima «Stand by Me», mítica canción de Ben E. King del año 1961, que encaja a la perfección con la ambientación, *Cuenta conmigo* está narrada desde un futuro en el mundo de los adultos bastante menos venturoso de lo deseable. El idealismo no es desde luego su bandera. Tampoco la corrección política que a veces nos corroe. Para los temerosos padres contemporáneos, los chicos protagonistas hacen cosas muy locas: fumar, esquivar trenes e insultar a las madres como inmejorable pasatiempo. A cambio, no pueden ser más auténticos. En sus diversiones, en sus risas y también en sus miedos y sus dramas, porque casi todos los tienen: un padre alcohólico y maltratador; un hermano mayor muerto en plena juventud en un accidente de tráfico; y la brutal sensación del chaval de que esa muerte de su hermano ha acabado con la vida de sus padres mientras él resulta invisible para ellos. Tienen la suerte de tener otro hijo vivo, pero en su existencia pesa mucho más el muerto.

La muerte, siempre la muerte, rodea a una película divertidísima y fascinante, feliz con un poso amargo, o amarga con un poso feliz. Difícil de dilucidar. Aunque, si añadimos a ese matiz doloroso, que lo tiene, la intrahistoria posterior en torno a una parte del reparto de la película, es posible que la conclusión sea clara: Corey Feldman, niño prodigio no solo aquí sino también en títulos fundamentales como *Los Goonies* y *Jóvenes ocultos*, fue víctima de abusos sexuales durante su infancia, y River Phoenix murió a los veintitrés años de una sobredosis de drogas en la puerta del Viper Room, en 1993.

Vada Sultenfuss, además de por un nombre estrambótico, está marcada por la muerte y es rotundamente feliz. Su madre murió como consecuencia de las complicaciones sufridas durante su parto; su padre es propietario de una funeraria instalada en su propio hogar. La primera parte la vive como una sospecha que en cualquier momento la puede agobiar psicológicamente. Lo segundo lo experimenta con naturalidad, al menos de puertas afuera: se dedica a ganar un dinerillo extra engañando a los incautos niños del barrio, invitándolos a ver ataúdes y muertos en su casa, como la rica experiencia de una atracción más de un extraño parque de atracciones. Sonrisa luminosa, ojos azules tan grandes como su ilusión, Vada es la protagonista absoluta de la maravillosa *Mi chica* (Howard Zieff, 1991).

De puertas adentro, sin embargo, hay síntomas reveladores, como su hipocondría: «Mi pecho izquierdo está creciendo a mucha más velocidad que el derecho. Eso solo puede significar una cosa: cáncer. Me estoy muriendo». Eso sí, la reflexión es expuesta por la cría, de once años, con la espontaneidad del que no es consciente de lo que dice. Y así lo demuestra su padre con la respuesta: «Vale, cariño, dame la mayonesa de trigo». Su existencia, ambientada en el verano de 1972, es (casi) como la de cualquier niña de su edad, con una diferencia: ella es mucho más inteligente y quiere ser escritora. Habla con la suficiencia de los listos, con la gracia del encanto: cuando se encuentra por la calle a su querido profesor, del que anda secretamente enamorada, le dice que ya ha culminado los libros obligatorios para el verano pese a que apenas han pasado unos días: «Ahora leo *Guerra y paz* por gusto». Te la comerías por su insolencia.

Es *Mi chica* una formidable película extraña por dos razones. Su fantástico guion fue el primer libreto de Laurice Elehwany, de veintisiete años; posteriormente solo escribió tres largometrajes más, ninguno relevante. Y su director, Howard Zieff, era un veterano de sesenta y tres años que, en sus siete películas anteriores (no muchas, desde luego) y en la única posterior, la innecesaria *Mi chica 2* (1994), siempre quedó muy lejos del vuelo de su mejor trabajo, en el que todo resulta perfecto. La profundidad de la mirada hacia una niñez maltrecha que, sin embargo, se despliega con desparpajo, personalidad e incluso osadía. El precioso retrato del amigo tímido y sencillo de Vada, al que interpreta Macaulay Culkin, el niño prodigio de *Solo en casa*, apenas un año después, en unos registros completamente distantes. Y el resto de los secundarios, bellísimos en unas pinceladas, representados por dos habituales en este libro: Dan Aykroyd y Jamie Lee Curtis.

Confusa respecto del trance fatal, como no podía ser de otro modo dadas sus circunstancias, Vada se topa de nuevo con la peor de las desgracias. En un relato sobre la muerte, no podía faltar la muerte. No en pasado ni como metáfora, sino como lo que es: el horror. Y a pesar de ello, *Mi chica* sigue siendo una película dichosa. ¿Cómo es posible? Porque está escrita con inusitada maestría y dirigida en un tono complicadísimo de lograr: el de la magia de lo impredecible, el de la tormenta emocional que es la vida.

La tumba de las luciérnagas (Isao Takahata, 1988) es terrible por su franqueza desde la primera secuencia: un prólogo que da paso a un largo *flashback* que ocupa casi toda la película, en el que se muestra al protagonista, un chaval adolescente, muerto en la calle en medio de una pobreza extrema tras la derrota y rendición de Japón en la Segunda Guerra Mundial. No miente: no hay esperanza para él ni para el otro personaje protagonista, su hermana pequeña. ¿Una película para niños? Por qué no. Eso sí, hay que tener especial cuidado y creo que en todo caso es una obra para chavales más crecidos en lo psicológico, a partir de los once o doce años.

Producida por el estudio Ghibli, fundado por Hayao Miyazaki y el propio Takahata, *La tumba de las luciérnagas* está basada en el relato homónimo publicado por Akiyuki Nosaka en el año 1967, basado en sus propias experiencias como niño de la guerra, y no se ahorra nada: cadáveres calcinados por las bombas, una niña muerta amortajada en una caja de ropa, lágrimas, enfermedad, malnutrición, sufrimiento. También, como ocurre en la histórica *Alemania, año cero* (Roberto Rossellini, 1948), unos niños que siguen jugando a ser niños y que viven instantes de risas y placer, entre la destrucción y la muerte que los rodea.

Sin embargo, a pesar de la aspereza de lo mostrado, hay un componente especial: el formato animado, que ejerce de elemento distanciador para que la crudeza de las situaciones y de ciertas imágenes adquiera otra categoría emocional para los chicos (y para los grandes). La metafórica poesía del vuelo de las luciérnagas, símbolo de la inocencia infantil dentro de la barbarie adulta de la guerra, irrumpe en la película con las tonalidades del aire fresco emocional dentro de un engranaje particularmente crudo.

Como veremos en un capítulo posterior, en algún momento se deben enfrentar los críos al hecho de que las guerras han existido, existen y existirán. Y en la película de Takahata hallarán además un punto de vista alejado de los que encontrarán con más habitualidad: el de unas criaturas del bando perdedor en la contienda, en este caso representado por Japón. El extremo demonizado (con razón), pero también con matices universales: *La tumba de las luciérnagas* es una historia asentada en el humanismo y en el antibelicismo, y eso puede ser perfecto para los niños espectadores que estén ya en una fase educativa y de formación superior.

Entre otras cosas, también empezarán a ver que hay mayores que en tiempos de guerra, y hasta de paz, tienen una incapacidad absoluta para hacerse cargo de lo que sufren, experimentan y demandan los pequeños. Y el rol de la tía de los dos hermanos protagonistas, que ven cómo muere su madre tras un bombardeo mientras su padre lucha en la guerra «por su país», es la viva imagen del mal carácter, de la crueldad y del enfermizo encuentro con los inconvenientes, por pequeños que sean, y no con las utilidades, por grandes que sean, de nuestra demasiadas veces particular y difícil existencia.

El hecho de que las primeras creaciones de Takahata en el audiovisual fueran las series de televisión *Heidi* (1974) y *Marco* (1976) puede acabar de convencer (o no) a los lectores de este libro nacidos a partir de finales de los años 60 de que *La tumba de las luciérnagas*, con una expresividad artística muy superior a la de aquellos mitos televisivos, logre ser un feliz motivo de encuentro entre mayores y pequeños alrededor de un hecho histórico y de un relato de tristeza infinita.

10

Mis terrores favoritos

La oscuridad es hermosa, la conozco bien.

Simone Simon,
en *La mujer pantera*

Mi primer encontronazo con el misterio y la pasión del cine de terror lo tuve a través de mi hermana Inma. Yo debía tener unos seis o siete años y ella, por tanto, unos once como mucho, cuando una noche cerrada de verano, mientras jugaba en la calle con los amigos junto a la puerta de mi casa —y sin presencia de adultos; ventajas de haberse criado en un pueblo—, ella pasó sin mirar, andando a toda velocidad y llorando a moco tendido. Corrí hacia ella y le pregunté qué le pasaba, en un gesto de chico responsable escondido en un cuerpecillo de mocoso. «¡Vengo del cine y ha sido horrible!», vino a decir ella con la respiración entrecortada. El cine, ese poder para atravesarte desde lo bueno, y a veces desde lo atroz. La siguiente pregunta era obligada: qué habría visto en ese cine de verano marteño, siempre tan divertido, con su pequeña tienda de chuches y su olor a jazmines. «*Carrie*», contestó.

Debutar en el género en torno a los diez años con una película sobre la crueldad en el paso de la pubertad a la adolescencia no parecía la mejor de las ideas. Pero a veces nos pasamos de listos, vamos de valientes, y luego vienen las consecuencias. Aquella experiencia debería haberme hecho recapacitar sobre las consecuencias del terror, pero mis dos primeros acercamientos al género, sin llegar al berrinche de mi hermana, no fueron mucho mejores. Una noche de lunes, el día que emitían en Televisión Española *Mis terrores favoritos*, aquel espacio presentado por Chicho Ibáñez Serrador, convencí a mis padres para que me dejaran ver el *Drácula* de Terence Fisher y Christopher Lee, producido por Hammer en 1958. La disfruté de un modo nervioso, muy impresionado por sus colores y quizá también por esa atmósfera de erotismo, de deseo malsano que la envuelve, aunque entonces no llegara a entender del todo la sensación. El problema llegó después, cuando creí que había pasado lo peor y que había demostrado ser un chico grande: en la cama, con la semioscuridad, empezaron a llegar *flashes* turbios y terroríficos, no hacía más que mirar la ventana por si por allí aparecía algo, y hasta recuerdo haber rezado invocando ayuda a un crucifijo de la comunión de mi hermano mayor que, con pésimo gusto estético, estaba colgado en una de las paredes de nuestro cuarto junto a un póster del Barça de Cruyff.

Creo que poco después, no sé si unos meses o quizá un par de años, se estrenó en nuestra televisión la magnífica miniserie de Tobe Hooper *El misterio de Salem's Lot* (1979), basada, como *Carrie*, en una novela de Stephen King. Mi hermana y yo, reincidentes, también nos empeñamos en verla, a pesar de que recuerdo que uno de los capítulos coincidió con la muerte de un hombre en nuestra calle, apenas cuatro casas más abajo, y ya saben cómo eran los velorios en los pueblos españoles a principios de los 80: la pequeña calle llena de gente, en un constante murmullo silencioso que no te dejaba dormir, y menos pensando en muertos. Aquel niño de la serie que, convertido en vampiro, arañaba con largas uñas la ventana de la habitación de su amigo, rogándole para que le abriera, nos persiguió durante bastante tiempo en la memoria.

Cuándo empezar y con qué empezar en el cine de terror es una cuestión escabrosa que solo permite una respuesta desde la individualidad y la personalidad: la de los niños y la de los padres. Pero siempre teniendo en cuenta que la sensación de espanto es plenamente subjetiva y que cada chico responde de un modo distinto ante exactos estímulos. El terror abarca el espacio físico y, mucho más importante, el espacio mental, y este resulta siempre inabarcable. En mi caso, Santi, tan adelantado para otros géneros, siempre ha sido mucho más asustadizo que Julia, verdadera fanática, que hace tiempo que ha visto ya incluso *Carrie* y dice que «tampoco es para tanto». Así que la crónica alrededor del terror que contiene este capítulo no es más que un ejemplo de cómo ha sido nuestra experiencia en casa.

Cuando se estrenó *Los mundos de Coraline* (Henry Selick, 2009) aún estábamos sufriendo esa tentativa de una parte de la industria —operación fallida, según se ha demostrado en los años posteriores— acerca de la convicción de que el cine en tres dimensiones iba a cambiar la forma de acudir a las salas y nuestra percepción de la pantalla. El hartazgo, al menos el mío, iba en aumento con cada producción de acción que querían meternos por los ojos, esta vez casi literalmente. Y sin embargo, llegó la película de Selick y fue la primera vez que sentí que el 3D podía servir para algo y convertirse en un formato artístico y no puramente técnico, comercial y de *marketing*.

«Alicia abrió la puerta y descubrió un pequeño pasillo, no mucho más grande que una ratonera: se arrodilló y, a través del pasadizo, vio el jardín más bonito que jamás hayáis visto», escribió Lewis Carroll, hacia 1862, en *Alicia en el país de las maravillas*. «Luego puso la mano sobre el pomo de la puerta, lo giró y se abrió por fin. Daba a un pasillo oscuro. Coraline cruzó la puerta...», relató Neil Gaiman, ya en 2002, en su novela *Coraline*. Carroll y Alicia, padres de cualquier fantasía infantil sobre universos paralelos situados entre la realidad y la ficción, entre el sueño y la vigilia, han inspirado a escritores y cineastas de todo tipo y condición, abiertos a una nueva imaginería visual y narrativa. Un lugar en el que entra con todos los honores Henry Selick, fanático de la obra de Ray Harryhausen, que a esas alturas ya había dirigido dos fantásticas películas con su sello creativo de animación en *stop-motion*, fotograma a fotograma, y modelaje de criaturas lejos de convencionalismo alguno: *Pesadilla antes de Navidad* (1993), ese título que media humanidad piensa que dirigió Tim Burton solo porque fuera el productor y el autor de la historia original, y *James y el melocotón gigante* (1996), basada en la novela de Roald Dahl. Obras que, faltaría más, también hemos disfrutado en casa.

Con su aspecto infantil de título para todas las edades, *Los mundos de Coraline* puede configurarse fácilmente como la primera película capaz de aterrorizar a un niño. Selick no se permite ni una sola concesión a la galería del placer por el placer y, desde que la cría protagonista entra en su nuevo mundo por la puerta fantasma de su recién estrenada casa, escondida detrás del papel pintado de una pared, la historia se introduce en una dimensión adulta, áspera y sombría; insólita, evocadora y fascinante. Los remedos de sus padres que allí encuentra tienen casi su misma figura y semejante rostro, pero añaden una particularidad: tienen botones por ojos y su intención con la niña, entre carantoñas y halagos, es que ella se cosa también un par de ellos a las cuencas de los suyos. Suena terrorífico y en realidad lo es, sobre todo para los pequeños que entren en la historia con el despiste de enfrentarse a una película cualquiera de animación para niños, cuando no lo es.

—Podrás salir cuando aprendas a ser una buena hija.

El tono amenazante de esta frase de cierta violencia aleccionadora, pronunciada por la Otra Madre con el rictus de la perfidia y, claro, con la mirada abotonada, pone el listón alto en cuanto a perversión.

Bellísima película sobre la soledad y la incomunicación a una edad en la que se está dejando de ser niña para convertirse en una adulta en pequeñito, *Los mundos de Coraline* está repleta de referencias artísticas, con un cuadro de Sandro Botticelli como paradigma: *El nacimiento de Venus*, y su simbología del renacimiento personal. Un paso, el de las dudas de la niñez a la certeza de una incipiente madurez, que converge en la rebelión final de Coraline con respecto a sus padres de pega, y supuestamente idealizados.

—¿Qué forma es esa de hablarle a tu madre?

—¡Tú no eres mi madre!

Como dice un pasaje de la novela de Gaiman, detrás de la sonrisa de una niña a sus padres, los verdaderos, expuesta entre la timidez y el arrojo mientras ellos trabajan a destajo en casa, se puede esconder el dolor del desamparo, el complejo extrañamiento de una edad en la que una comedia de animación infantil solo puede acabar siendo una película de terror.

Tanto por su estructura como por su esencia, *Gremlins* (Joe Dante, 1984) le debe una parte de su valía a la ciencia ficción de los años 50, a las películas de incursiones alienígenas en pequeñas poblaciones, a su clima de histeria, y a la férrea defensa del territorio más querido del que uno pueda gozar: su propio hogar. No en vano su director, que venía de componer uno de los tres episodios de *En los límites de la realidad* (1983), otro homenaje explícito a aquellas historias de seres llegados de quién sabe dónde, decidió trufar los progresivos ataques de sus insólitos seres protagonistas con imágenes de las películas que los ciudadanos ven en sus televisores, y por ahí aparecen, entre otras, las vainas alienígenas de *La invasión de los ladrones de cuerpos* (Don Siegel, 1956).

Como contrapartida, *Gremlins* es una obra inequívoca de su tiempo, esos dionisiacos años 80, y resulta imposible soslayar cuánto le deben infinidad de obras posteriores al trabajo de Dante, en una forma de continuo retroalimento cultural y narrativo en el que las producciones de Amblin Entertainment, el sello de Steven Spielberg, reinan como objeto de devoción nostálgica y cultural en nuestros días. Solo hay que ver la serie *Stranger Things*, uno de los productos audiovisuales más celebrados por las nuevas generaciones, para comprobar en qué medida sus autores parecen fieles fanáticos tanto de *Gremlins* como de *E. T., el extraterrestre* (1982), la mítica película de Spielberg que, de hecho, había sido la anterior producción de Amblin —cuyo logo es precisamente una bicicleta en pleno vuelo con la silueta de un niño junto a la luna llena— antes de la odisea de los simpáticos animalejos reconvertidos en verdes y babosos atacantes de una pacífica comunidad estadounidense.

«Todo empezó en el barrio chino...», dice la inquietante frase de arranque, narrada en *off* por el padre del chaval protagonista. Él es la persona que compra en una lúgubre tienda de antigüedades el extraño ser, multiplicado después por no seguir las instrucciones de uso, al que lleva metido en una caja como regalo de Navidad para su hijo. No obstante, es otro dato de los primeros minutos el que podría ejercer de metáfora perfecta de toda la película, incluso de Amblin como productora cinematográfica. El padre, interpretado por Hoyt Axton, es el propietario de «una empresa de ideas fantásticas para un mundo fantástico», y le gusta definirse como un hombre «que hace lógico lo ilógico». Hablan de su empresa, pero podría ser el lema perfecto para la firma que en esos años creó películas como *Los Goonies*, *¿Quién engañó a Roger Rabbit?* y la saga de *Regreso al futuro*. O, sin ir más lejos, también podría servir como tarjeta de presentación del hombre que escribió esa línea de texto, el guionista Chris Columbus, que en esa época legó para la historia los libretos de *Los Goonies* y *El secreto de la pirámide*, y la dirección de *Solo en casa*. Ideas fantásticas para un mundo fantástico.

Con excelente criterio, Dante no muestra hasta casi el minuto 20 de relato a la criatura, a la que en principio llaman *Mogwai* pero que termina siendo un *gremlin*, al que nunca hay que exponer a luces brillantes ni a la luz del sol, al que no se puede mojar ni darle de beber, y, sobre todo, al que no se le puede dar de comer después de medianoche. La gracia inicial de la película, la ternura del bicho y el cachondeo con el vecindario derivan pronto hacia algo mucho más gamberro y terrorífico, que se inicia con el perro de la casa enredado en las luces de Navidad del porche y acaba en un bar con una lujuriosa pandilla de *gremlins* borrachos como cubas, fumando como carreteros y mostrando sus intimidades físicas a la camarera como zafios exhibicionistas. Es curioso porque la película fue calificada en su estreno español con la categoría de «para mayores de trece años» y ahora en sus pases televisivos continúa en una línea semejante, y no se recomienda para menores de doce años. Tampoco creo que sea para tanto. Es una película alborotadora y puede dar incluso algo de miedo a los niños más pequeños, pero hoy en día a los doce años la mayoría está preparada para enfrentarse a cosas mucho más turbias que esta joya de amor al cine sobre unos seres que solo parecen calmarse en una sala atestada, mientras cantan a coro el «¡Ay, ho, ay, ho...!» de *Blancanieves y los siete enanitos*.

La fama de *La maldición de las brujas* (Nicolas Roeg, 1990) la precede: haber aterrorizado, y también subyugado por su calidad y su atrevimiento, a varias generaciones de niños. En el capítulo del cine familiar ya analizamos la obra literaria del escritor galés Roald Dahl, autor de *Charlie y la fábrica de chocolate* y otras historias de macabro relumbrón, y comentamos el hecho de que una de las grandes virtudes de la adaptación de *Matilda* realizada por Danny DeVito era su puesta en escena, asentada en la utilización casi constante del gran angular fotográfico. En verdad, esa idea parte de otro autor, el británico Roeg, que la llevó hasta el paroxismo en su versión de la poco convencional novela para niños *Las brujas*. De ahí que, aun siendo una presunta producción familiar para críos, haya decidido incluirla en el apartado del terror de este libro, para así ir subiendo en congoja desde la inicial *Los mundos de Coraline* y hasta donde ustedes y sus hijos se atrevan a llegar.

«Las verdaderas brujas se visten con ropa normal y parecen mujeres comunes, viven en casas normales y tienen empleos normales.» La advertencia preliminar de una abuela a su nieto ya es intimidante. El discurso posterior sobrecoge: las arpías, que son calvas y no tienen dedos de los pies, simples muñones resguardados siempre por zapatos planos, conspiran para matar a los niños. Mientras lanza su exhortación, la anciana muestra una de sus manos y vemos que le falta el dedo meñique, maquillado además por el equipo de Roeg de un modo harto desagradable, como si aún no hubiera cicatrizado del todo. El colofón lo pone una historia enigmática y atroz, también presente en la novela de Dahl, expuesta en forma de *flashback* visual y de relato oral en *off*: la de una niña raptada por las brujas y encerrada en una pintura durante el resto de su vida; una digresión que, a través de la combinación de encuadres y montaje por parte de Roeg, mutaba en tétrica poesía visual.

Producida por Jim Henson, mítico titiritero y productor televisivo, creador de *Los Teleñecos* y de otros grandes productos alejados de tamaño arrojo sombrío, la película del director de obras maestras para adultos como *Amenaza en la sombra* y *Walkabout* solo se permitía una claudicación: el relativamente infeliz desenlace de la historia se tornaba dichoso de cabo a rabo. Apenas una renuncia que nunca llega a contrarrestar el efecto macabro del gran angular, la utilización habitual de la cámara en mano, la puntual inclinación de los planos, los contrapicados monstruosos, los terribles y estremecedores maquillajes y las histéricas interpretaciones, con Angelica Huston a la cabeza, como la *madame* en el congreso de las brujas celebrado en un hotel donde se alojan el niño protagonista y su abuela.

«Una vez que la imagen se convierte en parte de la historia, la historia se convierte en parte de la imagen», afirma Roeg en *The World is Ever Changing*, su libro de memorias y didáctica acerca de su cine, antes de establecer una interesantísima reflexión sobre su modo de abordar *La maldición de las brujas*. El director británico, convencido, como el que esto escribe, de que los chicos son «mucho más sofisticados de lo que se suele pensar», se atrevió a basar su trabajo en la preponderancia de la imagen sobre el texto y en intentar conectar con los cerebros de los espectadores por medio del puro lenguaje cinematográfico y no tanto a través del literario.

Robert Zemeckis, director de películas sensacionales tanto en la vertiente infantil y juvenil (la saga *Regreso al futuro*, *¿Quién engañó a Roger Rabbit?*) como en la adulta (*Forrest Gump*, *Náufrago*), compuso en 2020 una nueva versión, titulada en España *Las brujas (de Roald Dahl)*, con un concepto visual más convencional y menos terrible, pero aun así intimidante en ciertos aspectos. A Dahl no logra domesticarlo ni este tiempo contemporáneo de arropamiento de los niños y huida de cualquier insolencia que pueda perturbar su tranquila existencia infantil.

En el capítulo de los primeros acercamientos a la muerte hablamos del formato animado como barrera relativa en una historia de crueldad intrínseca tan terrible como *La tumba de las luciérnagas*, y en el terror puede ocurrir algo parecido con la fotografía en blanco y negro. Al menos para las nuevas generaciones, empezando por mis hijos, que siempre lo comentaban tras mi aviso de que tal o cual película podía producirles excesivo pavor. «Si es en blanco y negro, no dan miedo. Vamos a verla», me solían contestar.

En la década de 1930, sin embargo, no existía esa posibilidad subjetiva del distanciamiento a causa del blanco y negro. Todo era blanco y negro y las películas de Universal aterrorizaban ya desde la década anterior, con un puñado de obras protagonizadas por Lon Chaney, bautizado como el Hombre de las Mil Caras, y *El fantasma de la ópera* (Rupert Julian, 1925) como principal representante. Pero en los años 30, a partir del gran éxito de *Drácula* (Tod Browning, 1931), producida por Carl Laemmle Jr., hijo del magnate de la productora, Universal se convirtió en el buque insignia de un género entonces considerado menor, que elevó a cotas artísticas partiendo de elementos inspirados en el expresionismo alemán y de relatos a menudo basados en grandes obras de la literatura, en aquellos días sin una imagen característica más allá de la imaginación de los lectores, en las que se imprimió un sello tan singular que diversos aspectos colaterales de aquellas películas han quedado plenamente asociados a los mitos. La capa de Drácula y los tornillos en el cuello de Frankenstein fueron inventos de Universal; ni la una ni los otros aparecen en las novelas de Bram Stoker y Mary Shelley, respectivamente. Hoy en día, sin embargo, parecen algo inherente a ellas incluso para los niños.

Quizá más como método de propaganda que como aviso sincero, los responsables de *El doctor Frankenstein* (James Whale, 1931), la segunda película de la serie, decidieron incluir un prólogo antes de los títulos de crédito. En pantalla, un señor abría las cortinas de un auditorio y hablaba al público en nombre de los creadores: «El señor Carl Laemmle cree que sería poco amable presentar esta película sin unas cariñosas palabras de advertencia...». Y, tras un repaso somero y seguramente innecesario del gran tema que mueve el relato, las aspiraciones a todopoderoso por parte de un simple mortal, remachaba casi con sonrisa socarrona: «Creo que los entusiasmará, quizá los asuste, incluso que los horrorice. Pero si alguno de ustedes no desea someter sus nervios a tanta tensión, ahora es su oportunidad de... Bueno, quedan advertidos». A mis hijos, casi cien años después, los electrizó la llamada de atención, seguida ya de los créditos y de la muy grandilocuente banda sonora de David Broekman.

—He descubierto el gran rayo que trajo la vida al mundo.

Estas palabras del doctor Frankenstein revelan la verdadera esencia de la película: la del reto del hombre hacia Dios. Con ello se plasma también una figura paradigmática en el cine de miedo, la del científico loco, o *mad doctor*, en la extendida expresión inglesa, que tiene una respuesta exacta y tajante en boca del profesor que le enseñó la ciencia pero que no pudo insuflarle también la moral: «Has creado un monstruo que acabará contigo». Una sentencia que incluye tanto su expresión física, el hombre hecho a base de retales de otros y culminado con «el cerebro de un anormal», como su expresión puramente ética, por el hecho de lanzar un pulso a la naturaleza, o al mismísimo Creador, si se encuentra usted, querido lector, entre los seres humanos de fe.

La película de Whale, que ha envejecido mucho mejor que otros productos de Universal (por ejemplo, el *Drácula* de Browning), abraza una lírica fantasmal en las secuencias de exterior día, particularmente la del monstruo y la niña en el río, y mantiene una contundente espectacularidad en algunos de los escenarios, comenzando por el viejo molino donde el científico ejecuta su obra durante la tormenta eléctrica. Ese grito casi histérico, «*It's alive!, it's alive...!*» («¡Está vivo!», en la versión doblada) repetido por Frankenstein hasta la saciedad, puede que por una mezcla de emoción y de miedo interno, ha quedado como uno de los momentos más deslumbrantes de la historia del cine de terror. En paralelo, también nacía otro mito: el del actor Boris Karloff.

El hecho de que pusiéramos en casa *Frankenstein* cuando mis niños aún eran bastante pequeños venía dado por otro hito cinematográfico, aunque muy distinto: el de *El espíritu de la colmena* (1973), obra maestra de Víctor Erice que, metafóricamente, jugaba con el mito del monstruo indefenso, allí asociado a la figura de un maqui, un guerrillero antifranquista, al que encontraba herido y cuidaba la niña protagonista, interpretada por Ana Torrent. Con independencia de su simbolismo, Erice introducía además en una de las secuencias a las dos pequeñas hermanas de su película en una sesión de cine en la plaza del pueblo. Veían, claro, *El doctor Frankenstein*, y como contó el coguionista Ángel Fernández-Santos en un artículo en el diario *El País*, el arrebato de la imagen del monstruo en la pantalla también sobrecogió no ya a la actriz Torrent, sino a la niña Ana, que hizo un gesto inesperado: emocionada ante la secuencia del monstruo junto a la cría en el lago, lanzando las margaritas al agua, Ana levantó la parte superior del cuerpo y alzó el cuello, puede que nerviosa, quizá para ver mejor; un movimiento que en principio provocaba que se saliera del encuadre previsto, evitado sin embargo por la reacción inmediata del fotógrafo Luis Cuadrado, que, cámara en mano, elevó su mirada para captar con autenticidad y naturalidad la maravillosa expresión física de una cría extasiada.

Los crímenes del museo de cera (André de Toth, 1953) nació como una de las primeras experiencias de filmación y proyección en tres dimensiones, ese sistema del que hablamos al inicio de este capítulo, que de vez en cuando amenaza con cambiar el cine para siempre, al que durante un tiempo siguen unas cuantas legiones de fanáticos a los que en realidad les gusta poco este arte, para poco después olvidarse hasta la siguiente generación. La dirigió un maestro artesano como André de Toth, al que de un modo no del todo convincente obligaron a introducir detalles en su puesta en escena que, en su representación visual en 3D, causaran un presuntamente espectacular efecto en la platea de los cines: personajes que se desmayaban hacia delante y en dirección a la cámara, con lo que parecía que se caían encima de la gente; un artista circense jugando con una de esas raquetas con pelota atada a una cuerda que va y vuelve, y que el tipo manejaba también en dirección directa al público... Casi setenta años después, todas aquellas chorradas de barraca circense se han olvidado, pero la película sigue provocando la misma fascinación por causas ajenas a las tres dimensiones: la formidable utilización del color, la vileza de su idea central, la impagable interpretación de Vincent Price, con sus habituales arqueos de ceja, y el Londres neblinoso de cartón piedra, aunque de exquisita eficacia dramática. Que De Toth, uno de los famosos tuertos de Hollywood —junto con Raoul Walsh, Fritz Lang, John Ford, Nicholas Ray y Samuel Fuller—, ciego de un ojo y ataviado con un parche, no tuviera la capacidad de ver los efectos del 3D solo acrecienta la ironía.

Remake de *Los crímenes del museo*, dirigida en 1933 por Michael Curtiz, e inspirada en un relato original de Charles Belden, la película del director estadounidense de origen húngaro evoca en buena medida el terror y la atmósfera de un clásico como *El fantasma de la ópera*, de Gaston Leroux: el enfrentamiento entre la mujer y el monstruo, la desfiguración física como aguijón para la demencia, el horror de la diferencia por un motivo accidental, lo fantasmagórico como elemento del interior del alma humana y el telón de fondo de una de las bellas artes, en este caso, la escultura, con un amor desbocado por llegar a la excelencia.

«Produce cierto escalofrío ver la cabeza de una misma separada del tronco», dice la chica de la historia, interpretada por Phyllis Kirk, destinada a ser la María Antonieta de la exposición de los horrores, y no precisamente como modelo, cuando ve su reproducción metida en una caja. Misteriosa y sencilla, explosiva en cuanto a sus rotundos colores y de una perversidad asentada en el respeto reverencial que provocan los cadáveres, *Los crímenes del museo de cera* mantiene un aura de cierto pavor muy controlable para los críos y, de paso, su disfrute en casa puede traer una consecuencia nunca suficientemente agradecida: que a los niños se les quiten por completo las ganas de ir al museo de cera de su ciudad, y ese espanto que se ahorran ustedes.

Los páramos ingleses, típicos del condado de Yorkshire, son unos paisajes sublimes copados por matas de brezo que, eso sí, destilan salvajismo, soledad y una cierta desolación. Desde pequeño, la palabra me ha dado miedo. Páramo implica algo desabrido y desamparado, lo que para alguien crecido en tierras de Jaén, entre un mar de olivos, resulta casi fantasmal, pero la clave de ese resquemor, como tantas cosas en mi vida, está en el cine. Es muy probable que las dos primeras veces que aquel término llegó a mis oídos fuera en dos películas con un aire lúgubre y terrible: *Cumbres borrascosas* (William Wyler, 1939), a la que llegaremos en el capítulo del amor, y *El perro de Baskerville* (Terence Fisher, 1959).

Basada en la novela de sir Arthur Conan Doyle, la película de Fisher está producida por la productora británica Hammer. Es decir, como la fuente de mis desvelos primigenios cuando era crío: aquel *Drácula* con Lee de vampiro y Peter Cushing como el profesor Van Helsing. Sin embargo, es probable que *El perro de Baskerville* sea el título ideal para iniciarse con las alucinantes obras de Hammer sin que por ello los dulces sueños de sus hijos corran tanto peligro como los míos. Los colores, como en la libre adaptación de la novela de Bram Stoker, son de una rotundidad que asusta, hay un par de sobrecogedoras muertes en las ciénagas, y el cartón piedra de los escenarios, más que distanciar, lo que provoca es que el relato quede envuelto en una atmósfera casi onírica y muy alejada del realismo. Pero hay más nobleza en la historia, más emoción que terror, e incluso una cierta mesura, asentada en el hecho de que el protagonista sea Sherlock Holmes, aquí interpretado por Cushing, como encargado de descifrar el misterio de una familia asolada por la desgracia y de la que solo queda vivo uno de sus miembros, al que precisamente pone rostro un (esta vez) aterrado y no aterrador Lee.

«Al igual que la niebla se asienta en los valles, las supersticiones se aferran a lo más recóndito del alma, creando las depresiones en la conciencia del mundo.» Esta rimbombante cita ficticia de un libro apócrifo, *Anatomía del atavismo*, obra de un escritor también ficticio, el doctor Louis Judd, abre la seductora *La mujer pantera* (Jacques Tourneur, 1942). La clamorosa grandilocuencia del arranque textual, sin embargo, da paso a una película que no lo es en absoluto, por mucho que se hable de temas de enorme complejidad para los críos, tales como el atavismo, la represión sexual y los celos sentimentales que impulsan a los seres humanos (o no tanto, en este caso) hacia la destrucción del otro. Tourneur es tan brillante en lo narrativo y en lo visual que su relato admite en todo momento una doble lectura. Una primera, más superficial, con aspecto de cuento de horror, pero cuento al fin, acerca de las mujeres gato, el miedo de la protagonista a ser una de ellas, y su obsesión con la mujer que aspira a arrebatarle a su gran amor. Y una segunda, mucho más adulta y grave, relacionada con las tesis de Freud, con el miedo a la herencia familiar más trastornada y con el legado de los ancestros.

Una posible y fácil traducción de la lírica descripción con la que se inicia la película bien podría ser esta: nuestras mentes tienen un peligro mayúsculo. *La mujer pantera* es una historia sobre el miedo a ser algo que en realidad no se es, pero que, al obsesionarse con ello, acaba convirtiéndose en verdad. La chica protagonista, una emigrante en Estados Unidos de origen serbio, nació en un pueblo que durante la invasión de los mamelucos acabó cayendo en el mal y en el vicio, reverenciando a Satanás. Las nuevas generaciones, desde entonces, temen caer en tentaciones semejantes. O al menos ella así lo siente, lo que la lleva a querer preservar su cuerpo de los deseos de su novio y posterior marido —y en realidad, también de los suyos—, por miedo a, digamos, sacar el felino que lleva dentro y herir o matar a su amor. De hecho, tan sorprendentes son los temores de la mujer como la paciencia del hombre para, a pesar del matrimonio no consumado, seguir con ella hasta que sus desórdenes mentales desaparezcan.

El tema se las trae, con el curioso añadido de la enfermiza curiosidad sexual de otro de los personajes: un psicólogo que cada vez está más seguro de la peligrosidad de su paciente, y que a pesar de ello, o justo por ello, desea seducirla. De todos modos, lo más probable es que los niños se queden a mitad de camino de tanta agitación. Mis hijos la vieron bien pronto, cuando debían tener once y nueve años, y lo que les fascinó fue la misteriosa atmósfera de claroscuros que envuelve los malsanos pensamientos de las criaturas. Y también el ambiente del zoo, con la pantera atrapada en la jaula pero acechante; los animales que se ponen de los nervios ante cualquier caricia o presencia de la mujer, anticipando el horror posterior; la maravillosa secuencia de la piscina, con la amiga del marido, y enamorada en silencio de él, husmeada por las sombras y los rugidos de una esposa en modo alguno dispuesta a que le arrebaten lo más querido; y, finalmente, la destructora verdad final.

Las persecuciones y las peleas en sombras dominan una bellísima obra de arte que, más que miedo, lo que puede producir en los niños es un curioso encantamiento. De paso, los mayores acompañantes podemos empaparnos con la dicotomía entre dos posibles clases de amor: el amor como hogar de paz, como reducto de calma, confianza y protección, encarnado en la amiga y confidente del marido; y el amor como pasión peligrosa —y cuanto más peligrosa, mejor—, como reto inevitable, como lugar no tanto para el reposo como para la dañina excitación.

En los primeros minutos de *Tiburón* (Steven Spielberg, 1975), tras un prólogo en que empieza a lucir la banda sonora de tensión creada por John Williams, y un primer ataque en el que nunca se ve a la bestia porque el director, con excelente criterio, prefiere filmar únicamente el brutal zarandeo por las aguas de una chica que acaba siendo pasto de los cangrejos en la costa, hay un diálogo revelador: tanto para la película como para los meridianos paralelismos entre lo sucedido en aquel pueblo ficticio de la costa americana y casi cualquier otro lugar del mundo alrededor de la pandemia del coronavirus, y quizá especialmente España.

—¿Dónde guardamos los letreros de «Playas cerradas»?

—Nunca los hemos tenido.

Las frases cruzadas entre el jefe de policía Brody, interpretado por Roy Scheider, y uno de sus ayudantes parecen revelar imprevisión, pero quizá solo sea la llegada de lo increíble, de lo nunca visto, de lo que jamás pensaron que vivirían en sus tranquilas vidas de pueblo, como nos ha pasado a nosotros casi cada vez que salíamos a la calle y parecíamos zombis con mascarilla lidiando con una amenaza apocalíptica vista únicamente en las películas. En el siguiente paso de la película de Spielberg, la lucha entre los encargados de la seguridad y la salud frente a autoridades políticas y fuerzas civiles, se podrían establecer semejantes concomitancias. «Este es un lugar que vive del turismo», viene a afirmar el alcalde. Salvar el verano, le falta decir. O salvar la Navidad.

Con independencia de que ver *Tiburón* sea una experiencia distinta desde la llegada del COVID-19, al menos en el primer tercio del relato, la obra de Spielberg mantiene su capacidad de seducción para críos, adolescentes y mayores con un relato entre la aventura y el terror, de precisa sencillez narrativa y espectacular diseño cinematográfico. Un trabajo en el que adquiere una importancia fundamental una máxima de montaje: unos cuantos fotogramas de más pueden arruinar una imagen perfecta y transformarla en un dislate. Aquí, por la presencia ineludible del escualo, un ingenio mecánico al que en el rodaje incluso pusieron nombre, *Bruce*, construido con poliuretano y cuyo mecanismo de funcionamiento necesitaba un equipo de trece personas trabajando a tope en cada movimiento. Una creación artificial perfecta que, eso sí, tenía una contrapartida: si la dejabas en plano más de la cuenta, amenazaba con convertirse en un risible juguete gigante y no en una amenaza para la humanidad.

«Hice cada corte con regocijo, sabiendo exactamente el efecto que iba a producir en la audiencia», declaró en su día Spielberg respecto del montaje. Antes ya se había negado en redondo a filmar cualquier pasaje en los habituales tanques-piscinas de los grandes estudios, utilizados para hacerlos pasar por el mar. El director quería realismo y eso solo se lo daría el océano. Eso sí, antes de su estreno, debió desechar algunos planos de rodaje con una excesiva explicitud terrorífica, imágenes que quizá habrían llevado a que la película no obtuviera la calificación «para todos los públicos» que logró finalmente, imprescindible en este caso para su clamoroso éxito comercial. Y los productores, en su campaña de publicidad, añadieron algunas frases a los carteles, avisando de que podía ser «demasiado intensa» para los preadolescentes. Un añadido que, bien lo sabían ellos, funcionaba tanto para cubrirse por si luego había problemas como para acentuar la fascinación por el acontecimiento, conocedores de la habitual imprudencia de los espectadores: a mayores advertencias, superiores ganas.

Con evidentes ecos de *Moby Dick* y esa obsesión por la caza rayana en la locura, *Tiburón* nos lleva hasta el terror más primitivo, el puramente físico, pero al mismo tiempo no tiene miedo a ser una película con cierto sentido del humor. Un aspecto en el que reina su más famosa línea de guion, sencilla, exacta y terroríficamente graciosa: «Vamos a necesitar un barco más grande».

La tarde de domingo que pusimos en casa *Searching* (Aneesh Chaganty, 2018), Santi salió por piernas hacia su habitación a los veinte minutos, provocado por la angustia. Aún no había pasado nada del otro mundo, o puede que sí, pero estaba claro que era una película demasiado intensa para un niño de (entonces) diez años. En cambio, Julia, ya con trece, se enamoró de una historia con la que quizá sintiera que se empezaba a hablar de ella misma, y de una fórmula narrativa que, aunque no era del todo pionera, sí era nueva para ella. Chaganty, director debutante, narra con ritmo salvaje la desaparición de una joven universitaria a través de un único punto de vista: la pantalla de un portátil, el del padre que primero la echa de menos y luego la busca. Un ordenador que reproduce vídeos privados y públicos, chats, llamadas por Skype, emails, cuentas de banco, páginas web, publicidades, registros, imágenes de cámaras de seguridad y programas de televisión en directo, articulando así la historia de una pérdida y la intrahistoria de una chica que, a cada paso, se va transformando para su padre de una hija modelo en una joven casi desconocida.

Desde una concepción restrictiva del cine de género, *Searching* no es una película de terror. Para los que tenemos hijos en los alrededores de esa edad, o que indefectiblemente llegarán a ella en poco tiempo, es una historia sobre el más absoluto de los miedos. Por ahí pululan la soledad adolescente, el matonismo colegial, los abusos sexuales, la sobreprotección de los padres, la excesiva exposición pública de los chavales en redes y el peligro de las relaciones cibernéticas. Expuesto todo ello a través de las sucesivas ventanas que se abren en una pantalla y que, parafraseando a Hitchcock e incidiendo en la esencia de una de las películas más celebradas del genio, son un valioso mirador hacia la intimidad de los demás: las ventanas indiscretas de una vida que no era lo que parecía ser.

El mundo contemporáneo y la institución familiar viven en una continua paradoja: ahora que la mayoría de nuestros hijos relata con exhaustividad cada segundo de su existencia a través de la sociedad 2.0, abre la ventana de su vida a los móviles, tabletas y portátiles de los demás —incluidos los nuestros, los de los progenitores—, para quien quiera saber, ver y escuchar tanto sus deseos como sus pavores, los padres seguimos sin enterarnos de nada. Seguramente como debe ser, pues yo al menos no deseo convertirme en detective virtual de una libertad que creo que los chicos necesitan ir conquistando, sin intromisiones en la privacidad por nuestra parte, y con el derecho a equivocarse de vez en cuando. Así fue nuestra vida de adolescentes y de jóvenes, y estoy convencido de que así debería ser la suya, pero el conflicto interior entre mirar o no mirar lo que hacen las personas a las que se supone que debemos formar y cuidar no deja de tener un punto disparatado. Y *Searching* se hace eco de ello en forma de *thriller* de intriga, de producto en apariencia divertido y refrescante —y no deja de serlo—, pero que en el fondo puede causar un miedo atroz y casi insuperable.

11

Una cuestión de amor y sexo

Se desabrocha por delante.

Rachel McAdams, ofreciendo
a Domhnall Gleeson
instrucciones sobre su sujetador,
en *Una cuestión de tiempo*

Un inolvidable sábado por la mañana, cuando Santi tenía once años, salió de su cuarto y preguntó: «Papá, ¿qué es un matrimonio abierto?». Casi me da algo.

La «culpa» es mía por haberle recomendado que viera *Dawson crece* sin recordar que en los primeros episodios de aquella magnífica serie los padres del protagonista se planteaban el ejercicio de la práctica matrimonial como método de huida hacia delante ante un evidente resquebrajamiento de su relación. No es más que una de las múltiples preguntas que quizá les hagan sus hijos relacionadas con el amor, el sexo y su consustancial fusión o, según para quién, distinción. Y el cine y la televisión, ya sean vistos en familia o por ellos solos en su tiempo libre, alimentarán sin remedio la incertidumbre de los críos. Como contrapartida, también los sacarán de alguna duda.

En casos extremos también puede ocurrir que los chavales se interesen por las desviaciones, por obras que traten la vertiente más dramática y criminal del sexo, esa que nunca sabes si es mejor que conozcan de un modo informado o que desconozcan totalmente hasta convertirse en personas adultas. Julia, por ejemplo, me dio la tabarra durante infinitos meses desde los doce años sobre cuándo podía ver *La habitación* (Lenny Abrahamson, 2015), aquella película por la que Brie Larson ganó un Oscar a la mejor actriz, y que narraba (¡nada menos!) la existencia en un zulo de una chica secuestrada años atrás por un delincuente sexual, maltratada y violada con continuidad, y que había engendrado un hijo, fruto del crimen. Cómo se enteró mi hija de la existencia de semejante película sigue siendo para mí un misterio, aunque mayor enigma aún es que tuviera tantas ganas de verla. La frené durante unos años —tampoco muchos: dos—, intentando convencerla de que era una historia demasiado fuerte para alguien de su edad, a pesar de que su estilo de puesta en escena se basara en el fuera de campo y la sutileza, y los subtextos acabaran yendo hacia otro lado bien distinto.

Pero no se puede detener el tiempo. Ni tampoco la locomotora de las pasiones alrededor de las historias y del cine. De hecho, poco después de mi negativa respecto de la posibilidad de ver *La habitación*, imagino que a los trece, Julia volvió a pedirme permiso para ver en soledad otra película: *Call Me by Your Name* (Luca Guadagnino, 2017). El primer impulso era volver a decirle que era pronto, pero pasados unos segundos en los que la imagen de un melocotón circuló fugazmente por mi cabeza —los que la hayan visto sabrán bien a qué me refiero—, esta dejó paso al recuerdo de una preciosa historia de amor, al despertar sexual en libertad, y a la maravillosa secuencia del padre hablando con su hijo de tantas cosas de la vida. Así que le dije que la viera y que, si luego quería comentar algo, allí estaría yo para intentar responderle, no con la sabiduría del padre ideal de la ficción sino con el empeño torpe que tenemos todos en la vida real por educar del mejor modo posible a nuestros hijos.

Cada ser humano sabe en su interior el primer momento en que se sintió excitado sexualmente. Ese instante en que aún no se sabe poner ni nombre ni concepto a eso que está pasando por dentro del cuerpo y que a veces se exterioriza por fuera. Algunos amigos homosexuales me han contado que justo ese día empezaron sus dudas acerca de sus inclinaciones, o más bien, sus primeras certezas: algo en ellos circulaba a la contra de lo que les habían enseñado y habían visto, en unos años en los que el despertar sexual por alguien del mismo sexo era tanto un tabú como una posible maquinaria de problemas. Por suerte, en la mayoría de las familias de nuestras sociedades todo ha cambiado, o al menos eso me gusta pensar.

Esa primera carga de la libido puede darse en la vida cotidiana, pero quizá sea mucho más habitual que se produzca con las películas. Al menos ese fue mi caso, en el que el cine siempre ha tenido la culpa de (casi) todo, inclusive de mis agitaciones primigenias. De mis hijos no tengo ni idea, ni se lo he preguntado, que no quiero que enrojezcan en mi presencia y me odien para siempre, pero sí sé cómo han ido reaccionando ante distintos momentos cinematográficos centrados en el amor y el sexo desde que eran muy pequeños. Así que creo que ha llegado el momento de que les hable de mi tía Carmen.

En mi casa, cuando yo era crío, la aparición del sexo en las películas siempre estuvo marcada por su presencia, y les hablo de finales de los años 70 y principios de los 80. Les explico: ella vivía con mi abuela, su hermana, en el piso de arriba, pero no pocas veces se bajaba al nuestro a ver la tele después de cenar. Era entonces cuando, a cada aparición de un beso con lenguas desbravadas, un culo de más y, válgame Dios, un fornicio explícito, se tapaba la cara con las manos y los dedos semiabiertos, como corresponde ante lo que ella consideraba casi una película de terror, agachaba un poco la cabeza y murmuraba: «¡Ay, San Pedro!». En verdad era todo seguido, sin la coma del vocativo, un ¡aysanpedro! más murmurado que gritado. Mi tía era una anciana buena y cariñosa, una mujer beata y virgen que había tenido una vida dificilísima, como todas las mujeres de su generación, que habían vivido la más espantosa de las guerras, la civil, aunque con un punto añadido: no era más que una niña; lo había sido toda su vida y murió sin que su relación con los hombres y el sexo fuera más allá de la nada.

Y en ese sentido se hermanaba con mis hijos cuando eran pequeños y estábamos viendo alguna película en la que el sexo hacía acto de aparición, seguramente esporádico: los veía ruborizarse, alzar su timidez y su desconocimiento, o su conocimiento de soslayo, desinformado, como el de todos cuando estábamos en esas edades. De modo que para rebajar la tensión les hablé no solo de la naturalidad con la que es mejor que abordaran el tema, sino también de mi tía Carmen y de sus reacciones aclamando al santo padre de la Iglesia católica. Nos reímos, claro, y desde entonces cada vez que alguien se desnuda en pantalla o la pasión se desborda con palabras o actos (im)puros cuando estamos viendo una película, son ellos mismos los que mascullan entre carcajadas: «¡Ay, San Pedro!».

Desde entonces, no son pocas las conversaciones sobre sexo que han ido surgiendo en casa o a la salida del cine. Una de las más extrañas, la de la eyaculación precoz, surgida después de la famosa secuencia de *Forrest Gump* (Robert

Zemeckis, 1994) en la que su protagonista la experimenta después de acariciar el cuerpo de Jenny, el amor de su vida. Una señal de amor y de relación con nuestro propio cuerpo y, sobre todo, con nuestra propia cabezota, tan difícil de explicar como de asimilar.

Por otro lado, no creo que en el apartado romántico las películas de amor entre críos sean mejores para ellos que las desarrolladas entre adultos. Las hay muy buenas, aunque no demasiadas —una de las mejores, *Mi chica*, ya la tratamos en el capítulo de las primeras experiencias alrededor de la muerte—, pero creo que lo esencial en esta vertiente es que vayan asimilando la enorme complejidad del amor, de las relaciones sentimentales y sexuales, de lo que se mueve entre las tripas y de cómo los seres humanos abordamos un asunto primordial a lo largo de nuestras vidas, ya sea por su triunfo, por su fracaso, o incluso por su rechazo. Y esa fabulosa característica de la incomprensibilidad de la sensación amorosa va a estar ahí siempre, ya tengan ocho años u ochenta.

Big (Penny Marshall, 1988) no es exactamente una película de amor ni de sexo, pero sí sobre las consecuencias del amor no correspondido en la niñez, sobre los irrefrenables deseos de hacerse grande, sobre lo que se siente y se hace cuando empieza el cosquilleo, y sobre el encontronazo con el mundo de los mayores, incluidos el amor y el sexo. Y todo ello, como tantas otras cosas en nuestra vida de chavales, empieza en una feria.

Ahí están el misterio, la atracción y, por qué no, también la tristeza que siempre transmiten las verbenas, sean del tipo que sean, de las que tantas veces se ha hecho eco el cine. Sus habitantes, nómadas por naturaleza, se han ido convirtiendo en arquetipos en cualquier tierra, ya sea la de Estados Unidos de la película de Marshall o la propia de nuestros pueblos y ciudades españoles. En ese reducido entorno de la feria podía pasar cualquier cosa totalmente inesperada en otros ámbitos, y cada año, con cada fiesta, nos hacíamos más mayores, más enamoradizos, más valientes, más crápulas. Quizá para emular la actitud de los *musculitos* encargados de los coches de choque, o para acercarnos de una vez a la pinta de haber vivido tres vidas más que cualquiera de los chicos que arreaban escobazos en el Tren de la Bruja.

Esa misma sensación de impotencia es la que hace que el chaval de *Big*, decepcionado por no haber podido subir a una atracción para la que no tiene la suficiente talla física, y por no poder hacerlo al lado de la chica que le gusta, se acerque finalmente a una recóndita máquina alejada del tumulto. Un lugar solitario donde poder pedir a un extraño busto con turbante el mejor de los deseos a cambio de una única moneda: «Quiero ser mayor». Ahí es nada. «Deseo concedido», le dice la máquina a través de una tarjeta. «Ya, claro...», parece pensar él en ese momento. El timo de la estampita en versión feriante. Hasta la mañana siguiente, en la que el crío se mira al espejo y se ve convertido en Tom Hanks.

El guion de Gary Ross y Anne Spielberg, hermana de Steven, la fabulosa puesta en escena de Marshall, jugando varias veces al fuera de campo con excelencia, y la mayúscula interpretación de Hanks convierten a la película en la mejor representación de siempre del concepto del niño grande, plagada de infinitos detalles. Porque todo, absolutamente todo, lo hace como si fuera un crío, pese a tener el cuerpo de un hombre: lavarse la cara con la punta de los dedos; frotarse la cabeza a mano tendida; sentarse en las sillas con las piernas por debajo del culo y por encima del asiento; comerse unas galletas Oreo abriéndolas por la mitad y dándole lengüetazos a la parte blanca; guarrear con la comida; mirar el escote de las mujeres con la timidez del que aún no sabe lo que eso puede significar y transmitir. *Big* es una película acerca del crecimiento, con una particularidad importante: se produce de golpe. Y quizá todo ello se resuma en la secuencia de la fiesta del trabajo, con el niño grande convertido en la estrella laboral de una empresa juguetera, y esa escapada nocturna hacia la casa junto con una compañera. La mujer quiere tomar una copa y quizá echar un polvo. Él, saltar en una cama elástica con ella, en una forma de orgasmo conjunto de bendita ingenuidad.

Seguramente la más desconocida de las formidables películas juveniles e infantiles del cine americano de los años 80 sea *Lucas* (David Seltzer, 1986). En el reparto están algunos de los grandes nombres interpretativos de la década, pero al no ser una comedia descacharrante sino una historia fundamentalmente romántica con un relevante matiz de amargura, asociada al sentimiento de pertenencia al grupo, a la rabiosa personalidad de algunos de los esquinados del instituto, a la vergüenza social y al primer golpe en la vida del clásico «te quiero como amigo», el trabajo de Seltzer nunca estuvo en ese grupo de cabecera formado por obras como *El club de los cinco* (John Hughes, 1985), *Todo en un día* (Hughes, 1986), *Los Goonies* (Richard Donner, 1985), *Risky Business* (Paul Brickman, 1983) e incluso *Escuela de jóvenes asesinos* (Michael Lehmann, 1989), más gamberras y menos delicadas.

Pocos personajes más apasionantes en la embriagadora y efervescente gran época del cine juvenil que el Lucas del título: un chaval de catorce años tan enclenque como buena parte de los chicos a esa edad —cuando, por contraste, la mayoría de las chicas ya han pegado el gran estirón—, inteligentísimo, simpático, independiente y con una forma muy especial de circular por la vida. Tan especial que una parte de la aristocracia del instituto, los machitos del equipo de *football*, y de la nobleza, las animadoras y sus alrededores, lo tienen como el bicho raro del que reírse. Puede que, por todo ello, el verano sin clases sea el perfecto tiempo de libertad del crío, justo cuando se topa con la nueva chica del pueblo, dos años mayor que él, y que al ser una recién llegada aún no conoce a nadie.

El marginado que no se ve como tal, porque tiene un estilo único de ser y de estar, y la novata tímida y encantadora, guapa de ese modo en que solo las pelirrojas saben ser, forjan así una hermosa amistad de fin de verano durante el primer acto de la historia. Un periodo culminado con un momento mágico: ese instante en el que ya no se necesita ni mirarse a la cara porque se sabe que hay una complicidad extrema, y ambos se sientan en el suelo, espalda contra espalda, escuchando un concierto de música clásica, porque hasta en la sensibilidad artística es singular la película de Seltzer. Una postura inolvidable en la que confluyen el apoyo físico y el sostén sentimental, a una edad en la que cualquier gesto en común queda en la memoria para siempre.

Sin embargo, como suele ocurrir en la vida, el problema son los otros. Cuando aparecen los demás, todo se fastidia. Primero, la noticia de que su profesor de música, guía en la banda del colegio donde Lucas toca la trompa (¿es un chico especial o no?), se ha suicidado nada menos que por amor. Después, la presencia de otro guapo chico, y mayor, con el que resulta improbable rivalizar en el amor. Más tarde, el regreso del matonismo colegial y de las bromas sin gracia. Por último, los deseos de ella de integrarse en la zona noble colegial. En fin, la vida social, tan perversa a veces.

Lucas es Corey Haim, otro juguete roto del cine, que después de triunfar con *Admiradora secreta* y *Jóvenes ocultos*, y de no poder alcanzar una sólida madurez interpretativa, murió en 2010 a los treinta y ocho años a causa de una pulmonía, complicada por sus adicciones a las drogas y a los fármacos. La pelirroja, Kerri Green, que el año anterior había formado parte de la mítica pandilla de *Los Goonies*, apenas hizo nada de interés en los años siguientes, y terminó abandonando la profesión. Y entre los secundarios de peso, una debutante llamada Winona Ryder, y Charlie Sheen, dos años antes del triunfo con *Platoon*, ambos con varias muertes y resurrecciones posteriores, tanto en su trabajo interpretativo como en la vida pública y hasta criminal. Una intrahistoria que, una vez más, remarca el carácter áspero y contradictorio de una época de grandioso cine feliz.

El díptico de Nora Ephron formado por *Algo para recordar* (1993) y *Tienes un e-mail* (1998) es tan consustancial a las virtudes de la comedia y del melodrama clásicos del cine americano que no me extrañaría que en el futuro se siguieran haciendo *remakes*, siguiendo una línea que parte de las dos versiones de *Tú y yo*, de Leo McCarey, la de 1939 y la de 1957, para el caso de *Algo para recordar*, y de *El bazar de las sorpresas* (1940), de Ernst Lubitsch, en relación con *Tienes un e-mail*. Y aunque sea cierto que en el primer título del díptico de Ephron se trata más de un homenaje que de un *remake*, lo esencial es que han pasado ochenta años desde el estreno de las obras de McCarey y de Lubitsch, y el amor y las relaciones sentimentales, en esencia, siguen siendo lo mismo, al menos para la mayoría de los seres humanos: una atracción por lo desconocido, una búsqueda en que lo imposible siempre deslumbra más que lo posible, y un tortuoso camino lleno de placeres puntuales, siempre abocado al azar, en el que el final feliz es más una consecuencia de la maravillosa falta de lógica que de la natural compenetración.

Y, ojo, estoy hablando de cine. Al menos eso creo.

En el recorrido cronológico de ochenta años del que hablábamos no solo hay películas; también medios de comunicación emocional y/o sexual entre posibles futuros amantes. El camino que va desde las cartas enviadas a apartados de correos, relaciones epistolares configuradas a partir de la educación, el secretismo, el esmero y la buena pluma, presentes en *El bazar de las sorpresas*, hasta las actuales aplicaciones para ligar, establecidas en torno a la pura imagen, al punto de ebullición del *like*, al emoji y al mensaje corto pero intenso, grueso pero eficaz. Entre medias, claro, los correos electrónicos y los chats de *Tienes un e-mail*, una película que añade otro elemento fundamental e inherente al paso del tiempo, en este caso los cambios en la lucha empresarial relacionada con la venta de historias.

De hecho, si se hiciese hoy mismo otra versión, no estaríamos ante el desequilibrado combate entre la tienda de libros de la esquina, con su clientela habitual, sus lecturas de cuentos los sábados por la mañana y su trato afable, profesional y hasta erudito respecto de la literatura infantil, y la librería mastodóntica con empleados ignorantes e idea lineal de centro comercial. Estaríamos ante una batalla aún más desigual: entre la librería de barrio y el envío *ipso facto* de Amazon. Cuántos cambios en no tanto tiempo.

Han pasado poco más de veinte años desde *Tienes un e-mail* y a los niños los medios de relación entre los protagonistas les parecen cosa del Jurásico. Así de viejos somos. Eso sí, la película sigue siendo encantadora. Porque antes de la impostura de las redes sociales estaba la impostura del chateo. Cualquiera puede ser mentira en esta vida, pero cuando ni siquiera se le ha visto cara a cara parece que hay más posibilidades de que el embuste sea mayor. Luego puede ocurrir que, a pesar de las citas, de mirarse a los ojos y de inspeccionar las posibles buenas o malas artes ocultas en el contrario, te sigan engañando. Pero es que, en parte, solo en parte, ahí está la gracia de ligar: en la posibilidad de derrumbe, de meter la gamba, de que los nervios te muestren de un modo distinto a como eres o, lo peor, que revelen cómo eres en realidad más allá de la imagen que quieres dar de ti. Y todo eso está en las películas de Ephron.

En *Algo para recordar*, de estreno anterior, está también su reverso romántico: la presencia de la compenetración total, de la magia, del sentirse como en casa desde el minuto uno de la relación. Sin embargo, una de las partes ha muerto, y a una edad injusta. La consecuencia es un hombre destrozado que no cree que pueda amar de ese modo nunca más, y un niño de ocho años tan preocupado por su padre que hasta llama a la radio para contarlo. Son dos insomnes en una nueva ciudad, Seattle, adonde se han mudado precisamente para intentar dejar atrás la tragedia, para no tener que acordarse a cada paso: de una casa, de un lugar para vivir y, desgraciadamente, para morir.

Seattle, extraña ciudad americana de la Costa Oeste en la que dicen que llueve diez meses al año, tiene una presencia imponente en la película y, además, se había puesto de moda durante las décadas de 1980 y 1990: era el lugar donde se desarrollaba la mítica comedia televisiva *Frasier*;

la zona en la que deambulaban las extrañas criaturas de *Twin Peaks*; la cuna del *grunge* de Nirvana, Pearl Jam, Soundgarden y Alice in Chains, y de su epítome cinematográfico: *Solteros (Singles)*, de Cameron Crowe. Incluso yo me hice en aquella época de los Seattle Supersonics de McMillan, Chambers, Ellis y McDaniel, equipo de la NBA que ahora ni existe. Eso sí, Seattle, para un viudo y un hijo pequeño, por mucho mito que hubiera entonces, es un volcán de tedio. Y en lontananza está la leyenda de Nueva York, del Empire State, de la cita en su azotea, cerca de las estrellas, como en los *Tú y yo* de McCarey. Y ahí, por fin, las miradas de Tom Hanks y Meg Ryan se unen para no separarse jamás.

Se suele hablar de la química entre Hanks y Ryan en las dos películas de Ephron olvidando que en ambas apenas si están juntos unos cuantos ratos, sobre todo en *Algo para recordar*. Por tanto, el secreto de su éxito conjunto no es tanto producto de la química como de la imagen física y emocional que ofrecen: de autenticidad, de ternura, de sentido del humor y de encanto; pero, fundamentalmente, de normalidad. Hanks y Ryan podríamos ser usted y yo, los vecinos simpáticos de al lado, ese hombre y esa mujer que no llaman mucho la atención, pero con los que podrías vivir toda una vida de dulzura y amor.

En una más de mis clasificaciones restrictivas del ser humano, me gusta dividir en dos grupos bien diferenciados a la gente: con la que me iría sin dudar a tomar unas cervezas, y con la que ni pensarlo. El británico Richard Curtis, pintas inglesas mediante, pertenece al primer bando. Y aunque su película más célebre sea el precioso clásico navideño *Love Actually* (2003), la razón de mi admiración por él está en su capacidad para ser un cachondo desmitificador y el perfecto adalid de la buena gente, demostrada en dos productos tan distintos como *La víbora negra*, gamberrísima serie de los años 80 compuesta junto con Rowan Atkinson, y *Una cuestión de tiempo* (2013), seguramente la película que más me apetece ver en los momentos bajos de la vida (y, a veces, también en los altos). Una obra de amor y ternura, de familia y amigos, de padres, madres e hijos, que se despliega con el fabuloso sentido de la sonrisa cómplice.

Comedia romántica sobrenatural, de la estirpe de *El fantasma y la señora Muir*, *Atrapado en el tiempo* y nuestra aportación nacional más grandiosa, la sin par *La vida en un hilo*, de Edgar Neville, *Una cuestión de tiempo* está articulada a partir de una fascinante inverosimilitud, para acabar llegando a la franqueza de la pura realidad. Los hombres de la familia protagonista tienen un momento especial al llegar a los veintiún años. Sus respectivos padres, durante generaciones, les desvelan que en ellos hay un gran secreto, y que desde su descubrimiento su existencia no volverá a ser la misma: pueden viajar en el tiempo; o, más bien, pueden retroceder al pasado, ya que no se puede saltar hasta el futuro, y siempre a lugares que se conocieron y aún se recuerdan. Como le dice Bill Nighy a Domhnall Gleeson: «Desgraciadamente no puedo matar a Hitler ni tirarme a Helena de Troya».

Ante tamaña información, Curtis introduce una de esas réplicas brillantes tan habituales en su cine, y tan inesperadas: «¿Lo sabe mamá?». No es baladí, porque lo fundamental en el relato es sin duda el amor, desplegado en dos vertientes: de padres a hijos, y el de pareja. El personaje de Nighy, fiel a su cultura, ha aprovechado la bendición mágica para arreglar eso que solemos decir los lectores de vez en cuando: «Necesitaría dos vidas para leer todo lo que me falta por leer y que quiero leer». Él ha tenido esas dos vidas. El de Gleeson, en cambio, un joven del montón que se define a sí mismo como «demasiado naranja», va a utilizar su poder para algo mucho más prosaico: lograr encontrar y conquistar a la mujer de su vida. La encantadora sonrisa y los benditos hoyuelos de Rachel McAdams tienen la respuesta.

En el relato se reparten esas sentencias tan de Curtis, aparentemente gratuitas pero que como mínimo te invitan a pensar, del tipo: «No es nada bueno ser una persona muy guapa. Impide el desarrollo del sentido del humor y de la personalidad». Y, con los mejores personajes secundarios de la comedia romántica de siempre, adereza los triunfos y los fracasos de la cotidianidad con dos de las canciones de mi vida: «Friday I'm in Love», de The Cure; y «How Long Will I Love You», de The Waterboys. Sus títulos y sus letras lo dicen todo, y no pueden encajar mejor en la historia.

El amor es ese instante en el que viajar en el tiempo resulta innecesario, porque tu vida es simplemente inmejorable. Ahora bien, es imposible que ese ideal dure para siempre y en todo momento, y no tanto por el amor sino, como suele ocurrir, porque hay otros seres a tu alrededor. Si no la jodes tú, las vidas perfectas siempre las fastidian los otros, y eso no lo puede solventar ni la magia sobrenatural: «Nunca te dije que pudiéramos arreglar las cosas. Mira lo mal que le fue a Jesucristo y era el hijo de Dios».

La muy desconocida —al menos en España— película irlandesa *Kisses* (Lance Daly, 2008) puede suponer el encuentro de los chicos con un estilo más complejo y un retrato más crudo de lo que a veces supone la pubertad en determinados círculos sociales. El choque visual y emocional con un relato protagonizado por dos chavales de su edad, un crío y una cría de doce años, amigos y vecinos, hijos de la desesperanza y de la depravación, que ni tienen un presente fácil ni tendrán un futuro tan rodado como ojalá sea el de nuestros propios hijos, pero que encuentran en la compañía mutua, en la ayuda y en el afecto un buen modo de escapar de su terrible situación familiar.

—¿Por qué demonios no estás en el cole?

—Porque son las vacaciones de Navidad.

—¿Ya?

Esta reveladora conversación entre el niño y su padre, animal de bellota, maltratador de su esposa, ejerce de primera pista, casi amargamente cómica, de su cotidianidad en un pueblo irlandés feo a rabiar. Un lugar desolado con padres desastrosos, hermanos mayores casi peores, malencarados y pegones, y vecinos adolescentes feos e ignorantes, de risotadas perpetuas y a destiempo, mascadores profesionales de chicle. Es posible que en unos años ese sea también el futuro de la pareja de chavales protagonista, pero de momento no están dispuestos a aguantarlo y tras un conato de paliza paterna huyen de sus respectivas casas hasta un Dublín casi mágico, previo paso por un trayecto en barco en el que se sienten como aventureros de fantasía en una nave pirata.

Daly compone su película a través de un brillante ejercicio de estilo relacionado con el color. Empieza en blanco y negro, con la aflicción hogareña, pero en cuanto suben al barco que les permite alejarse del infierno, el color hace acto de aparición de un modo progresivo como metáfora de su propia existencia: al principio de un modo tenue, aunque cada vez más marcado, hasta convertirse en rotundo en la noche dublinesa, como una suerte de *El mago de*

Oz en versión cine social europeo. Naturalmente, con el regreso al hoyo de sus casas, tras el encuentro con la policía y el incontenible fracaso de su aventura, vuelve el blanco y negro a su cotidianidad. Solo la imagen ya duele, y sin embargo *Kisses* es una obra para amar y soñar. El reverso auténtico de tantos títulos ñoños de Disney y adyacentes, acerca de evasiones a la gran ciudad de niños sin compañía adulta, y unos sucesivos encuentros que les permiten despedirse de su propia inocencia. Un final de la escapada punteado por las canciones y la figura de Bob Dylan, mientras los críos, que se quieren como solo los niños pueden hacerlo, no dejan de ser nunca lo que son, ataviados con sus molonas zapatillas-patines con luces en las suelas. Palpitantes como sus corazones desbocados.

La francesa *El novato* (Rudi Rosenberg, 2015), premio Nuevos Directores en el Festival de San Sebastián, es, junto con *Kisses*, la película europea de producción relativamente reciente y protagonizada por niños que más me ha gustado en los últimos años, y también la que mejor me ha servido para ofrecer a los míos como menú infantil ajeno al mucho más habitual cine americano. Ambientada en París, narra el consabido problema del traslado desde provincias y el pueblo hasta la gran ciudad, la angustia de la formación de nuevos amigos en un entorno desconocido, el matonismo colegial, la defensa del esquinado y la aparición del primer amor. Y lo hace con credibilidad absoluta, ternura mayúscula, y una representación del colegio como jungla en la que todo puede pasar; lo que en realidad es.

¿Por qué, cuando fuimos niños, nos hicimos amigos de unos y no de otros? ¿Por afinidad, por casualidad, por elección, por elección a la segunda tras el rechazo de la primera selección, o porque no había más remedio ya que no quedaban otros a los que acudir? Puede parecer una estupidez, pero la situación, sobre todo cuando se cambia de colegio, puede marcar el devenir infantil y, con ello, la conquista de la madurez posterior. En este sentido, *El novato* casi queda hermanada con otra película estupenda, pero para edades posteriores, que viene a establecer parecidos subtextos, aunque en la adolescencia: *Las ventajas de ser un marginado* (Stephen Chbosky, 2012).

Rosenberg huye de las relaciones con los padres, aquí invisibles, y también con los profesores, apenas unos pánfilos que aparecen por el encuadre muy de vez en cuando y enterándose de más bien poco. Así que, en su película de debut, fija su objetivo en los rostros, en las reacciones, en las tristezas y las carcajadas de unos críos muy auténticos, inmersos en la batalla cotidiana de la sociedad colegial. Una comunidad, como casi todas, con una aristocracia con personalidad adquirida que se apoya como grupo, un pueblo llano que lucha por subir en el escalafón, y un grupúsculo encargado de maltratar a cualquiera que se cruce en su camino: los mierdas de siempre. El dibujo, repleto de humor y ternura, es imponente y no tiene necesidad de rehuir problemáticas de las que es complicado salir con vida en esos términos, caso de los chavales con alguna discapacidad, o el tratamiento del sexo, esencial en su descubrimiento a golpe de brochazo durante la pubertad, o cómo ponerse un condón en la cabeza en una fiesta, durante la primera «borrachera» de cerveza (¡sin alcohol!).

Lejos del sermón, se evita el arquetipo del encasillamiento de buenos y malos, siempre tan mentiroso en el fondo, pues la gama de grises puede dominar el conjunto. Y su retrato de los defenestrados que acaban haciendo pandilla propia no puede ser más fidedigno. Solo hay que echar la vista atrás, a cuando estábamos en la escuela y teníamos entre doce y catorce años: o fuimos nosotros mismos los que formamos parte de ese grupo de esquinados, o los vimos a nuestro alrededor y no hicimos nada para sacarlos del rincón social. Por ahí hemos pasado todos. La gracia de *El novato* es que, al menos por esta vez, la pandilla más molona, y en la que querríamos estar, es la de los marginados.

La novelista Emily Brontë murió sin llegar a cumplir los treinta y uno a causa de una tuberculosis, después de haber estado cuidando día y noche a un hermano alcohólico y adicto al opio durante sus últimos cuatro años. Apenas tres meses separaron una y otra muertes. Solo la escritura pudo sacarla por momentos de una existencia atroz, y la obra fundamental de su literatura, *Cumbres borrascosas*, bebe directamente en sus tramas y en su espíritu del interior de una mujer que tuvo que publicar sus escritos con seudónimo masculino, ya que no estaba bien visto que en la primera mitad del siglo XIX una fémina se dedicara a tales menesteres creativos, y menos con tal grandeza.

Cumbres borrascosas, una de las cimas del romanticismo, ha sido adaptada un puñado de veces al cine, pero quizá la versión de William Wyler de 1939 siga siendo la más arrebatadora y atractiva, la más perversa y poética, la más desesperada y trágica. En la novela de Brontë y en la película de Wyler brota la esencia romántica, la que da a lo ordinario un aspecto misterioso y a lo finito la apariencia de lo infinito. Un espíritu en que lo carnal y lo espiritual se unen de un modo tan virulento que acaba convirtiéndose en sublime. Y eso está ya en la magistral primera secuencia de la película, en la que se fusionan el amor y el horror, la esperanza y la destrucción, la pasión y el delirio.

En una noche gélida de nieve violenta, un visitante acude a Cumbres Borrascosas, que no es una montaña sino una casa así llamada, y en tal lugar se queda a dormir ante las inclemencias del tiempo: en una habitación de techos bajos y oscura historia donde el viento no lo dejará dormir. Recuerdo que cuando yo era niño una de mis primeras experiencias con el miedo cinematográfico fue con una historia que en principio nada tenía que ver con el terror: esta. La cólera del viento suena con insistencia, los postigos de las ventanas golpean la resistencia del visitante, que quiere dormir cuando es imposible en una morada con tantos enigmas. Se acaba asomando a la ventana y Wyler filma su aterrado rostro en primerísimo primer plano. Alguien, algo, toca su mano. Una mano de hielo. Dedos agarrotados. Cantos celestiales de fondo. Es el espíritu de una mujer que ha amado. Que ha amado más allá de la vida y de la muerte.

El principio de la película es (casi) el final de la historia. En el núcleo, una rotunda historia de amor entre, primero, un niño y una niña que sueñan con convertirse en reyes y compartir sus logros, y después entre dos adultos encarcelados en su pasión por culpa de las interferencias sociales. *Cumbres borrascosas* es también un relato sobre la lucha de clases, sobre la imposible unión entre una señorita que quiere «bailar en un mundo hermoso» y un mozo de cuadras rescatado del fango por el padre de ella, al que solo le preocupa su frenesí.

—Está sucio.

—¡Oh, Cathy!, no hagas que me avergüence de ti.

Este diálogo entre padre e hija, cuando el primero trae a casa al mítico Heathcliff siendo apenas un crío, revela los orígenes de los futuros amantes, y clarifica las dificultades posteriores. Muros sociales en que todos ponen de su parte, principalmente el hermano de ella, borracho, jugador y débil, inspirado sin duda en el propio hermano de Brontë.

A los niños y preadolescentes de hoy, a los que apenas se les está despertando la atracción por esa persona de al lado o enfrente que les provoca cierto nerviosismo difícil de explicar, un amor como el de Heathcliff y Cathy, interpretados por Laurence Olivier y Merle Oberon, les puede parecer de tal inmensidad que los lleve hasta lo incomprensible. Pero eso no debería ser un problema porque, junto con las demás virtudes de la historia, ejemplificadas en los prejuicios de clase, en la tendencia hacia la autodestrucción y en las humillaciones de los de arriba hacia los de abajo, *Cumbres borrascosas* posee un aura fantasmagórica, subrayada por la excelencia de la fotografía del prestigioso Gregg Toland, de la que es difícil escapar. Y entre sus desbordadas pasiones, los críos también pueden encontrar conocimientos, casi entre risas, de cómo eran los flirteos a principios del siglo XIX: «Ven, siéntate a mi lado, y podrás cogerme la mano bajo el abanico».

Heathcliff acaba convertido en un engreído, en una roca de cólera y rencor. Cathy, en una mujer enferma cargada de remordimientos que desea morir. Y ambos, con sus cuerpos finalmente en sus tumbas, andan en espíritu cogidos de la mano, quizá camino del infierno. Y a eso, queridos niños, es a lo que lleva algunas veces el amor. Idos preparando.

12

La recuperación del musical

¡Esta vida es criminal! / Sin comer, hay que barrer / sin dormir, hay que fregar / ¡esto es criminal!

Coro de niñas huérfanas,
en *Annie*

Los elementos de musical inmersos en algunas de las más célebres películas en formato de animación han ayudado a introducir a los niños en la artificialidad consustancial al género. En la vida nadie detiene su discurrir natural para ponerse a cantar y bailar expresando sus emociones. En el cine, sí, y eso es fantástico.

El musical es ese género al que demasiados espectadores tienen alergia a causa de la terrible (y desconsiderada) sensación de que resulta falso. Ante esto, no caben muchas respuestas para negarlo, pero sí unas cuantas preguntas para contradecirlo: ¿les gusta realmente la música —así, a secas— como arte y como pasión?; ¿son capaces de valorar una buena canción o pieza, ya sea de los Beatles, de Cole Porter, de Leonard Bernstein, de Frank Sinatra o de Stephen Sondheim, por poner unos cuantos ejemplos dispares en cuanto a estilo?; ¿el arte está hecho para ser verdad o para transportarnos a un estado de excitación?; ¿los que desprecian el musical como un todo único han soñado alguna vez con otros mundos y emociones ajenas a su cotidianidad?; ¿no es maravilloso poder alejarnos de vez en cuando de nuestro camino grisáceo por la existencia para filtrarnos en un colorista universo sonoro y casi siempre festivo?

El musical es armonía, unidad expresiva entre una historia —cómica, dramática, romántica, terrorífica, incluso política—, unas músicas, unos bailes y una composición gráfica integrada en el plano, formada por unos personajes, un vestuario, un decorado o ambientación natural y unos colores, que a veces pueden ser simplemente el blanco y el negro. Una arquitectura visual y sonora que confluye en un tono y unas emociones. Una expresión del espacio que les concierne a las criaturas de la película, pero de la que acabamos participando también nosotros, como espectadores, donde las palabras pueden pasar a ser canciones y un simple caminar convertirse en el mejor de los bailes. Con fama de género antiintelectual formado por películas pasajeras de usar y tirar, el musical es puro artificio. El más brillante y colectivo de los artificios. Como dice Frank Sinatra en *Érase una vez en Hollywood*, documental producido por Metro-Goldwyn-Mayer en el año 1974, retrospectivo de la edad dorada del género, «los musicales de los años 30, 40 y 50 no les dirán dónde teníamos la cabeza, pero les dirán dónde teníamos el corazón».

De todos modos, el musical como expresión de las emociones de los personajes a través de canciones y bailes es solo una de las vertientes del género. También están las películas ambientadas en espectáculos, en su proceso creativo, en las que las piezas se integran no ya como sueño sonoro sino como cotidianidad profesional. Y están los títulos que aúnan ambas vertientes, entre los que la formidable *All That Jazz* (1979), de Bob Fosse, puede ser su paradigma. A la primera de las posibilidades pertenecen buena parte de los musicales animados que los críos ya han disfrutado con naturalidad y reiteración —De *Blancanieves* a *La bella y la bestia*—, y también el (muy probablemente) título ideal con el que iniciarse en la pureza del género: *El mago de Oz* (Victor Fleming, 1939).

Por el puesto de mando de la película pasaron George Cukor (cuatro días de rodaje), Richard Thorpe (dos semanas) y King Vidor, que se ocupó de toda la parte en sepia del principio y del desenlace, el prólogo y el epílogo. Pero quien la acabó firmando en solitario fue Fleming, al que bien podrían haber apodado el Finalizador, porque con *Lo que el viento se llevó* le pasó algo parecido. ¿Quiere decir eso que es una película impersonal? Ni mucho menos. Quiere decir que en el Hollywood de la época, y particularmente en la productora Metro-Goldwyn-Mayer, confirmando además ese valor de obra comunal inherente al género, el cine podía ser el mejor compendio de todas las artes; que la imagen, la música, la arquitectura, la pintura, la literatura y la danza podían confluir en una única obra: una película que, convertida en mito más tarde, sorprendentemente no fue ningún triunfo en su día.

Nadie te regalará aquello de lo que careces, tendrás que buscarlo tú mismo, con ilusión, optimismo y grandeza, nos vienen a decir en *El mago de Oz*, maravillosa en todos los apartados artísticos y con un poderío musical y colorista apasionante para los críos. Inspirada por el libro homónimo de Lyman Frank Baum, publicado justo en 1900 y de tal éxito que acabó convertido en saga, el trabajo de Fleming, Judy Garland y compañía es un tornado de imaginación, de estética y de ética; una imperecedera máquina de ilusiones.

Una niña que no encuentra su lugar en el mundo, reprendida por las fuerzas más ariscas y retrógradas del lugar; un espantapájaros que supuestamente no tiene cerebro; un hombre de hojalata al que le falta el corazón, y un león sin valor son los protagonistas de una clásica historia de superación, que no por casualidad se fue convirtiendo en un símbolo de la lucha por los derechos del colectivo gay. Personas que necesitan sentirse cómodas consigo mismas en un mundo que los rechaza, y que lo logran cuando se dan cuenta de que la verdadera fuerza está en sí mismos. Que la canción que ejerce de bandera de la película sea «(Somewhere) Over the Rainbow», con música de Harold Arlen y letra de E. Y. Harburg, termina por aquilatar el icono: «En algún lugar más allá del arcoíris, los sueños se hacen realidad [...]. Algún día pediré un deseo: despertarme donde los problemas se derriten como caramelos de limón».

La orfandad es un estado vital asociado particularmente a la tristeza, convertido casi en un clásico de las narraciones en los cuentos infantiles, y también en buena parte de los relatos en formato animado. Sin embargo, el germen feliz consustancial al musical, al menos hasta la llegada de los muy particulares vientos regeneradores del cine de la década de 1970, ha conllevado algunos ejemplares que, aunque centrados en el desvalimiento por la falta de progenitores, han insistido en esa cara luminosa del género, a partir de la fuerza para seguir caminando con una sonrisa pese a partir de la desgracia. Y en ese sentido dos títulos resultan fundamentales: *Oliver* (Carol Reed, 1968) y *Annie* (John Huston, 1982).

La primera película que recuerdo haber visto en una sala de cine es un musical: *Oliver*. Fue en una sesión matinal en el colegio de mi hermana —como ya dije, cuatro años mayor—, no sé si en horario colegial o en un día de fiesta por la patrona o algo por el estilo. Y es curioso porque ella no se acuerda de haber vivido aquella jornada ni de qué podía hacer yo allí aquel día, pues era un colegio de monjas solo para chicas. Yo tampoco me acuerdo ni de los motivos ni de la edad que tendría, alrededor de los cuatro o cinco años, pero sí de las sensaciones y de que aquello me pareció una maravilla a pesar de que, visto en retrospectiva, fue un debut demasiado arriesgado: con una película de dos horas y veinte minutos en la que hay muchas más canciones que texto.

Uno de los primeros temas se me quedó clavado para siempre: «*One boy / boy for sale / he's going cheap / only seven guineas...*». Un tipo gordo de rostro sonrosado, gesto de malas pulgas, voz de barítono y ropas pseudomilitares, iba vendiendo a un niño por la calle y lo voceaba al viento: barato, nada más que siete guineas. Es el universo de Charles Dickens, reconcentrado en una canción; una hermosa y desoladora canción sobre la orfandad y el abuso, la pobreza y la crudeza. Más tarde hay números espectaculares, incluso exultantes, repletos de bailes y de color, como los del niño Oliver en su primer día en Londres, cuando conoce al Gran Truhan y este le canta que a partir de entonces lo considerarán «uno más» pese a ser el nuevo, o el de la primera mañana en el balcón del rico señor que lo aloja en su hogar, al son de una letra que celebra una mañana y un sentimiento maravillosos («*Who will buy this wonderful feeling?*»), también con decenas de bailarines y bailarinas, floristas, lecheros, afiladores y fruteras, trabajadores honrados en una nueva jornada de vida en calma. Sin embargo, la que se me quedó en la mente durante años y ahí sigue instalada fue la de la compraventa del crío.

«Un viejo judío encorvado, cuyo rostro ruin y repulsivo se hallaba velado por unas greñas rojizas...» Así describe Dickens en su novela *Oliver Twist* al personaje más atractivo de la película de Reed y quizá también del libro: Fagin, uno de esos seres humanos ni buenos ni malos sino todo lo contrario, de una complejidad fascinante. Los niños suelen agradar a los niños, pero los mayores inclasificables siempre me hipnotizaron en el cine, y Santi parece haber heredado la sensación. Como el capitán Nemo. O como este tipo que comanda una pandilla de niños de la calle, carteristas profesionales, ladrones de pañuelos y supervivientes en general, a los que tima y cuida dándoles cariño y bronca, que dedica su vida a revender alhajas desvalijadas para, como casi todos, poder tener un sustento cuando llegue su retiro: una digna jubilación como usurero. A Fagin lo borda en una magistral composición física, vocal y musical un actor hoy no demasiado conocido, Ron Moody, que obtuvo una de las once nominaciones al Oscar de aquel año, la de mejor actor.

Oliver ganó cinco de ellos, incluidos los de mejor película y mejor director. Reed, que ha pasado a la historia del cine sobre todo por *El tercer hombre*, y al que volveremos en el último capítulo de nuestro libro, se luce en las secuencias de exterior con el complicadísimo manejo de montones de elementos en el plano, incluidas las decenas de extras y bailarines. Pero donde demuestra que es uno de los grandes es en las escenas de interior, en el viejo hangar donde viven Fagin y sus chicos, en un reducido espacio donde es capaz de montar espectaculares números musicales sin perder de vista el mundo interior de sus personajes, sus miedos, su espontaneidad, sus risas y su ausencia de futuro. El mundo de

Dickens, encerrado entre apenas unas maderas, unos muros a punto de caerse y un puñado de salchichas mohosas.

Annie incide en ese rostro radiante de la existencia de, esta vez, las niñas, aun teniendo que vivir en un orfanato sucio y penoso comandado por una arpía borracha, la inolvidable señorita Hannigan, a la que borda una actriz cómica: Carol Burnett. Basada en un musical de Charles Strouse, Martin Charnin y Thomas Meehan, la película de Huston comienza con una canción preciosa, «Tomorrow», aunque con letra de pesadumbre: «Seguro que mis padres eran buenos, pero olvidaron cuidar de mí [...]. Quizá mañana vuelvan a buscarme». Eso sí, pronto llega el tema más pegadizo, «It's the Hard-Knock Life», el que ejemplifica bien la fusión entre gracia y desgracia, la sonrisa en el lodazal de la existencia. Una canción y un número divertidísimos, con una letra terrible: «Esta vida es criminal, no sabemos qué es jugar. Todo el día, trabajar [...]. Las palizas ni siquiera te hacen daño [...]. Ni las ratas nos quieren consolar [...]. Cada día es un infierno más».

El retrato de la niña Annie, interpretada por la simpatiquísima Aileen Quinn, pelirroja de armas tomar, voz ligeramente ronca pese a sus once años, es exquisito. Dulce con quien quiere, aguerrida con quien debe; una cría que no necesita que la defiendan porque boxea como nadie, que machaca a los niños tontos y crueles, que planta cara a los mayores ladinos y que acaba conquistando el corazón de quien no parece tenerlo: un multimillonario que ama «el dinero, el poder y el capitalismo», como dibujo de relumbrón del estilo americano, en los tiempos inmediatamente anteriores al New Deal del presidente Franklin Delano Roosevelt —que además tiene un papel secundario—, es decir, en la época de la Gran Depresión.

También en esa línea de conflicto entre chicos, pobreza y orfandad, e hija desgraciada y sorprendentemente desconocida de *Oliver* y de *Annie*, *La pandilla* (Kenny Ortega, 1992) llegó para fracasar con un modelo considerado entonces como añejo, desviando a su meritorio autor hacia una línea mucho más cursi, fácil y hortera, la de *High School Musical*, convertida, esta sí, en serial televisivo y cinematográfico de enorme éxito. Pero a veces así son las cosas en el cine: llegar en el peor momento y a la peor hora te hunde, sin que a veces se sepan bien las razones de la debacle.

Newsies, título original mucho más acertado que el sosísimo español *La pandilla*, fue una producción de Disney ambientada en el año 1899, en el círculo de los vendedores de periódicos de Nueva York; chavales habitualmente huérfanos o pobres que voceaban noticias por la calle, a veces con mayor intención periodística y comercial que los propios cronistas que las habían escrito. La historia se basaba en un acontecimiento real muy atractivo, la histórica huelga de los críos contra el imperio empresarial de comunicación de magnates como Joseph Pulitzer y William Randolph Hearst, por culpa del empeoramiento de sus ya de por sí penosas condiciones laborales. El libreto tenía la virtud de ser original, es decir, no procedía de ningún musical teatral de Broadway. Las magníficas canciones eran de Alan Menken, en la cúspide del género tras los triunfos de *La sirenita* y *La bella y la bestia*. Para colmo, y visto en retrospectiva, su entonces joven cabeza de cartel, Christian Bale, que cinco años antes había sido el protagonista de *El imperio del sol*, de Steven Spielberg, acabó convirtiéndose en un gran y reputado actor, y en la película lo acompañaban, entre otros, David Moscow, el niño de *Big*, cuatro años más crecido, aunque de carrera cojitranca desde entonces, y Max Casella, tiempo después uno de los lugartenientes de Tony en la mítica serie *Los Soprano*. El reparto adulto lo formaban además Ann-Margret, Bill Pullman y nada menos que Robert Duvall en el papel de Pulitzer (sí, el del premio), el villano de la función. Nada podía fallar en una empresa tan poderosa. Sin embargo, *La pandilla* fue uno de los fracasos más sonados de la historia de la compañía Disney.

Tras la guerra entre Estados Unidos y España de 1898, surgida como consecuencia de la Guerra de Independencia de Cuba, un periodo en el que se habían vendido muchos periódicos, las ventas se redujeron ostensiblemente y las empresas se lanzaron a reducir costes, empezando por los más débiles y los que peor se podían defender: los vendedores callejeros de periódicos. Sin embargo, los chicos iniciaron una huelga de David contra Goliat y en la película, entre elegantes bailes de grupo y canciones con letras que hacen avanzar la historia con cada estrofa, se representa muy bien tanto la esencia como las características de los conflictos sociales, sobre todo los de esta época: pretensiones de unión; mirada aguerrida, presión contra el esquirol, y a veces palos; estratagemas del empresariado para dividir a los huelguistas; intentos de sobornos a los líderes sindicales; y matones a sueldo del capital para asustar a los trabajadores. ¿Demasiada trascendencia para un musical juvenil destinado principalmente a ese arco de público? Sin duda que no. La puesta en escena de Ortega, con mucho *travelling* con grúa en las secuencias de grupo y montaje a la manera clásica, dejando ver la calidad de los bailarines, bebe de la fuente de Carol Reed en *Oliver*. Y el drama histórico y los conflictos entre los personajes están expuestos con una notable mezcla de solidez y diversión. Eso sí, en su estreno nadie lo entendió de este modo.

Tras la debacle, Menken siguió cosechando elogios y dinero con la animación musical en *Aladdin*, *Pocahontas*, *El jorobado de Notre Dame* y *Hércules*, y Ortega, coreógrafo de títulos anteriores como *Xanadu* y *Dirty Dancing*, y que había hecho su debut como director precisamente con *La pandilla*, salió del hoyo alimentando su lado más colorista, comercial y chabacano con *High School Musical*. Ambos, paradójicamente, con producciones de Disney, que había vivido un pequeño gran derrumbe de sus cuentas con su trabajo conjunto en *La pandilla*. El remate irónico lo puso el éxito de una producción teatral musical basada en la cinematográfica, estrenada en 2011, casi veinte años después de su hundimiento en el cine. Pero la película, con reseñas malas o tibias en su estreno (malditos críticos), y una recaudación final de 2,8 millones de dólares cuando había costado alrededor de quince, quedó en el rincón de lo que los americanos llaman *box-office bomb*, se convirtió poco a poco en película de culto (aunque no creo que llegue a tal categoría en España), y ojalá que en brillante descubrimiento en sus propias casas, ahora que está al alcance de cualquiera en la plataforma audiovisual de la casa Disney.

Puede que no haya mejor retrato de la descomunal mentira que es el cine que *Cantando bajo la lluvia* (Stanley Donen, Gene Kelly, 1952). El maravilloso embuste de unos atardeceres, unos vientos, unos chaparrones, unas calles, unas voces, unos afectos y unas relaciones sentimentales que no lo son. La obra maestra de Donen y Kelly es un continuo estado de excitación, el contagio de la alegría de vivir, de trabajar, de cantar, de reír. Un modo de caminar, de desenvolverse, de respirar, de sentir. Un continuo cuadro en movimiento en el que los personajes siempre ocupan el encuadre de un modo plástico, dinámico, pictórico, atravesado por un juego de colores y un estilo que a veces es explosivo y otras, abstracto. Una pieza musical envolvente, feliz y mayúscula, en la que los intérpretes bailan con las piernas y el espectador con los ojos.

La razón por la que resulta imposible apartar la mirada con el tema «Singin' in the rain» y el exultante baile de Kelly bajo la tormenta es porque somos nosotros mismos en algún momento de la vida. Un éxtasis en el que no bailamos hacia fuera pero sí por dentro, ese instante en el que nos besamos con la persona amada en la puerta de su casa y estuvimos convencidos de que el sentimiento era mutuo. Ese rato en soledad inmediatamente posterior, compartido con el recuerdo de la pasión y el convencimiento del amor, en el que la boca se nos abrió de regocijo. Pero no solo por todo esto esa secuencia es universal e imperecedera. Lo es, aún más, por una combinación de ritmos y de rostros, de colores y sonidos, de puesta en escena y vestuario, de composición e interpretación, de decoración y arquitectura. Una modulación del tono a través del lenguaje cinematográfico, de su prosa, asentada en el encuadre, los movimientos de cámara de Donen, el baile de Kelly, el tempo y el montaje.

Desde su estreno, grandes y pequeños hemos pasado por su relato de humor y amor con semejante actitud. Es el secreto del cine artístico y popular, ese que no se puede replicar; que se puede analizar, aunque solo hasta cierto punto, porque por encima de todo ello está la magia, lo sublime. La perfección mimética de elegancia y desparpajo de Kelly, Debbie Reynolds y Donald O'Connor en sus números conjuntos; el descacharrante trabajo con la voz y el rostro de Jean Hagen como el arquetipo de la rubia tonta; el vestido verde y las piernas interminables de Cyd Charisse en el segmento onírico; la perfecta radiografía del paso del mudo al sonoro de una industria que dejó no pocos cadáveres profesionales por el camino. El desenfado de un estado del espíritu, de un modo de hacer cine, de un trabajo colectivo para la eternidad.

Un paso adelante en el camino de los chavales por el cine musical los puede hacer llegar hasta las óperas rock, quizá con un añadido de dificultad: aquí no hay textos ajenos a las canciones; los temas no aparecen como interludios cantados y/o bailados en los que se expresan las emociones entre un relato de acciones y diálogos, todo se exterioriza únicamente a través de la música. En nuestra casa, donde somos devotos de los guitarrazos de Pete Townshend, de vez en cuando suena desde la televisión y se ve de fondo *Tommy*, la ópera rock de The Who, convertida en película por el siempre excesivo Ken Russell en el año 1975. Pero está claro que su historia completa, no así momentos puntuales como las deslumbrantes apariciones de Tina Turner y de Elton John, puede ser demasiado compleja para los ya casi adolescentes. Algo que sin embargo no ocurre con *Jesucristo Superstar* (Norman Jewison, 1973), gracias a sus implicaciones religiosas, relevantes hasta en las casas donde sus miembros no lo sean, y por tener un protagonista y una historia que absolutamente nadie desconoce.

Andrew Lloyd Weber, al frente de la música, y Tim Rice, encargado de las letras, la crearon como álbum conceptual en 1970, para pasar al año siguiente a los escenarios del teatro y finalmente convertirse en película. Un vía crucis *hippie* a ritmo de rock, un Woodstock católico en el desierto, inspirado nada menos que en los Evangelios, aunque con unas aspiraciones más críticas y con dos virtudes fascinantes: otorgar una relevancia política al personaje seguramente más famoso de la historia de la humanidad; y convertir a Judas en coprotagonista de un relato en el que pasa de simple villano de una pieza en la cultura religiosa y popular a personaje trágico y necesario, destinado a completar un círculo en el que su condición casi alcanza también una aureola de mártir para la causa. De hecho, la obra empieza y termina con Judas, y no con Jesús.

En las letras de las estupendas canciones se muestra a ambos como seres con no pocos matices. Las dudas implacables de Jesús: la necesidad de despojar al hombre del mito; la ardua tarea a lo largo de «tres años que parecen treinta»; el cansancio y el deseo de saber «por qué» ha de morir. Y las quejas rotundas de Judas, tanto en lo personal como en lo político: «Somos un pueblo ocupado, ¿te has olvidado de que estamos sometidos?»; la sensación de que Jesús ha empezado a creerse lo que dicen de él; el tormento interior de saberse elegido para pasar a la historia con el rol de la abyección y de la traición; el deseo de que ambos sobrevivan, consciente de que sus caminos de vida y muerte van irremediablemente unidos.

Entre legionarios romanos en camisetas de tirantes malva, sumos sacerdotes aduladores del poder, un magistral Caifás en registro vocal de barítono, una María Magdalena enamorada de un hombre y no de un dios, un Poncio Pilatos que no quiere ser culpable y compartir destino con Judas, y un Herodes festivo y perverso, que cree reírse del icono en una de las canciones más brillantes de la película («Así que eres Cristo, el gran Jesucristo / prueba tu fuerza divina y anda sobre mi piscina»), *Jesucristo Superstar*, pese a su origen musical, presenta algunos de los aspectos más complejos de la pasión y muerte del hijo de Dios con una poesía y una altura seductoras. «Si supierais lo que yo sé...»; «Para conquistar a la muerte solo tenéis que morir», canta Jesús, en dos líneas de texto cargadas de teología.

Acusada en su día de blasfema por las mentes más reaccionarios del catolicismo, la ópera rock no puede tener, sin embargo, una esencia más respetuosa.

Como su propio protagonista, el musical de Rice y Lloyd Weber, y por extensión la película de Jewison, resucitan cada cierto tiempo para imprimir en las nuevas generaciones de creyentes y de no creyentes una historia seguramente inmortal. Y los chicos, ojalá deslumbrados ante una estética entre lo extravagante y lo hortera, sabrán que, según la fe, todos pueden alcanzar el reino de los cielos, desde «los rápidos» hasta «los muertos».

La insolencia es una de las marcas de fábrica de *Granujas a todo ritmo* (John Landis, 1980). Una comedia gamberra envuelta en una oda de amor a la música, con uno de los mejores catálogos de artistas de la historia del cine, pero sin más trascendencia que echarse unas risas y unos bailes con dos personajes lamentables: los hermanos Elwood y Jake Blues, interpretados por dos grandes cómicos como Dan Aykroyd y el malogrado John Belushi. ¿Una película musical para niños? Por qué no. Cierto que seguramente indicada para los más crecidos, sobre todo en lo cómico y en lo musical; para aquellos que no le hagan ascos a la risa descacharrante y malhumorada, y a un tipo de música imperecedera.

El argumento no puede ser más sencillo: dos hombres con «una misión de Dios», consistente en conseguir cinco mil dólares para la subsistencia del orfanato de monjas en el que se criaron. Desde ahí, y desde la salida de la cárcel de uno de ellos, la estructura tira del hilo de la (re)construcción de su antiguo grupo musical, casi a la manera del modelo de búsqueda de *Los siete samuráis*, y tras una primera mitad con mucha comedia y bastante acción, con elementos de *cartoon* en el chiste recurrente del personaje de Carrie Fisher intentando destruir a Jake, la segunda parte del relato está repleta de canciones y actuaciones que encajan como tornillo y tuerca en el espíritu cafre de Landis, Aykroyd y Belushi. Y el cartel es como para que los niños se enganchen a otro tipo de sonidos y ritmos, ajenos al musical clásico infantil, y que entroncan bien con otros acercamientos a la música popular de este libro: entre otros, James Brown, Cab Calloway, John Lee Hooker, Aretha Franklin y Ray Charles. De premio, un cameo de la modelo Twiggy, y otro de Steven Spielberg haciendo de aburrido burócrata de la administración.

Personalmente, la banda «de bodas y banquetes» de la película, llamada Murphy y los MagicTones, siempre me llevó sentimentalmente hasta mi padre, con la doble profesión más insólita y guay del mundo: tapicero y músico, multitarea que compatibilizó a lo largo de más de dos décadas, tocando el saxo tenor en una orquesta durante la noche en ferias, «bodas y banquetes», como los MagicTones, después de haber estado haciendo tresillos durante el día. El incalculable mérito de una generación de trabajadores. Eso sí, aunque mi padre y sus compañeros llevaran atuendos tan molones como los de la película, no acabo de imaginármelos quemando rueda por las calles con un Dodge Monaco Sedan del 74, huyendo de la policía y atropellando nazis, como los Blues Brothers en esta regocijante sinvergonzonería.

13

Ciencia ficción: lo que nos queda por ver (después de una pandemia)

Volar es científicamente imposible.

Roddy McDowall,
como el doctor Cornelio,
en *El planeta de los simios*

La especulación sobre el futuro, el eje que marca el género de la ciencia ficción, puede dividirse en dos grandes compartimentos estancos: el de la ciencia ficción ligera y el de la adulta. Luego esos dos amplios grupos pueden a su vez quebrarse en numerosas especialidades, desde la *space opera*, o epopeya espacial, hasta el *ciberpunk*. Pero, para el objeto que nos ocupa en este libro, quizá todo el esquema acabe enfrentando dos mitos universales, conocidos por todos ustedes, queridos lectores: el amplio margen que separa a HAL 9000 del condensador de fluzo.

Por un lado, la supercomputadora algorítmica de inteligencia artificial de *2001: Una odisea del espacio* (Stanley Kubrick, 1968), dotada de circuitos cognoscitivos, con capacidad para los reconocimientos de voz y facial, para el procesamiento del lenguaje, para la interpretación y la expresión de las emociones, para evaluar el arte e incluso para la razón. Y en el otro extremo, el componente principal de la máquina del tiempo inventada por el doctor Emmet Brown en *Regreso al futuro* (Robert Zemeckis, 1985), una especie de i griega con la luminosidad de una pistola centelleante de juguete, una denominación casi de cachondeo —más aún en la disparatada traducción española, que cambió *flujo* por *fluzo*—, y sin más explicaciones sobre su funcionamiento, que a pesar de todo se convirtió en una de las grandes esencias del cine juvenil de los 80, del que tanto hemos hablado: la falta de pretensiones, la espontaneidad, la gracia aparentemente superficial pero imperecedera, y la eficacia narrativa y tonal a partir de conceptos de consustancial simpatía. HAL 9000 y el condensador de fluzo, dos ideas para la historia: la primera, para insuflar reflexiones en la cabeza; la segunda, para darle magia al corazón.

La diferencia entre ambos grupos está en que de niños, y también de mayores, alucinamos con obras tan formidables como *La guerra de los mundos*, *La guerra de las galaxias*, *Regreso al futuro* y *E. T., el extraterrestre*, paradigmas de la ciencia ficción ligera. Y de adultos, aunque difícilmente de niños, nos quedamos impactados con obras maestras como *2001*, *Solaris*, *La naranja mecánica* y *El muelle (La jetée)*. Entre medias, títulos como *Terminator*, *Desafío total*, *Alien, el octavo pasajero* o *El planeta de los simios*. Cuándo ir pasando de unos a otros se lo irá diciendo a cada uno de ustedes, padres e hijos, la intuición. Y también la posibilidad del error, que nunca está de más en un mundo de elucubración como la ciencia ficción, y en un gozo como el del acceso al arte y al espectáculo de las películas. Al fin y al cabo, somos seres humanos, no como HAL 9000.

—¿Cómo explicas esa discrepancia entre tú y tu gemelo 9000?

—Yo no creo que haya en eso nada de particular. El fallo debe ser atribuido solo a un error humano. Este tipo de cosa ha sucedido antes y siempre se debió a un error humano.

—Escucha, HAL: en un computador de la serie 9000 jamás se había dado ningún error, ¿verdad?

—Ninguno en absoluto, Frank. La serie 9000 tiene un historial operativo perfecto. Honradamente, yo no me preocuparía por eso.

En *La humanidad en peligro* (Gordon Douglas, 1954), una impactante imagen atrapa desde el inicio a los niños espectadores. Una patrulla policial de un pueblo cercano al desierto de Arizona circula por un polvoriento camino y ve algo inconcebible en aquel paraje inhóspito: una cría de apenas cinco o seis años, vestida con una bata de paño a cuadros y agarrada a una muñeca a cuya cabeza la falta un trozo, que camina en solitario en busca de la nada. Douglas la filma primero con un plano cenital en movimiento, desde el punto de vista de un avión que acompaña a la patrulla. Después, con un *travelling* con grúa desde media altura, que va bajando hasta que la niña entra en el encuadre con una enorme fuerza visual. Mirada perdida, boca semiabierta, churretes en la frente. La cámara anda junto a ella, y nosotros, desde ese instante, también.

La película comienza con una pequeña que huye y culmina con el salvamento de otros dos críos. Los chavales se sienten concernidos desde el principio hasta el fin. La historia, sobre una mutación genética de las hormigas, que las convierte en gigantes a causa de las pruebas nucleares que se hacían en esos tiempos en aquel lugar de Estados Unidos, puede ser vista hoy como una ingenuidad. También el diseño de los bichos. Poco o nada importa. Su narración es clara; su *crescendo*, divertidísimo. Y, en la parte central del relato, una serie de datos sobre las hormigas, con imágenes documentales de fondo, deja huella en grandes y pequeños: no han cambiado de forma ni de costumbres en cincuenta millones de años; pueden elevar el equivalente a veinte veces su propio peso, y pelear con un ejemplar enemigo durante 72 horas consecutivas; son los únicos seres vivos que en la Tierra, aparte de los hombres, organizan guerras, tienen campañas, agresores fijos y se sirven de esclavos y prisioneros, a los cuales no matan; hasta las más insignificantes tienen talento para la industria y para la organización social. Si todo esto es verdad, mentira o media verdad no es importante. Dramáticamente tiene una validez apasionante. Y eso es el cine. Eso es la ciencia ficción.

En los últimos años se ha hablado mucho de las reminiscencias cristianas de *Las crónicas de Narnia: El león, la bruja y el armario* (Andrew Adamson, 2005), basada en la novela de C. S. Lewis. De hecho, sé que la suelen poner en clase de Religión en muchos colegios católicos españoles. De las remembranzas cristianas de *Ultimátum a la Tierra* (Robert Wise, 1951), sin embargo, se ha hablado bastante menos y hoy día es una obra desconocida para la mayoría de los críos.

La vehemente banda sonora de Bernard Herrmann, que ya había compuesto la música de *Ciudadano Kane* pero aún no las obras maestras para Hitchcock, abre una película en que se visualiza como en ninguna el concepto de platillo volante: si se piensa, tan ridículo. Es aquí donde el diseño del ovni que aterriza en un campo de béisbol de Washington más se parece a su acepción cotidiana de antaño, pero en desuso, y donde aparece también la famosa frase «¡Ya están aquí!», tan repetida en películas de terror y ciencia ficción posteriores, con *Poltergeist* a la cabeza. Un aviso fascinante porque, en sus apenas tres palabras, está explícito no solo el mensaje: también el hecho de que siempre los hemos estado esperando, y que algún día llegarán. Cuando eso ocurra, los periódicos cinéfilos titularán simplemente: «¡Ya están aquí!».

De ese platillo volante, y comenzamos con la alegoría católica, baja un hombre «en son de paz y con buena voluntad», que «aparenta unos treinta y cinco años» pero que en realidad dice tener setenta y ocho, proveniente de un planeta con una esperanza de vida de ciento treinta. Ha venido a la Tierra para prevenir a los descarriados seres humanos, pero no se le escucha. Se mezcla con los mortales, intentando entender sus razonamientos y sus prácticas, y apenas le hace caso un reducido grupo de fieles. Se hace famoso, aunque el poder no se fía de él, y acaba asesinado. Sin embargo, el prodigio de los de arriba logra curarlo en una especialísima forma de resurrección, y culmina su historia ascendiendo al cielo con un último mensaje acerca de la necesidad de la paz. Si ese alienígena no es Jesucristo, se le parece mucho.

Aunque el fondo del asunto está en el peligro nuclear, tan en boga en aquella década, la parábola cristiana está servida, y alguno de los recados del extraterrestre dejan marca: «Yo me asusto cuando veo que los pueblos sustituyen la razón por el miedo». Wise, artesano de lujo, articula una película arquetípica de la ciencia ficción de los años 50: de apariencia ingenua y fondo político, con la Guerra Fría y el mccarthismo de la caza de brujas acechando, narrada en forma de paranoia colectiva.

Encuentros en la tercera fase (Steven Spielberg, 1977) comparte con *Ultimátum a la Tierra* la peculiaridad de que los alienígenas llegados desde el espacio tengan buenas intenciones, en contraposición a la mucho más habitual invasión para destruirnos. Pero la mirada de Spielberg es absolutamente distintiva: lo que despunta en esta obra mayúscula de la ciencia ficción, para mí en la cúspide de la carrera del director a pesar de la gran cantidad de éxitos de crítica y público posteriores, es la inoculación en el espectador de la capacidad para el asombro de los personajes. La mirada no ya de lo improbable sino de lo imposible. Por eso en varios momentos a lo largo del metraje, el director filma los rostros ante lo inimaginable antes de mostrarnos a nosotros, la audiencia, eso tan inimaginable que los personajes tienen delante de los ojos. Y esos segundos que transcurren entre lo que ellos ven y lo que nosotros al fin vemos, cuando finalmente Spielberg decide mostrarlo en pantalla, son los del puro cine, los de la estupefacción ante lo desconocido, los de la emoción por querer experimentar la sensación de mirar más allá.

El director de las posteriores, y maravillosas, *E. T., el extraterrestre* (1982) y *A. I. Inteligencia artificial* (2001) se toma su tiempo para la narración y, sobre todo, para la visualización. El despliegue final de casi cuarenta minutos de comunicación entre los seres humanos y los seres venidos de otro planeta, con la música como lenguaje común y presencia palpable de los alienígenas, es un espectáculo conformado a partir de la bellísima fotografía de Vilmos Zsigmond, los efectos especiales de Douglas Trumbull y, cómo no, la confirmación del trabajo anterior, el de la mirada de los de dentro de la película como acentuación de nuestra propia mirada desde fuera. Pero hasta llegar al largo clímax, Spielberg, guionista en solitario, nos cuenta otras muchas cosas. Entre ellas, una muy personal, la descomposición familiar, retratada a partir del rol interpretado por Richard Dreyfuss. Todas esas secuencias de nervios hogareños, de gritos, desquiciamiento progresivo y posterior alejamiento entre el hombre y la mujer, entre los llantos y la estupefacción de los hijos, se exponen por parte de Spielberg con una fuerza social casi desacostumbrada en su cine. Además, el personaje de Dreyfuss, una especie de niño grande a pesar de rozar la cuarentena de edad y de tener tres hijos a los que no comprende y que no le comprenden, parece una clara proyección de su propia personalidad: un tipo que lo abandona todo para lograr descifrar una obsesión.

En esa curva de la carretera donde se producen los primeros avistamientos de ovnis por parte de la población, y que también se hacen esperar durante media hora de metraje, están algunas de las imágenes más potentes de toda su carrera. Y, como particularidad dentro de una obra en que las músicas de John Williams son inherentes a la potencia de la ilustración visual, se trata de un momento en el que lo que reina es el silencio. Apenas los sonidos de la noche, el silbido de un viejo de mirada inquietante, los nervios de unos niños en la parte trasera de una humilde camioneta, la carrera hacia su destino de un chavalín perseguido por su madre. Un crío que acabará, minutos después, abriendo la puerta de lo desconocido, en una imagen imborrable teñida de rojo en la soledad de la noche, que por obra y gracia de Spielberg traspasa la pantalla para hacernos partícipes de la inalcanzable utopía del encuentro con lo ignorado.

Como decíamos al inicio del presente capítulo, el condensador de fluzo de *Regreso al futuro* es la cima de la sencillez expositiva de un mundo por venir (o no). Pero lo que normalmente se escapa de la mítica película de los años 80 es el cruel retrato de la paternidad y la maternidad que contiene. Yo casi les podría decir que no me di cuenta hasta que he sido padre, algo normal por otra parte, pero cuando el pensamiento entró en mi mente ya no desapareció. Pocos aspectos de la vida me parecen más terribles que la humillación a un padre delante de su hijo. Por muy justa que sea, y si es injusta, imagínense. Es algo que me produce un dolor extenuante, quizá desde que vi por primera vez *Ladrón de bicicletas*, la obra maestra del neorrealismo italiano dirigida por Vittorio De Sica, y en su secuencia final, con padre e hijo de la mano, los transeúntes pegaban golpes en la cabeza al padre mientras lo insultaban por hurtar un utensilio de trabajo que previamente le habían robado a él, y lo conminaban a que se fuera de allí recordándole con ferocidad que «debía darle vergüenza» haber hecho eso delante de su crío, que lo miraba con ternura y pasión, diciéndole con los ojos llenos de lágrimas que a él no le parecía ninguna deshonra ser su hijo.

Ladrón de bicicletas y *Regreso al futuro*, tan formidables ambas, no pueden ser más distintas. Pero esa degradación las une, al menos en mi cabeza. Los primeros minutos de la cinta de Zemeckis presentan a un padre pánfilo con hijos adolescentes y en torno a la cuarentena de edad que se deja hostigar por el chulo del barrio y de la empresa. Cabizbajo, risa nerviosa, sonrojo de indolente, pinta de panoli, se deja abrumar por un «cabeza cuadrada» de despiadada actitud. Una situación, piénsenlo bien, que por desgracia hemos vivido (casi) todos alguna vez en la vida: ante un jefe déspota, ante alguien que va de amigo y no es más que un maltratador, en una situación en la que no te sale una respuesta válida y enérgica ante un desafío coloquial o de actitud, y se mira para otro lado. La diferencia está en que al padre de Marty McFly le pasa siempre, y no hace nada para intentar remediarlo.

—¿Hola, hola?, ¿hay alguien en casa?

Con guion del propio Zemeckis y de Bob Gale, en el presente del relato el dibujo familiar lo completa una madre alcohólica que bebe un vodka tras otro, y una falta de cariño, de complicidad y de comunicación absolutas entre los padres. Cuando la ciencia ficción hace de las suyas gracias al Delorean, y Marty viaja al pasado, la sensación no mejora. La secuencia espejo de aquella primera aparición de George McFly y el matón Biff Tannen es otra en la que, en una cafetería, Marty conoce a su padre adolescente. De hecho, la idea inicial de la película, al parecer de Gale, es tan maravillosa como peligrosa: de haber coincidido en el instituto con tu padre (o con tu madre, que para el caso es lo mismo), ¿te hubieras hecho amigo suyo? La premisa es diabólica.

Esa secuencia espejo del pasado es pura comedia, tiene un par de frases prodigiosas, de nuevo con el «¿Hay alguien en casa?» y los capones en la cabeza como fundamento, pero el fondo del asunto es perturbador: tu hijo te está viendo hacer el ridículo sin que puedas hacer nada para remediarlo. Aunque lo que más me gusta de todo ello es que eso tan terrible esté expuesto sin trascendencia, sin alzar la ceja, con una fantástica falta de sentido de la complejidad que, sin embargo, le da todo el sentido de lo memorable, de lo que pervive casi sin que te des cuenta.

Doce monos (Terry Gilliam, 1995) supuso un paso más en casa, y no porque sea otra película relativamente difícil para los críos sino porque la vimos durante la pandemia del coronavirus. No en los días de extremo confinamiento, pero sí en las primeras semanas de la llamada «nueva normalidad» y antes de los rebrotes, las olas sucesivas y la llegada de las vacunas. Para nosotros la nueva normalidad era también la antigua: seguir viendo películas, aunque estas reflejaran ciertos aspectos de lo que estaba pasando y esperemos que no esté aún por ocurrir. Inspirada en un extraordinario cortometraje francés, *El muelle (La jetée)* (Chris Marker, 1962), compuesto a partir de imágenes fijas consecutivas, de fotogramas sin un solo movimiento, y al que los niños deberán llegar ya por su cuenta en su propio futuro, *Doce monos* plantea un mundo en el que, tras la propagación de un virus mortal durante los años 1996 y 1997, es decir, poco después del estreno de la película, los pocos seres humanos supervivientes viven bajo tierra. Cinco mil millones de personas han muerto a causa del patógeno.

En la película hay viajes en el tiempo, grupos ecologistas de resistencia, locura, acción, amor, intriga, diversión y, sobre todo, esperanza, pues desde el futuro, como en la trilogía de Zemeckis, aún se pueden cambiar las catástrofes humanas del pasado. Las más pequeñas, en el caso de Marty McFly, y las más enormes y trágicas. Al terminar, consciente de que la historia podía haberle tocado la fibra en cuanto a nuestra inimaginable situación mundial pocos meses antes, planteé a Santi la consabida pregunta de qué tal:

—Me gustan las pelis apocalípticas.

Apocalípticas. Una nueva palabra en la cotidianidad de un niño de once años, creo que con una clara ambivalencia: sabe perfectamente lo que *significa*, pero no se hace ni una ligera idea de lo que realmente *conlleva*. Y eso es bueno. Para su tranquilidad y para la mía. ¿El apocalipsis puede ser un juego? Cualquier cosa puede ser un juego.

En la estupenda *Clamor de indignación*, de la que ya hablamos en el capítulo de las comedias, dos años después del fin de la Segunda Guerra Mundial, en 1947, los críos juegan entre las ruinas de Londres a que vuelven a caer bombas nazis sobre sus cabezas. Es solo una de las muchas películas ambientadas en tiempo de guerra y posguerra en que los niños, que han vivido la muerte y la destrucción a una edad en la que no se deberían experimentar ciertos dramas, juegan a la batalla como el más natural de los divertimentos. Es un patrón parecido al de las niñas y los niños de *Persépolis* jugando a las torturas en el Irán del *sha*. O al de *Las bicicletas son para el verano* (Jaime Chávarri, 1984), basada en una obra de teatro previa de Fernando Fernán Gómez y ambientada en plena Guerra Civil española, en el Madrid sitiado por el bando nacional y el «¡No pasarán!». En su inicio los chavales también juegan a ametrallarse unos contra otros entre sonrisas, justo después de admirar en la puerta de un cine unas fotos de *Tres lanceros bengalíes*, película de aventuras de unos años antes, de 1935. Eso sí, en un diálogo revelador frente a la puerta del cine, el personaje interpretado por Gabino Diego le dice a su amigo: «A mi madre solo le gustan las de amor. Las películas de guerra no las aguanta». Distintas sensibilidades, distintas certezas en tiempos de guerra. Para los chicos y para los grandes.

Cuando gracias a la ciencia los efectos de la vacuna nos lleven a la normal normalidad de antaño, y no a la nueva normalidad que (casi) nadie quiere, ¿jugarán los niños al apocalipsis vírico, o ya puestos al apocalipsis zombi, colocándose otra vez las mascarillas entre las orejas y corriendo unos tras otros expulsándose el aliento como una nueva forma de pillapilla? Estoy seguro de que sí.

Cuando mi hijo y yo vimos *Doce monos*, a la que volvemos tras esta digresión sobre la guerra y el apocalipsis *now*, surgió también una de esas sorpresas que te da la vida como padre y como crítico, y que confirma que la condición de espectador ante el audiovisual se va forjando de un modo natural con la práctica. Más o menos a la media hora, Santi dijo:

—Está grabada rara...

Para empezar, el término «grabada» no es el correcto, ya que grabar se refiere a la televisión y en cine el verbo preciso sería filmar o rodar. Naturalmente, al ser inexistentes mis aspiraciones como tiquismiquis, no le dije nada sobre el léxico, y además ya saben que me gusta que se equivoque. Pero intuí enseguida a qué se refería: Gilliam suele inocular a la mayoría de sus películas un aire de pesadilla a través del rodaje con objetivos fotográficos de gran angular, de los que ya hablé con respecto a las películas basadas en novelas de Roald Dahl, pero que no habían salido en nuestras conversaciones caseras. Le intenté explicar precisamente eso, con las palabras más sencillas que pude, mezclando los términos distorsión y deformación de las imágenes, y acudiendo a una expresión que en estos casos de aprendizaje cinematográfico suele entenderse bien, y que además entra dentro de la terminología fotográfica: el ojo de pez. Toda la película es una pesadilla con las formas distorsionadas de los ojos de los peces. Tampoco tengo claro si lo comprendió del todo, pero estoy seguro de que cuando vea de nuevo secuencias con grandes angulares, su intuición lo llevará a acordarse de *Doce monos*.

El impacto que me produjo *El planeta de los simios* (Franklin J. Schaffner, 1968) una noche de sábado en la televisión pública española cuando aún era un niño fue abrumador. Aquel mundo en el que los hombres eran dominados por los monos; la credibilidad de los maquillajes; la sensación de estar experimentando una aventura que se alejaba de lo habitualmente exótico hasta aterrizar en lo desasosegante; y, claro, el escalofriante final con aquella imagen imborrable, una de las más famosas de la historia del cine, ahora simplemente imposible de describir porque las vanas palabras, en este caso, solo servirían para demostrar por qué el cine es lo que es.

No recuerdo si en los primeros minutos pregunté a mis mayores en casa sobre algún aspecto de la compleja trama espacio-tiempo que ocupa el primer trecho del relato. Tampoco si lo entendí del todo, que no creo, pero hoy tengo claro que no era estrictamente necesario a causa de lo que vino después: la conmoción. Las prolijas explicaciones del personaje de Charlton Heston a sus compañeros de odisea daban cuenta de que una nave espacial había salido de Cabo Kennedy en el año 1972, y que *en ellos* el tiempo del viaje había transcurrido durante seis meses. Sin embargo, ese mismo periplo, casi a la velocidad de la luz, había hecho envejecer a la Tierra algo más de setecientos años: el planeta estaría en 2673 a su vuelta.

No obstante, por un error técnico, acaban hibernando en sus cabinas de sueño más tiempo del previsto y caen en otro planeta, a unos trescientos veinte años luz de su ansiada Tierra, que a causa de aquel exceso de tiempo en el espacio estaría nada menos que en el año 3978. La propuesta, basada muy libremente en una novela de Pierre Boulle, no puede ser más atractiva para elucubrar sobre el futuro y, he ahí uno de los grandes logros de la película: reflexionar también sobre el presente y el pasado. Así, cuando llegan a ese extraño planeta, el encuentro con el trato que los monos infligen a los hombres no puede ser más parecido al que el hombre blanco impuso al ser humano negro en tantos países del mundo a lo largo de la historia, empezando por el que produjo la película: Estados Unidos. O cómo la hipótesis del joven doctor Cornelio y de la doctora Zira, los únicos simios que intentan ayudar a aquel extraño ejemplar, con el que pretenden demostrar que el hombre «puede ser domesticado», alcanza una paradoja dramática: la posibilidad de que los simios hayan evolucionado del hombre.

Una *contrateoría* de la evolución de las especies de Charles Darwin que hace palidecer a las fuerzas vivas del conservadurismo y el cientificismo simio. Inquisidores que, como los que condenaron a Galileo Galilei o a Isaac Newton en sus días, aunque tengan las pruebas delante de sus ojos siguen empeñados en su cerrazón. «Volar es científicamente imposible», había afirmado con vehemencia Cornelio cuando el coronel Taylor les había dicho que llegaron «volando» a su planeta. Justo antes de comprobar en sus narices, y boquiabierto, el sorprendente planeo de un folio con unos cuantos dobleces en el sitio justo. Un avioncito de papel, fabricado en unos segundos por el rol de Heston, como síntoma inequívoco de las tinieblas mentales que a veces aniquilan al mundo: al de los simios, y también al de los hombres.

Luego llegó la serie, también a Televisión Española, con aquella terrorífica y a la vez fascinante división, procedente de la novela, entre los gorilas, la clase dirigente, los orangutanes, la clase académica, y los chimpancés, artistas e inventores. Y todas las secuelas cinematográficas que vinieron después, y mucho después, con su renacimiento en otra serie de estupendas películas a partir de *El origen del planeta de los simios* (Rupert Wyatt, 2011). Yo me quedé noqueado de crío con aquel universo. Santi, cuarenta años después de su padre, la ha convertido en su película preferida de ciencia ficción.

1997: Rescate en Nueva York (John Carpenter, 1981) se estrenó década y media antes del año en que se ambientaba y elucubraba sobre un futuro apocalíptico: la isla de Manhattan se había convertido, en su totalidad, en una cárcel para criminales rodeada por muros infranqueables. La profecía no se cumplió, pero en el interior de la historia unos cuantos aspectos temáticos y físicos se han ido cumpliendo con sorprendente (falta de) realismo. Algunos de los acontecimientos vividos por el mundo en general y por Estados Unidos en particular a lo largo de este siglo XXI han superado las expectativas dramáticas del cine, pero quizá lo más curioso sea que, aunque los objetivos del guion de Carpenter estuviesen mucho más relacionados con la diversión que con la parábola política, algunas de sus imágenes, vista ahora la película, nos acaben llevando a hechos y estampas recientes con casi ridícula anticipación.

Cuando el 6 de enero de 2021 se produjo el asalto al Capitolio de Washington, no pocas de las fotos y vídeos que trascendieron, con aquel tipo ataviado con piel de búfalo y desnudo de cintura para arriba, actitud retadora, gritos a voz en cuello, tatuajes y pose de *freak* social, acabaron recordándome a la fauna que recorre *1997: Rescate en Nueva York*, llena de desechos sociales que establecen un nuevo frente contra el poder, y que han okupado algunos de los símbolos institucionales de la ciudad. La gran diferencia, y he ahí lo más terrible del asalto material, es que en la historia de Carpenter el presidente de Estados Unidos es secuestrado y es un reo de la delincuencia y del golpe contra el sistema, mientras que en la realidad el entonces presidente Donald Trump fue el que alentó a aquella turbamulta para la desgraciadamente histórica violación de la seguridad nacional.

La secuencia del avión oficial Air Force One, secuestrado por los terroristas y después estrellado contra una calle neoyorquina a unos pasos del World Trade Center, complejo de edificios con las Torres Gemelas que además adquiere una presencia fundamental en el transcurso del relato, tiene un evidente poder de anticipación. Sin embargo, es el retrato de ese submundo ajeno a cualquier tipo de legalidad el que más se asemeja a algunos de los personajes que irrumpieron por la fuerza en el Capitolio. Figuras antisistema como las de *Serpiente* Plissken, el rol interpretado por Kurt Russell, un exsoldado condecorado de las Fuerzas Especiales, con su mítica cazadora de cuero marrón, sus tatuajes y su parche en el ojo, o la del aspirante a mesías The Duke, interpretado nada menos que por el cantante Isaac Hayes, encuentran ahora su particular espejo deformado en seres humanos reales como Jacob Chansley, el apodado Chamán de QAnon, el hombre armado con piel de bisonte, megáfono y bandera de Estados Unidos que, junto con un par de estrambóticos lugartenientes, comandó en parte la ocupación del Capitolio.

Una película que llegó a tener su propio juego de mesa con el rescate del presidente, destinada principalmente a adolescentes y jóvenes, y quizá también a los niños mayorcitos que algunos aspirábamos a ser en la época en que se estrenó, ha entrado ahora en una nueva dimensión para las nuevas generaciones, conservando su entretenimiento y aglutinando detalles políticos de casi absurdo poder de identificación.

14

La guerra también es (lamentable) historia del ser humano

> La única batalla que importa es la última.
>
> Oskar Homolka, como el mariscal Kutuzov, en *Guerra y paz*

Es probable que, según los planes de estudio de cada territorio, sus hijos no oigan hablar de Churchill y de Stalin, del káiser Guillermo y de la batalla del Somme, del emperador Hirohito y de Mussolini, del desembarco de Normandía y de la guerra de Vietnam, hasta llegar al bachillerato. Quizá sí del fascismo y del comunismo —eternamente presentes—; incluso de la Guerra Civil española y de la dictadura de Franco, siempre que hayan tenido los oídos bien abiertos a cualquier conversación cotidiana de mayores, o puesto la oreja a algún telediario. Su inquietud y su intuición, junto con sus ganas de preguntar y las nuestras de responder, abrirán ciertas puertas.

Ahora bien, con independencia de lo anterior, hay algo que puede despertar las conciencias de los críos mucho antes: las películas. Porque más allá del cine como herramienta didáctica y de la ayuda que pueda proporcionar para el recuerdo en un examen de aula plasmado en una hoja con un bolígrafo, como siguen siendo la mayoría de las evaluaciones, las buenas películas de guerra conllevan la emoción del encuentro con unos nombres, unas fechas y unos acontecimientos más o menos arduos y memorizables. Es el cine como fuente de conocimiento humano: de hechos y valores, de triunfos y renuncias, de vida y de muerte. Las grandes y las pequeñas historias; las de los nombres de enciclopedias y manuales, y las de los seres anónimos, quizá más relevantes aún; hombres, mujeres y niños que sufrieron los errores, las pompas y las circunstancias de los de la cima. El retrato de los tiempos de guerra. La memoria documental y la memoria moral. El encuentro con la conducta del ser humano. Con el heroísmo, el antiheroísmo, la huida, la barbarie, la cobardía, la pasividad, la violencia, el colaboracionismo, el exilio, el individualismo, el idealismo, el patriotismo, el humanismo, el colectivismo, la indolencia. Las dudas y las certezas; las interrogaciones, las decisiones y la falta de ellas; la honra y el desvalimiento; la enfermedad, el poder de la sangre y la sangre del poder.

Las imágenes —de la pintura, de la fotografía, del cine— marcan en cierto modo la historia de la humanidad. Las obras artísticas nos lo han mostrado y están ahí para recogerlas, para amarlas, quizá para odiarlas. En múltiples formas cinematográficas y genéricas, de estilo e incluso de ideales: con las constantes del bélico, pero también en forma de drama, de aventura, de melodrama romántico, incluso de comedia. Es el vigor de la imagen, a veces de la palabra, y la confirmación del compendio de todas las artes que puede llegar a ser la séptima de ellas.

En nuestra casa los primeros títulos bélicos a los que me acerqué con los niños fueron los ambientados en campos de prisioneros, tantas veces más relacionados con la aventura y el descaro de la fuga que con la tragedia de la muerte, sin que esta deje de presentarse como una posibilidad manifiestamente atroz. Todas ellas parten de un mito del cine francés, *La gran ilusión* (1937), aquella película filmada por Jean Renoir, ambientada en la Primera Guerra Mundial pero con la segunda ya al acecho por el ascenso del fascismo, que hablaba nada menos que de «hacer la guerra entre caballeros». De ahí se desgajan no pocos títulos posteriores, entre los que quizá destaquen, por una majestuosa fusión entre el sabor del cine popular, el del cine espectáculo y el de la calidad intrínseca de cada una de ellas, *La gran evasión* (John Sturges, 1963), *Evasión o victoria* (John Huston, 1981) y *Traidor en el infierno* (Billy Wilder, 1953).

Van llegando al campo alemán de prisioneros y, antes de entrar en sus barracones, los soldados británicos y estadounidenses protagonistas de *La gran evasión* ya están oteando el horizonte de la fuga, mirando posibles puntos ciegos, torretas y distancias; vigilantes, alambradas y utensilios. Ya lo dice uno de los oficiales franceses presos de *La gran ilusión*, su película referente: «Para mí es muy simple. ¿Para qué sirve un campo de golf? Para jugar al golf. ¿Para qué sirve una pista de tenis? Para jugar al tenis. Entonces es evidente: un campo de prisioneros sirve para evadirse».

Con un poco de imaginación, incluso es bonito elucubrar sobre la posibilidad de que los personajes reales inspiradores del relato de Sturges, los prisioneros aliados que escaparon el 24 de marzo de 1944 del campo para oficiales aviadores Stalag Luft III, en Silesia, cerca de la ciudad polaca de Zagan, hubieran visto la película de Renoir y hablado entre ellos de aquella brillante frase, escrita por el autor francés en 1937. A veces me gusta pensar estas cosas tan absurdas, pero tan felizmente plausibles.

Todos son expertos en fugas. Fallidas finalmente, por supuesto; si no, no estarían allí. Pero la constancia es su virtud, y los alemanes han llegado a la conclusión de que lo mejor es un campo especialmente construido para ellos y así «meter todos los huevos podridos en la misma cesta». La lógica nazi, siempre tan demencial. Tras unos días vislumbrando posibilidades, el plan maestro aliado consiste en sacar del lugar, en una única acción, a doscientos cincuenta hombres. Pero la idea y el relato no serían iguales sin el tono que le imprime Sturges a su producción, entre la aventura, el bélico, la comedia sobre la amistad y el drama sobre el fin de los días, inevitable en tiempos de guerra. La espectacular banda sonora de Elmer Bernstein, pegadiza, divertida y vehemente, es otra de las claves en la construcción de un colorido tonal unitario. Una partitura tan influyente que las músicas de los siguientes títulos del subgénero, como la de Bill Conti para *Evasión o victoria*, se alimentaron de sus notas y de sus matices, en los que siempre podía entretejerse un especial sentido de la camaradería. Y es esa misma concordia, aplicada evidentemente al guion y a las relaciones entre los personajes, la que surge a cada momento en el montaje con los continuos planos de Sturges acentuando las miradas cómplices entre los presos, que tanto abundan en un mensaje no solo de solidaridad y esperanza, sino también de brío, confianza mutua y personal, y hasta de sentido del humor.

El desenlace es agridulce porque, distanciándose de *La gran ilusión*, la guerra ya no es entre caballeros. Nunca lo fue en la realidad histórica, y ahora tampoco lo es en el cine. Pero siempre quedará el carisma de sus intérpretes

—Steve McQueen, James Garner, Richard Attenbourough, Donald Pleasence, Charles Bronson y tantos otros—, y sus símbolos asociados, con el guante y la bola de béisbol del personaje de McQueen, y sus entradas y salidas de la «nevera» como gag recurrente al que acudir para inspirar socarronería dentro de la tragedia que supone que las naciones se maten las unas a las otras.

Es curioso porque dos de los momentos que más me gustan de *La gran evasión* y de *Evasión o victoria* transcurren en los primeros instantes de cada una, no son los típicos de los que todo el mundo se acuerda, tienen que ver con pasiones muy distintas, y se afianzan en la mirada. La de los presos del campo de concentración de la película de Sturges, que nada más entrar ya están pensando por dónde salir: la mirada de la escapatoria. Y la del mayor Von Steiner en el título de Huston, interpretado por Max von Sydow, un oficial del ejército alemán que al entrar en el campo de prisioneros aliados, en lugar de llevar la cabeza alta y la mirada fija como buen nazi, se dispersa de las cosas serias de la guerra y el aplastamiento de Europa y del mundo, y se le van los ojos a un lado, hacia ese lugar al que todo buen futbolero no puede dejar de mirar: un partido, sea cual sea la edad y la categoría de los contendientes. Es la mirada del futbolista; de hecho, se supone que Von Steiner había jugado en la selección alemana en 1938.

La «guerra entre caballeros» de la que se hablaba en la fundacional *La gran ilusión*, personificada allí en el personaje de Erich von Stroheim, se hace carne aquí en la figura del impulsor del gran partido de la película, ese Von Steiner/Von Sydow que llega a clamar ante el capitán del equipo aliado, interpretado por Michael Caine: «Las naciones deberían resolver sus diferencias en un campo de fútbol». Un partido de leyenda, como tituló mi amigo Carlos

Marañón su libro sobre el triunfo popular de la película, inspirado en otro duelo muy real aunque con diferentes versiones, que para eso hablamos de un enfrentamiento de leyenda (o enfrentamientos, porque fueron varios), pero que podría resumirse así: el llamado Partido de la Muerte, jugado por un grupo de soldados de la Wehrmacht contra el F. C. Start, formado por prisioneros ucranianos, procedentes algunos de ellos del Dynamo de Kiev, en el año 1942.

Vi *Evasión o victoria*, planteada como un maravilloso conflicto moral, en el cine San Miguel de Martos, mi pueblo, cuando tenía diez años, en una época en la que el fútbol era lo más importante de mi vida: antes de que llegaran el cine y las chicas, no sé si por este orden. La gente aplaudía en la secuencia de la parada del penalti de Sylvester Stallone, gritaba con las sucesivas tomas de la chilena de Pelé, o con aquel regate mágico, la *lambretta*, a medio camino entre el autopase, el sombrero y el taconazo, que ejecutaba el jugador del Tottenham Osvaldo Ardiles, centrocampista argentino de la estirpe de los pequeñitos, que quedó definitivamente en mi memoria poco después, durante el Mundial de España, en 1982, al llevar como dorsal un inusual número 1 en su camiseta, el de los porteros. Después de aquella primera vez, la vi no sé en cuántas ocasiones más en mi niñez y adolescencia, pero cuando por fin la viví con mi hijo fue un momento sublime. Santi ha vuelto a ver *Evasión o victoria* innumerables veces, solo o conmigo de nuevo, y en la última de ellas caímos en la cuenta de otra de esas cosas que también quedan para siempre. De uno de los personajes alemanes, el capitán del ejército Rainer Müller —de imposible nombre más futbolero—, a la postre entrenador del equipo que se enfrenta a los aliados, se dice que «jugaba de medio centro», justo la posición en la que juega Santi ahora. Sería un nazi, sí, pero si jugaba de medio centro algo bueno tendría.

El protagonista de *Traidor en el infierno*, en cambio, es un héroe completamente alejado de las cualidades inherentes al heroísmo, y esos son a veces los mejores. En el barracón 17 del campo de prisioneros donde se ambienta la historia —que además le otorga el título original: *Stalag 17*—, el personaje de William Holden es un adicto al juego y a las apuestas que, además, tiene la mala costumbre de ganar siempre a sus compañeros. Un tipo vanidoso, malencarado, personalísimo y millonario a su modo dentro de un ecosistema en el que nadie tiene nada. Él, sin embargo, aglutina más cigarrillos, botellas de whisky, relojes, artilugios y hasta huevos de gallina para poder freír y comérselos que nadie, y los guarda bajo llave en un baúl que no es sino su mansión en un universo de chabolas. Todo se lo ha ganado a los demás presos estadounidenses en el campo alemán, durante la Segunda Guerra Mundial, o se las ha agenciado para conseguirlo de los propios carceleros a cambio de alguna fruslería. Para rematar el retrato, Wilder pinta a este genial canalla de atrevido cenizo. Cuando, en el inicio del relato, dos de los presos van a fugarse tras un elaborado plan, sus compañeros, cómplices ilusionados, profetizan un futuro en libertad para aquellos mientras avanzan por el túnel de salida hacia la libertad.

—Apuesto a que llegan a Friedrichshafen.

—¡Seguro que llegan hasta Suiza!

Pero el granuja los interrumpe:

—Yo apuesto a que no salen ni del bosque.

Mala baba se llama eso. No obstante, el sargento Shefton, al que pone rostro y carisma Holden, ganador del Oscar al mejor actor por su labor, tiene más información que los demás: en el grupo, desde hace tiempo, se sospecha que puede haber un espía de los alemanes, o un chivato. Todos creen que es él, y por eso, entre otros asuntos, lo odian. Sin embargo, él sabe algo que los demás no saben: él sabe que no es él, luego debe haber otro chivato, al que le está viniendo fenomenal que las miradas y los rencores se vuelquen en su persona. Naturalmente, los fugados son acribillados en la primera carrera en el bosque.

El comportamiento que cada ser humano tiene en tiempos de guerra ha sido objeto de infinidad de interesantísimas películas de enorme complejidad. La teoría del «yo en la guerra sería así o *asao*» está muy bien para eso, para la teoría en tiempos de paz. En los tiempos de guerra hay que esperar siempre a la práctica, y esa suele ser desmitificadora. De todos modos, *Traidor en el infierno*, basada en una pieza teatral de Broadway, no apunta a tal altura. Es una obra (en apariencia) muy básica que, como su protagonista, no va de nada, lo que no evita que llegue a cotas brillantes: de entretenimiento, de retrato de personajes e incluso de humor. Una película que es capaz de reflejar el dolor y el espanto de la guerra en el rostro del demente con estrés postraumático que toca la armónica y, a la vez, de concebir un disparatado gag salido de una comedia del Gordo y el Flaco —al que ya nos referimos en el capítulo de los orígenes y el cine mudo—, tiene que ser mayúscula a la fuerza.

El cine bélico que por su desarrollo argumental y por sus peculiaridades genéricas acaba fusionándose con el melodrama ha dado lugar a no pocas bellísimas películas de amor en tiempos de guerra. Unos títulos que, perfilados también por el estilo de sus directores, pueden servir para ir acercando a los chavales a la crudeza de la contienda, al desastre de la muerte cotidiana y al derrumbamiento de las sociedades sin que todo ello les resulte árido ni atroz. Y aunque no dejen de ser historias eminentemente dramáticas, al menos su inclemencia está matizada por detalles tanto de fondo como de forma: la distancia que otorgan el brío de los sentimientos, la utilización de los colores y la irrealidad pictórica de ciertos escenarios. Si además se trata de adaptaciones de grandes novelas, la solidez narrativa previa ayuda sobremanera a su fácil comprensión, y en este último sentido las maravillosas *Tiempo de amar, tiempo de morir* (Douglas Sirk, 1958) y *Guerra y paz* (King Vidor, 1956) están a la cabeza del grupo.

La de Sirk tiene una peculiaridad añadida: está ambientada íntegramente en el frente y en la retaguardia alemanes durante la Segunda Guerra Mundial, es decir, en las filas del demonio, las de Hitler y el nazismo. Eso sí, su marco temporal es el del desastre en el frente ruso-alemán, en 1944, cuando los germanos estaban empezando a perder la guerra debido a la resistencia del ejército de Stalin y, sobre todo, al mortal frío y a las terribles condiciones físicas y meteorológicas en las que se desarrolló la lucha. Que su protagonista sea un soldado de Hitler que cuando vuelve a casa tras un permiso encuentra su ciudad bombardeada, la casa de sus padres derrumbada y a estos desaparecidos, lleva a una reflexión evidente pero no siempre palmaria: en el bando equivocado, en el de los ideales deplorables, también había militares críticos, civiles que pasaban hambre y gente que experimentaba la guerra no como una oportunidad para gobernar el mundo sino como una tragedia de enormes proporciones.

Erich Maria Remarque, el autor de la novela original, se había convertido en un escritor célebre con *Sin novedad en el frente* (1929), otro título antibélico ambientado en las filas alemanas, aunque durante la Primera Guerra Mundial, en la que había participado como soldado obligado a alistarse en el ejército con apenas diecinueve años. «Soy joven, tengo veinte años, pero no conozco de la vida más que la desesperación, el miedo, la muerte y el tránsito de una existencia llena de la más absurda superficialidad hacia un abismo de dolor. Veo a los pueblos lanzarse unos contra otros y matarse sin rechistar, ignorantes, enloquecidos, dóciles, inocentes. Veo a los más ilustres cerebros del mundo inventar armas y frases para hacer posible todo eso durante más tiempo y con mayor rendimiento...», escribió Remarque en *Sin novedad en el frente*, en boca de su protagonista, de corte autobiográfico.

Con el ascenso de Hitler al poder, la consecuencia no podía ser otra que la prohibición de su novela más famosa, la quema de ejemplares, el exilio del escritor en Suiza y en Estados Unidos, y la acusación de que era judío, aunque no lo fuera. Con *Tiempo de vivir, tiempo de morir* (rebautizada en el cine como *Tiempo de amar, tiempo de morir*), publicada en 1954, se instala en la siguiente gran guerra y desde el inicio establece una doble condición en el bando de Hitler: de un lado, la tropa del ejército y una parte de la población civil, hasta cierto punto inocentes; y del otro, los vigilantes de la Gestapo, tanto en la batalla como en la retaguardia. Acostumbrados a las películas con nazis impolutos en su vestimenta y su aspecto, poderosos, fríos y con una ideología marcada a fuego, sin resquicio alguno, Remarque y Sirk presentan a soldados sucios y derrotados, pesimistas y humanos, cansados y sufrientes, deseosos de un permiso para poder despiojarse, y hasta a un joven que se suicida a causa del remordimiento por los injustos daños causados y los fusilamientos de civiles inocentes. Soldados del ejército de Hitler que podían caer en la debilidad. El acabose.

No solo eso. También los desastres de la guerra en tierra propia, en las ciudades, producto de los bombardeos aliados. Escombros, destrucción, muerte, desapariciones, prostitución, hambre, pobreza. Alemanes que lloran por los suyos. Y, en esa misma retaguardia, como contrapartida, el típico don nadie en tiempo de paz reconvertido ahora, gracias a la política y a esa especial habilidad para medrar y ascender que tienen ciertas personas, en habitante único de una casa de lujo, envilecimiento y lujuria.

—¿Puedes sacar a un hombre de un campo de concentración?

—Bueno, es más fácil entrar que salir.

Este abrasivo diálogo entre el protagonista interpretado por John Gavin, creyente que une a sus dudas políticas la vacilación teológica, y el gerifalte de la policía secreta, excompañero de colegio, muestra muy bien cómo la corrupción moral habita en todos los bandos, y quizá más aún en los del ejército de la depravación. Con un largo interludio romántico en el eje central del relato, *Tiempo de amar, tiempo de morir*, bella y terrible, está marcada por los clásicos colores rotundos de las películas de Sirk, nacido como Hans Detlef Sierck en Hamburgo, en 1897, director en la productora UFA, huido de la Alemania nazi en 1937, y convertido en Estados Unidos en uno de los maestros del melodrama americano.

Ciento treinta y dos años antes de la derrota nazi en tierras soviéticas, en 1812, otro ejército supuestamente invencible, el napoleónico, se atascó también en el invierno ruso, en la lluvia y el barro, en la ventisca y la nieve, en un desolador panorama de soldados con cieno de colores blanco y marrón hasta la altura de las rodillas. Un ejército aterido de frío a tres mil kilómetros de su propio país. King Vidor, maestro del cine humanista, lo refleja en la superproducción europea *Guerra y paz*, filmada en estudio en Italia y financiada por Dino de Laurentiis. ¿Una película para chavales de tres horas y veinte minutos basada en una monumental novela de León Tolstói? Nunca hay garantías, pero bien podría ser el mejor domingo por la tarde que se pueda tener en familia. Si es en otoño o invierno, con la lluvia atronando en el exterior y la noche cayendo a plomo sobre el sofá, aún mejor.

Guerra y paz es una obra sobre padres severísimos que detestan que sus hijos no se comporten del modo que de ellos se espera. Un relato de amor y muerte en tiempos de cruenta batalla, con deslices de la libido y románticos perdones. Una historia de vanidades, de duelos en la nieve con el sol saliendo en un amanecer sangriento, de apuestas macabras al borde de una ventana y en el filo del abismo, de espectaculares batallas, de fusilamientos, de tortura, de destrucción, de viejos y nuevos tiempos. Historia, con mayúscula, de la humanidad. Y, además, con Audrey Hepburn.

«No perderemos la guerra, Andréi, solo por esta batalla. Habrá paz... y luego otra guerra. Los hombres como Napoleón no pueden parar; hasta que su propia ambición los destruye», reflexiona el mariscal de campo Kutuzov, y culmina con una frase filosófica y desmitificadora: «La única batalla que importa es la última». Vidor, guiado por la espectacular fotografía de Jack Cardiff, compone una película pictórica y poética marcada por los detalles aparentemente inocuos. Por ejemplo, como revela en su autobiografía, *Un árbol es un árbol*, cuando pensó en algo especial para introducir la batalla de Borodinó, y colocó a uno de sus personajes principales, Pierre Bezukhov, al que interpreta Henry Fonda, un hombre ajeno a la guerra, ante una única flor salvaje en un territorio agreste unos minutos antes de la devastación. Un hombre con una flor y, al fondo, seis mil hombres en fila dispuestos a matarse. Fue entonces cuando Vidor, consciente de estar labrando un momento mítico, también se sintió como Napoleón, pero al frente de una fastuosa superproducción. Con la diferencia de que el emperador francés guiaba únicamente a las tropas de su país, y Vidor mandaba sobre los dos ejércitos.

«El Museo del Prado es más importante que la república y la monarquía juntas. En el futuro podrá haber más repúblicas y monarquías en España, pero estas obras son insustituibles.» La frase, atribuida durante la Guerra Civil española a Manuel Azaña, entonces presidente de la República, en plena discusión con Juan Negrín, presidente del Gobierno, podría servir también para enmarcar la epopeya de *El tren* (John Frankenheimer, 1964). La consecuencia en el caso de España fue la creación de la Junta de Defensa del Patrimonio Artístico y el traslado de aquellas obras maestras de la pintura: primero, a Valencia, y finalmente, algunas de ellas, a Ginebra. Tras la guerra, volvieron a Madrid. En el caso de la película de Frankenheimer, el relato inspirado en hechos reales desarrolla la operación por parte de los aliados, en colaboración con la resistencia francesa, para evitar que un gran convoy con cuadros de los principales museos parisinos llegara a la Alemania nazi en forma de expolio, cuando los germanos ya huían hacia su país ante la inminente liberación de la ciudad por el ejército aliado. Las cajas están marcadas en la película con nombres como estos: Picasso, Utrillo, Degas, Monet, Renoir, Chagall, Matisse...

La historia, que sería recuperada décadas más tarde por George Clooney en la demasiado mustia *The Monuments Men* (2014), se articula a partir de un interesantísimo conflicto moral, reflejado en un diálogo del personaje protagonista, interpretado por Burt Lancaster, también productor, en el que viene a decir a los ideólogos de la salvación de los cuadros que en su grupo de la resistencia comenzaron siendo dieciocho personas, pero que ahora ya solo son tres. «Éramos como sus pinturas, insustituibles», reflexiona con amargura, y culmina diciendo: «Para según qué, nos arriesgaremos, pero no sacrificaré vidas por esos cuadros».

Esas pinturas son parte de Francia, como sus tierras y sus casas, que fueron invadidas. Pero quizá sean, como decía Azaña, aún más importantes que cualquier concepto político. Así, poco a poco va variando la visión del grupo encargado de intentar retrasar la salida del tren hacia Alemania, y más tarde de salvaguardar las obras mientras un coronel nazi enamorado del arte, al que pone rostro el actor británico Paul Scofield, se empeña en el saqueo incluso contra las órdenes de sus superiores. Desde el descreimiento inicial en el valor de unas telas pintadas, se llega a dar la vida por ellas y por la cultura del país.

«Es la belleza. La belleza nacida aquí, criada en Francia. En ella está nuestro sentido de la vida. Es un legado y debemos defenderlo, ¿no lo entiende? Es nuestro deber, es algo que pertenece a la humanidad, y que nosotros debemos conservar para el mundo», dice el personaje que ha ayudado a conservar los cuadros en perfecto estado, aun a costa de que permaneciesen en manos alemanas durante la guerra: un rol llamado en la película simplemente «señorita Villard», inspirado en una mujer célebre, Rose Valland, historiadora del arte, miembro de la Resistencia y encargada de recuperar decenas de miles de obras robadas por los nazis. De hecho, el guion está basado en parte en sus memorias.

En el discurso de Villard/Valland se esconde toda una visión de lo que significa el arte. Sin embargo, de palabras no están hechas las guerras sino, la mayoría de las veces, de hechos; de acciones realizadas por seres humanos. De modo que las reticencias de algunos, de los que se la juegan, están lejos de lo inadmisible. Y ninguna respuesta más implacable, en su espíritu rudo y natural, que la puesta en boca de uno de los tres infatigables franceses.

—¿Y no tienen copias de esos cuadros?

El sólido estilo clásico de Peter Weir, de narrador mayúsculo casi en desuso, nos ha aparecido ya en esta aventura cuando disfrutamos de *Master and Commander*, y aún nos volverá a surgir en el último capítulo con un tercer vértice de su intachable carrera, pero para lo que significa la guerra, la sempiterna derrota del ser humano en su modo de relacionarse con los suyos y de apaciguar o solucionar problemas territoriales, políticos, religiosos, sociales y culturales, la portentosa *Gallipoli* (1981) resulta esencial: jóvenes de enorme futuro personal, capaces de hacer mejores a los que los rodean y a sus sociedades en sí mismas, como tantos otros en distintos tiempos y lugares, que acaban abatidos por la sinrazón, la falta de sentido del desastre y el absurdo en el que casi siempre se convierte una contienda bélica.

—¿Qué son tus piernas?

—Muelles, muelles de acero.

—¿Qué es lo que van a hacer?

—Lanzarme a la pista.

—¿A qué velocidad puedes correr?

—A la de un leopardo.

—¿Y a qué velocidad vas a correr?

—A la de un leopardo.

Este ejemplar diálogo motivacional rubrica de principio a fin la película de Weir. La tragedia, no obstante, es que esos segundos de concentración y de aliento antes de la carrera sirven para dos cosas radicalmente opuestas: ganar una competición de atletismo, y salir desde una trinchera en plena batalla contra el ejército otomano para intentar conquistar la nada, un territorio simplemente inexpugnable a través de un objetivo descabellado, a merced de las balas del enemigo invisible, mejor pertrechado, y llevado al patíbulo por el empecinamiento de un mando de su propio ejército que no sabe lo que es tener que correr hacia la muerte en medio del infierno.

De fondo, solo faltaban el silencio sepulcral de la primera secuencia y las desgarradas notas del *Adagio* de Tomaso Albinoni en la última. Correr los cien metros es un acto casi litúrgico, con una solemnidad que queda expresada por el tono de esa pieza del compositor barroco, y también por esa serie de planos sucesivos del joven preparándose, manos sobre el suelo, pies haciendo un pequeño hoyo en la rojiza tierra australiana, a la manera de lo que posteriormente serán los tacos de salida en el atletismo. La secuencia espejo, la postrera, a pesar de contener la misma liturgia, las frases motivacionales y la respiración rítmica, son para una carrera perdida de antemano. Es increíble cómo un único gesto físico, el pecho adelante y los hombros y la cabeza atrás, el estirón terminal, puede servir para inmortalizar una muerte en una guerra, casi como en la mítica foto de Robert Capa *Muerte de un miliciano*, y también para inmortalizar una llegada en una carrera de velocidad en atletismo. Y en ambos casos se detiene el reloj:

el de la carrera, y el de la carrera de la existencia. La *foto finish* de la vida.

Aunque *Verano de corrupción* (Bryan Singer, 1998) no sea una película bélica, sí lo es sobre los ideales extremos que llevan a las guerras, sobre el delirio nazi, sobre el germen de las sociedades fascistas. Como dirían Ingmar Bergman y Michael Haneke, sobre el huevo de la serpiente que es la educación.

Basada en una novela de Stephen King, la película de Singer es una obra que se acerca a la atracción por el mal: la que siente un chaval de instituto por el nazismo tras estudiarlo en clase y, más allá, por un anciano vecino en su ciudad, un nazi escondido en una nueva identidad desde décadas atrás, al que ha reconocido por fotos de la época de la guerra, y al que se acerca con la insolencia de la juventud y la ambigüedad de una personalidad arrolladora. *Verano de corrupción* habla a los chavales cara a cara, y Julia y yo la vimos casi inmediatamente después de haber dado ella en clase un temario parecido al del protagonista, interpretado por Brad Renfro, arquetipo además del juguete roto del espectáculo: niño prodigio de la interpretación a los once años, con *El cliente*; actor capaz de confrontarse con sir Ian McKellen a los quince; cocainómano a los dieciséis; muerto a los veinticinco por una sobredosis de heroína.

Dice Hannah Arendt en su ensayo *Sobre la violencia* que, acudiendo a un antiguo adagio, «cuán apto es para mandar quien puede tan bien obedecer». La voluntad del poder y el tesón de la sumisión se hallan interconectados, y en esa presunción se mueve el texto de King, adaptado por el guionista Brandon Boyce y visualizado con brío por el director de *Sospechosos habituales*. McKellen interpreta a su viejo personaje con el coraje de su pasado y la temeridad de su presente, y Renfro, con ese gesto tan suyo con la boca entreabierta y los ojos ligeramente caídos, representa la soberbia, la enfermiza ausencia de emociones, el aterrador placer de conminar, el deseo de humillar y quizá también de matar.

El adolescente, de dieciséis años, adquiere del mayor el valioso deseo de la mejora, y también el orgullo, de donde dicen que partía la Alemania nazi. Pero también se instruye en el arte de la manipulación y, sociópata en potencia, aprende a extraer de sí mismo su verdadera naturaleza: la de la vileza.

15

Las primeras películas verdaderamente adultas

Que se muera, quiero que se muera.

La niña Ana Torrent,
en *Cría cuervos*

La parte final de cada uno de los capítulos anteriores contiene películas no destinadas a que las vean los niños, pero que, siguiendo nuestra teoría de que, a mayor edad, mayor complejidad, pueden acabar disfrutándose, o quizá sufriéndose. Es el riesgo de no mantener a los críos en su burbuja de satisfacción cinematográfica; de que con la primera adolescencia en sus carnes y en sus cabezas vayan experimentando sensaciones adultas que pueden no entender del todo, pero de las que captarán no pocos esbozos de lo que les espera en el futuro. Y algo que muy probablemente, como venimos insistiendo, hagan ya por sí mismos en muchas ocasiones, sin su presencia cada vez menos agradecida.

Recuerdo que cuando tenía unos catorce o quince años me sorprendí de mí mismo grabando en vídeo, y disfrutando después, una serie de títulos de cierta envergadura dramática y temática, que solían emitir en la televisión pública española de madrugada, sobre aspectos de la vida que, en principio, no tendrían por qué interesar a alguien de aquella edad. Es la época en la que vi obras como *Aguirre, la cólera de Dios* (1972), de Werner Herzog; *Sangre sabia* (1979), de John Huston; *California Split* (1974), de Robert Altman, y *Lacombe Lucien* (1974), de Louis Malle, por citar algunos de los más imperecederos en mi mente. Es más que probable que entendiese la mitad de la mitad de aquellos conflictos alrededor de la conquista y el poder, de las creencias y la fe, del juego y el riesgo, de la mezquindad y el parasitismo.

Y además me sorprendí de que no solo las veía, sino que también lo reflexionaba, a mi manera de chaval que aún entiende poco pero va comprendiendo algo: me había dado cuenta de que estaba dando un paso importante hacia un lugar incierto, el de una cinefilia extraña a esa edad, que yo entonces no sabía siquiera conceptuar, lo que hizo que aquella pasión la llevara más o menos en silencio incluso con mis amigos más cercanos, algunos de ellos amantes también de la noble costumbre de ver muchas y variadas películas. Como si me diera reparo haberme acercado a aquellas historias tan extrañas. Es más, creo que fue por aquella época cuando mis padres consultaron con mis hermanos mayores —ya fuera de casa, en la universidad—, mi chocante actividad delante de la televisión, ajena a mis estudios y a mis entrenamientos y mis partidos de fútbol. Mientras, por supuesto, seguía viendo comedias chungas con las que me partía de risa con los amigos, e íbamos al cine del pueblo, que vivía sus últimos días, a ver cualquier cosa que exhibieran, desde *Memorias de África* hasta las astracanadas del cómico italiano Alvaro Vitali, rebautizado en España como Jaimito. La enseñanza cinematográfica resulta ridícula cuando se quiere evitar a toda costa algo imprescindible para la formación: ver de vez en cuando alguna que otra mierda.

Lo que está claro en mi caso es que la pasión se puede alimentar pero nunca forzar, y que, como con tantas cosas en la vida, creo que no hay una explicación plausible al modo en que evolucionamos sentimentalmente con el paso del tiempo. Ese paso hacia la edad adulta del cine puede llegar en cualquier momento o no llegar nunca. Y tampoco pasaría nada. Lo esencial, ya está dicho también, son otras cosas.

¿Por qué Julia quería ver desde los doce años *La habitación*? ¿Por qué cuando tenía seis años, Santi, durante un viaje de fin de semana a casa de mis padres, se quedó junto a mí en un sillón a ver con toda la familia y de cabo a rabo *La soga*, en lugar de irse a jugar con su hermana a otra habitación en plena siesta? No lo sé. Esa es la mejor respuesta que puedo darles. Y seguramente a ustedes les habrá pasado algo parecido de niños, y ahora les esté pasando o les pasará con sus respectivos pequeños.

Cierto que también podría haberle dicho a mi hijo que aquella no era en modo alguno película para él. Pero ¿quién le dice que se vaya, queriendo quedarse a ver una película de Hitchcock? De modo que, a la antigua usanza, como cuando permanecíamos en el sofá con nuestros padres a verlo (casi) todo en una época en la que la tele dominaba las noches de la inmensa mayoría de las casas españolas, allí resistió. Topándose con un estrangulamiento en plano corto en el primer instante de la película, y yo mirándolo de reojo todo el rato.

La soga (Alfred Hitchcock, 1948) es la historia de una cena fría sobre un cadáver aún caliente, filmada (casi) en tiempo real y con un único plano secuencia, falseado por el maestro porque en aquella época no había posibilidad técnica de rodar durante más de diez minutos seguidos. Una obra de humor soterrado acerca del talento artístico de matar, protagonizada por dos jóvenes estudiantes, aspirantes a intelectuales en el camino incorrecto, que creen ver la vida desde su atalaya moral y social. Como decía Thomas De Quincey, escritor de *Del asesinato considerado como una de las bellas artes*, el crimen puede tomarse por el lado moral, la orilla mala, pero también por su vertiente estética, y ahí puede caber incluso el buen gusto. La satisfacción de pasarlo en grande con una película atroz, la descarga artística del absurdo de la vida y de la muerte.

La esencia argumental de *La soga* es bien sencilla: dos jóvenes acaban con un tercero, amigo suyo, y llevan a algunos de sus conocidos y familiares a la casa donde aún está el cadáver, como un reto intelectual con el que demostrar su sabiduría y, por supuesto, su soberbia. El adorno, también fundamental: se trata de servir la cena sobre un gran arcón, justo donde han metido el cadáver. Ahora bien, lo sustancial es el juego de suspense con el tiempo y el espacio en el que se desenvuelve el director. Para los chavales —o chavalín, en el caso de Santi—, también será el primer enfrentamiento con el famoso *macguffin* hitchcockiano, un elemento que es muy posible que no agarren en una primera visión, pero que el acompañante siempre puede aportar en la conversación posterior. Y aquí no es la cuerda, como se ha dicho reiteradamente: la excusa argumental que mueve a los personajes y al desarrollo de la historia, pero que carece de importancia, tal y como lo definió Hitchcock, es dónde está el personaje de David Kentley y por qué tarda tanto en llegar a la cena. Ese *macguffin* es irrelevante para el espectador; tanto, que incluso sabe dónde está y por qué tarda tanto. Está metido en el arcón y no va a llegar nunca a la cena: está fiambre.

Más tarde, con Santi y Julia a una edad aún temprana, pero más normal para ver las obras maestras de Hitchcock, han ido llegando, creo que por este orden, *Los pájaros*, *La ventana indiscreta*, *Psicosis*, *Rebeca* y *El hombre que sabía demasiado*. Y lo que aún nos queda por asombrarnos con el cine del británico. Eso es impagable.

En una línea criminal bien distinta, pero también adulta, Brian de Palma tuvo claro desde que lo contrataron como director de *Los intocables de Eliot Ness* (1987) que quería hacer una especie de *western* clásico en el que no hubiera líneas grises entre los héroes y los villanos; que los buenos fueran muy buenos y los malos, irremisiblemente malos. De modo que, aunque estemos ante una cinta de gánsteres con un par de secuencias de descomunal violencia, si hay una obra perfecta con la que los chavales puedan empezar a acercarse a un subgénero plagado de obras maestras y a un agrio periodo histórico de Estados Unidos, principalmente alrededor de los años de la ley seca, en que el crimen, la sangre y la depravación eran moneda de cambio habitual, esa es la película de De Palma. Ya llegará la hora de enfrentarse a esas líneas grises, a las grietas del sistema, a los flancos más oscuros de las fuerzas de la ley y de la democracia, incluso a cierta atracción por el mal y por algunos de los personajes más carismáticos del hampa. Aquí hay buenos y malos, sin posibles dudas, pese a ser una producción claramente destinada a los mayores. Por eso, llegada una determinada edad, los críos la pueden disfrutar en el mismo sentido unidireccional que los adultos.

Kevin Costner, paradigma de la honradez durante buena parte de las décadas de 1980 y 1990 en estupendos títulos como *Campo de sueños*, *Bailando con lobos*, *J.F.K.*, *Robin Hood, príncipe de los ladrones*, y *Wyatt Earp*, digno heredero de lo que significó en su día la intachable figura cinematográfica de Gary Cooper, interpreta al personaje histórico que logró el hito de encarcelar a Al Capone, por más que lo hiciera por sus cuentas con Hacienda en lugar de por sus asesinatos. Un tipo de una pieza que, en el guion escrito por el reputado dramaturgo David Mamet, se hace acompañar de un equipo reducidísimo, convertido en poderoso esquema de la decencia, la personalidad y la profesionalidad: un maduro policía de barrio de origen irlandés; un experto tirador de origen italiano, procedente de la academia de policía; y un pequeño chupatintas legal, experto en números y en los subterfugios del ultracapitalismo, al que le acaba sentando bien entre las manos un fusil casi más grande que él. El arrebatador carisma de Sean Connery, ganador del Oscar al mejor actor de reparto, completa un conjunto compuesto para la emoción.

Los intocables de Eliot Ness es un triunfo popular labrado a golpe de eso tan característico en el cine de De Palma, que nunca se sabe si es homenaje, guiño, renovación, calco o caradura: la reminiscencia visual y temática, caso de la famosa secuencia del carrito del bebé cayendo por las escaleras, entroncando con el legendario momento creado por el soviético S. M. Eisenstein en *El acorazado Potemkin* (1925), y también de la paliza con el bate de béisbol de Capone a uno de sus lugartenientes en plena cena mafiosa, vinculada a un instante no tan conocido de *Chicago, años 30* (Nicholas Ray, 1958), protagonizado por Lee J. Cobb. Que se alcanzara semejante logro artístico y comercial, ayudado por el habitual genio musical del compositor Ennio Morricone, a pesar de las nefastas relaciones entre De Palma y Mamet, antes, durante y después del rodaje, engrandece aún más una de esas películas en las que, pese a las dilatadas vanidades de ambos artistas, que no se soportaron precisamente por eso, todo acabó resultando simplemente perfecto.

No les voy a decir a ustedes que nada más terminar *Los intocables* pongan a sus hijos la película de Eisenstein, pero, si la tienen por ahí a mano, mostrarles algún día el insigne momento del cochecito y el bebé cayendo entre los disparos de las tropas zaristas en las escaleras de Odessa no les va a hacer ningún mal.

La parada de un tren en una estación donde nunca se detiene el ferrocarril revela no solo su condición de acontecimiento sino también ciertas peculiaridades: de la ínfima entidad del lugar; de la singularidad del único pasajero que, por primera vez en los últimos cuatro años, ha sacado billete hasta allí; y del encontronazo que se va a producir entre un iluso con una pequeña maleta y un puñado de almas perdidas en un lugar en ninguna parte. *Conspiración de silencio* (John Sturges, 1955) —cuyo título original es quizá aún más certero: *Bad Day at Black Rock*— es un combate entre la sensatez y la hostilidad, entre el que hace preguntas y los que en modo alguno están dispuestos a otorgar respuestas. De fondo, la intolerancia, el caciquismo y la xenofobia. El viajero, con el porte y la mirada tranquila de Spencer Tracy, busca a un tal Komako, un granjero japonés que llegó al pueblo en 1943, poco antes del ataque de Pearl Harbor, y que, según los lugareños, fue a parar a un campo de concentración, adonde mandaron por un tiempo a los habitantes de Estados Unidos pertenecientes a naciones enemigas en la Segunda Guerra Mundial, principalmente de Japón.

Los diálogos sentenciosos, brillantísimos, se acumulan. Estamos en 1945 pero aquello parece el salvaje Oeste de finales del siglo XIX, aunque de momento sin pistolas. «Solo voy a estar veinticuatro horas», le dice el personaje de Tracy al empleado de ferrocarriles. La contestación, casi filosófica: «En un lugar como este eso es una eternidad». La agresividad de los pueblerinos, casi todos hombres, es furiosa, de una negra comicidad: «¿Quiere que le eche una mano?», le preguntan al viajero, que es manco, en relación con su maleta. Y a los lugareños no los interpreta cualquiera: Robert Ryan, Ernest Borgnine, Lee Marvin; los tipos más duros de cualquier sitio.

Película sobre las turbamultas, sobre la furia en tiempos difíciles, en épocas de intolerancia y trincheras, tanto físicas como ideológicas, *Conspiración de silencio* se ve en un suspiro de menos de hora y media y resulta inolvidable. Por su calma y su brío, aunados en un tempo de estímulo-respuesta, casi siempre dialogal, pero donde lo sustancial al final son las miradas, captadas por Sturges en planos abiertos en los que el paisaje físico es tan importante como el emocional. Un lugar en el infierno, para pasar únicamente veinticuatro horas: «Supongo que no habrá muchos pueblos como este en Norteamérica porque con uno solo parece más que suficiente».

El temple de Tracy en *Conspiración de silencio* contrasta con su inquietud en *Adivina quién viene esta noche* (Stanley Kramer, 1967). Aquí es un padre liberal, educado, cariñoso y culto. También tolerante, aunque solo para dar lecciones teóricas, no para aplicárselas en la práctica. El conflicto del relato, en los Estados Unidos de la década de 1960, la de los asesinatos políticos, la del tiroteo a Martin Luther King —al que se cita textualmente en un diálogo— apenas tres meses y medio después del estreno de la película, es sencillo y a la vez diabólico. Su hija llega de viaje con su prometido, al que ha conocido apenas quince días antes. Ambos están rendidamente enamorados y el aspirante a yerno es un hombre pleno de virtudes: amable, educado, simpático, guapo, elegante, con amplia formación, pues es doctor en medicina, y con un puestazo como director adjunto en la Organización Mundial de la Salud (OMS).

Eso sí, es negro.

La esposa del personaje de Tracy, interpretada por la insigne Katharine Hepburn, también de corte liberal, galerista, culta y respetuosa, aunque no menos boquiabierta cuando se topa con el acompañante de su simpática hija, lo clava en uno de los mejores diálogos de la película, basada en un guion de William Rose, escritor de *El quinteto de la muerte*: «[Nuestra hija] se comporta de un modo exacto a cómo la criamos. Contestamos a sus preguntas, le dijimos que estaba mal pensar que la gente blanca es superior a la negra, a la marrón, a la amarilla o a la roja. Alguna gente lo piensa, pero está llena de odio y de ignorancia. Eso es lo que le dijimos. Y cuando se lo dijimos, no añadimos: "¡Pero no te enamores tú de un hombre negro!"».

La madre, con Hepburn ejecutando en cada plano ese toque tan suyo de los ojos brillantes y la lágrima al borde de la caída pero sin llegar a resbalar por la mejilla, representa el arquetipo del cariño: ese yo con mi hija, al fin del mundo, haga lo que haga. Pero el padre no va a hacer como que está feliz, porque no lo está. ¿Es un racista? El tema es mucho más complejo que contestar sí, que sería la respuesta fácil (y seguramente correcta), pues en el dilema se funden las peculiaridades personales respecto a la tolerancia y el deseo de proteger a una hija de unos problemas sociales venideros a la hora de criar una familia interracial. Además, en un momento en el que no olvidemos que ese matrimonio hubiera sido ilegal en diecisiete estados antes de la aprobación de inconstitucionalidad de las leyes antimestizaje, justo en 1967, el año del estreno de la película. Por si fuera poco, las dudas respecto de la relación se amplifican con la familia del novio, en la que el padre y la madre vienen a representar una vez más semejantes arquetipos paternal y maternal, pero en raza negra.

Desde que la vimos en casa, Santi, que debía tener unos diez años, la rebautizó como «la película del hombre sensato». De nuevo, a mi hijo le dio por aplicar una palabra completamente lejana al lenguaje infantil. Ahora bien, en una nueva revisión, justo antes de escribir estas líneas, acabo de comprender por qué. Hay un diálogo en el que se verbaliza exactamente el término, alrededor de otra cuestión peliaguda adyacente al problema principal: en boca de Sidney Poitier, el actor que pone belleza y distinción al personaje, el doctor viene a advertir que si el padre no da su aprobación al matrimonio, él lo aceptará y pondrá tierra de por medio entre su amor y sus deseos. La razón es más o menos obvia: sabe que su novia no aceptará la negativa y ello le supondrá romper para siempre con sus padres. Y no quiere. Así, cuando Tracy comunica a Hepburn que no dará el visto bueno, esta le contesta: «El doctor lo aceptará porque es un *hombre sensato*».

Desde una perspectiva superficial, *Adivina quién viene esta noche* puede parecer hoy en día algo añeja, pero seguramente solo haya que cambiar la intolerante América de los 60 por cualquier lugar del mundo contemporáneo, y sustituir la raza, la procedencia social y/o política o la religión del yerno por cualquier cosa a la que usted y yo tengamos una cierta animadversión, rechazo o creamos que puede ser posible fuente de problemas, para comprobar que su vigencia es absoluta. Y con sus sucesivos encuentros a dos bandas entre los seis personajes principales, los cuatro paternos y maternos y los dos hijos, casi como unos *play-off* de la condescendencia, o como una liguilla de sentimientos contradictorios, la película representa bien la tesitura que a veces encontramos en la vida: no tanto contra las ideas de los demás, sino contra nuestras propias certezas.

La primera imagen de *El ídolo caído* (Carol Reed, 1947) tras los títulos de crédito es la de un niño. Pero la película, pese a su protagonismo y a su presencia en casi todas las secuencias, observadas buena parte de ellas desde su punto de vista, no puede ser más adulta. Si se inspecciona con detenimiento ese primer plano del metraje, naturalmente volvemos a la idea de que es el de un niño, pero tras los barrotes de una barandilla, cabeza echada entre dos de ellos sin que llegue a caber, rostro triste, manos agarradas con fuerza a las barras, una sobre su testa, la otra, junto a su mentón. Reed nos está diciendo ya muchas cosas. A esa barandilla, lujosa, contorneada, de escalera de mansión, se van a sumar posteriormente ventanas con rejas, balcones, verjas de jardín y pasamanos de patio y de escalera de sótano, algo más modestos, pues pertenecen a las zonas de los sirvientes, e incluso la verja del zoo que separa a los animales salvajes de los visitantes. Siempre con el personaje por detrás. Es un crío de ocho años, sí, pero en una cárcel; no física, sino metafórica. El enclaustramiento del hijo del embajador de un país francófono en Londres, cuyos padres suelen estar de viaje, y a quien cuida el mayordomo de la casa. Un chaval que nunca parece ver a otros niños, que juega con una lagartija o, si tiene suerte, con el propio mayordomo, que le sigue la corriente con paciencia, sentido del humor, un afecto sincero y alguna que otra mentirijilla.

Basada en el relato de Graham Greene *The Basement Room*, adaptado al cine por el célebre novelista británico, que además se tomó ciertas libertades con su propia obra original, *El ídolo caído* es, desde una perspectiva puramente genérica, un *thriller* sobre el adulterio. Pero en realidad estamos ante un relato de la soledad infantil, la búsqueda del padre y la forja y caída de un ídolo: la figura más amable que se tiene a mano. A falta de fuertes lazos familiares, esa concepción del héroe —que quizá no sea el mayordomo— se va formando en el chaval con historias de entretenimiento sobre su pasado en África, pequeñas hazañas que, más tarde, en un cerebro de ocho años, van a acabar tergiversándose cuando la esposa del mayordomo, una arpía sin redención, muera tras una discusión con su marido.

La intriga está escrita con mimo y llena de brillantes detalles por parte de Greene, magnífico escritor de novelas de espías como *El americano impasible*, pero lo relevante sigue siendo la visión del niño, que cuanto más quiere ayudar a su amigo frente a las investigaciones policiales, más le pone la soga al cuello para su consideración de culpable. Finalmente, hay algo formidable en la película que quizá deba ser explicado tras su conclusión a sus ya casi adolescentes hijos: la distinción entre lo que sabe el espectador acerca del crimen, que lo ha visto todo, pues Reed lo ha filmado con detalle, y lo que saben el niño, que no ha llegado a verlo bien, y el propio mayordomo, interpretado por un grande del cine y del teatro como Ralph Richardson. En esa discordancia se esconden algunos de los mejores secretos de la narrativa cinematográfica.

Otro título asentado en la mirada infantil, aunque de corte ciertamente adulto, es *Único testigo* (Peter Weir, 1985). Fantástico primer trabajo íntegramente americano del director australiano, a cuya obra nos hemos ido acercando con deleite en nuestra aventura, tiene la singularidad de ser una labor de encargo y de guion completamente ajeno, que, sin embargo, en sus temas y subtextos adquiere numerosas concomitancias con el resto de su carrera: la presencia del aislamiento deliberado, de una especie de autarquía radicada en un tiempo presente pero con visos del pasado, la del pueblo *amish* en el que se ambienta la historia; el contacto directo de sus criaturas con la naturaleza y con lo atávico, y el choque entre dos culturas distantes.

El niño que interpreta Lukas Haas, con sus ropas de principios del siglo XIX en la violenta Filadelfia de los años 80, junto con una madre salida del túnel del tiempo en una estación de tren donde el vértigo contemporáneo contrasta con la plácida visión de la existencia de su grupo étnico y religioso de raíz protestante, es casi un viajero del espacio aterrizado en otro planeta. Su curiosidad y su estupefacción, marcadas por unos ojos enormes, son filmadas por Weir posando su cámara con fidelidad, hermosura y clasicismo en una mirada que mezcla, como casi siempre en los niños, los deseos de saber y el miedo de conocer. Solo le falta ver un crimen a través de la rendija de la puerta del baño público de la estación para que su conversión en el único testigo del título sea un visado hacia la tumba: la de él, la de su familia, y la del comisario encargado del suceso, que pronto descubre que se trata de un caso de corrupción policial del que es preciso esconderse.

Único testigo es una película del Oeste en un ambiente de *western*, pero marcada por el *thriller* policial y el drama romántico. La relación del personaje de Harrison Ford con la madre del crío no es muy distinta de la de Alan Ladd con la esposa de *Raíces profundas*, uno de los títulos del *western* que analizamos en su capítulo correspondiente. John Book, el rol de Ford, llega a un lugar que no le corresponde para acabar enamorando a una mujer y cambiando la vida de un niño. Y finalmente se marcha por donde ha venido hacia un destino incierto. Con la satisfacción del deber cumplido y la amargura de un amor imposible, acentuado, como en la película de George Stevens, en una prodigiosa secuencia de baile. En *Raíces profundas*, comunitario, aunque con miradas subyugantes entre los aspirantes a amantes mientras se contonean. En *Único testigo*, en privado, en un granero y gracias a la música que expulsa la radio de un coche: unos inolvidables cruces de miradas entre Ford y Kelly McGillis, que bailan mientras se comen con los ojos, pero que ni siquiera llegan a confluir en un beso. El pegadizo ritmo de «(What A) Wonderful World», mítico tema de Sam Cooke, agita sus entrañas. «Sé que te quiero y sé que me quieres también. Qué maravilloso mundo podría ser», reza la letra de la canción. Pero ese maravilloso mundo conjunto es imposible. A ambos los separan océanos de tiempo. Siglos de obstinación en unas ideas en las que los orgasmos de mirada y hasta la música están prohibidos.

Como en nuestra casa, y en las de ustedes, la música no está prohibida, hace seis años, es decir, cuando Julia tenía ocho años, mi hija se quedó prendada de una canción y de una imagen. El tema era «Porque te vas», interpretado por Jeanette, y la imagen, la de los ojos de camión de Ana Torrent, escrutadores y un tanto perversos, en *Cría cuervos* (Carlos Saura, 1976). Sé exactamente la fecha, junio de 2015, porque yo estaba preparando una presentación de la película para el programa de La 2 de TVE *Historia de nuestro cine*, y ella pasó por el salón justo en ese momento sublime. Se quedó mirando con atención, y preguntó: «¿Qué peli es?». Se lo dije y volvió a cuestionar: «¿Puedo verla?».

Seis años después, de nuevo por trabajo, debía volver a ver la obra maestra de Saura, ganadora del Gran Premio del Jurado en el Festival de Cannes, y la negativa a mi hija de ocho años de entonces, argumentada con un «no vas a entender casi nada y es mejor guardarla para un poco más adelante», se convirtió en la mejor oportunidad para hacer una buena sesión de cine casero, y que se uniera Santi si quería. Lo confieso: no daba un duro por que les gustara. *Cría cuervos* es una obra introspectiva, de una complejidad asombrosa, acerca de la obsesión por la muerte, la enfermedad, la represión individual y colectiva, y la incomprensión ante el mundo de los adultos. Vista con los ojos de una cría, por supuesto, lo que ayuda en muchos sentidos a los niños espectadores, pero que al mismo tiempo necesita de un evidente grado de madurez personal y cinematográfica, tanto por sus conflictos como por la personalísima narrativa de Saura.

A la media hora, cierto que con alguna explicación sobre el doble papel que interpreta Geraldine Chaplin —la madre muerta de la niña Ana, a la que ella ve en su recuerdo y, cual fantasma, en una realidad inventada; y también la Ana adulta, ya mujer, que explica a cámara, y por tanto directamente al espectador, las sensaciones que tenía cuando era cría—, se veía que aquella jornada de cine adulto sería un éxito. Los niños estaban extasiados, expectantes, siempre partícipes ante los actos de la protagonista, que va por la casa poniendo lo que ella cree veneno en los vasos de los mayores que no le gustan —en realidad, bicarbonato—, para causarles la muerte.

Cría cuervos es una producción bisagra dentro de nuestra historia: se rodó con Franco vivo, y se estrenó con Franco muerto. Y la metáfora del paso desde la dictadura hasta un desconocido tiempo por venir, presente en toda la película, se representa finalmente en la última secuencia, cuando las tres hermanas protagonistas, casi siempre recluidas en la casona a pesar de que están de vacaciones de verano, salen por fin al exterior y se preparan para una nueva etapa. Se está diciendo adiós a un tipo de sociedad, la del padre militar, mujeriego y machista, y se sueña con un futuro mejor para todos, principalmente para la mujer. Naturalmente, esto resulta imposible de adivinar por un niño (normal), así que los intríngulis políticos, en los que no acabó de caer ni la censura, se los expliqué después de terminar el disfrute de las imágenes.

Ana tiene sobrados motivos para estar obsesionada con la muerte. Su madre falleció siendo ella muy niña, vivió de cerca su enfermedad terminal, y más tarde tiene una experiencia terrible en el justo momento del último trance de su padre. Las tres hermanas de la historia, quizá como todos cuando éramos pequeños, son unas niñas que no acaban de entender el mundo de los mayores, pero que al mismo tiempo juegan a ser padres y madres: se disfrazan y se maquillan de adultos, y escenifican lo que ellas mismas han visto hacer en casa a los suyos. Entre otras cosas, discutir. Sin embargo, no dejan de ser lo que son: niñas. Que quieren saber, aprender y comprender, pero, al fin y al cabo, niñas que no dejan de jugar y de bailar. Como en ese primer momento en el que suena el disco *Porque te vas* (lo hace tres veces); un instante de felicidad hogareña, de juegos musicales al son de una canción prodigiosa. Un tema mítico en la historia de la música popular española, que casi cualquiera que viviera aquella época sabe que canta Jeanette, y de la que luego se han hecho infinitas versiones, pero que quizá menos gente sepa que fue compuesta por José Luis Perales. Y que además es perfecto en el encaje de *Cría cuervos* por un doble contraste: primero, porque es una canción de apariencia y ritmo alegres que, no obstante, tiene una letra muy triste; y segundo, porque al escucharla, en general, da buen rollo, pero en un determinado momento de la película es espantoso lo que está pasando por la cabeza y por la boca de la niña mientras la escucha. «Quiero que se muera», dice Ana, mientras Jeanette canta: «Todas las promesas de mi amor se irán contigo / porque te vas / porque te vas».

El día que le dije a mi hijo que George Lucas se inspiró en los códigos y en el estilo de los samuráis para crear a sus *jedis*, le abrí de par en par las puertas del cine de Akira Kurosawa. Con la saga *Star Wars*, por la que hemos pasado de puntillas en este libro más por razones de falta de necesidad de apoyo logístico para su conocimiento que porque no seamos fanáticos en casa, creo que ha ocurrido algo natural: cada generación de niños se ha enganchado al serial con las películas que le han correspondido por edad, y lo han hecho sobre todo en las salas, y eso es fantástico para la pervivencia de la magia en la oscuridad y la pantalla grande del cine. Por supuesto que han visto el resto una y otra vez en casa, pero es más que probable que la favorita de alguien de mi edad sea *El imperio contraataca*, que vimos con nueve años, y la de los niños y las niñas del arco de mis hijos, o menores, prefieran alguna de la última trilogía y tengan a Rey y Kylo Ren en un altar. Ahora bien, para pasar de Obi-Wan Kenobi, nombre de clara ascendencia japonesa, al Rokurota Makabe de *La fortaleza escondida* o al Kambei Shimada de *Los siete samuráis*, inspiradores de la orden mística y guerrera de Lucas, hay que dar un pequeño salto. Y digo pequeño porque la aventura está ahí, los paralelismos los irán viendo los críos, y en nuestra vida cinéfila compartida ya hemos pasado por unos cuantos hitos que se funden también con el universo de Kurosawa: *Bichos* y *Los siete magníficos*, y, cómo no, en el origen de todo, un par de inolvidables episodios de *Doraemon*.

En *La fortaleza escondida* (Kurosawa, 1958), una princesa destronada y uno de sus fieles generales vagan no por el universo sino por un territorio agreste plagado de peligros, en busca de la restauración de la monarquía, acompañados de dos secundarios de peso, graciosillos y algo pelmas, que siempre se están peleando entre ellos, y físicamente muy dispares: uno alto y otro pequeñito. Las estampas de la princesa Leia, Obi-Wan/Luke Skywalker, C3PO y R2-D2 resuenan durante toda la película, así como un par de secuencias de relativo parecido con otras de la primera trilogía de Lucas, y un final exacto al de *Una nueva esperanza*, con la pompa y la ceremonia junto al trono, y la entrega de emblemas a los héroes por el valor demostrado en pos del reino.

En el episodio 441 de *Doraemon*, el habitualmente vanidoso Suneo cuenta que ha estado visitando un estudio de televisión donde se rodaba una historia de samuráis, ante los ilusionados y envidiosos ojos de sus amigos de la pandilla. Gigante, siempre competitivo, reacciona llevándoles una espada de guerrero que le ha robado a su padre de casa para fardar aún más. Pero Nobita, privilegiado por la magia de su inseparable gato cósmico, los supera viajando en el tiempo a la época de los samuráis para hacer unas cuantas fotos. La fascinación de los protagonistas de la serie, de hecho, se traspasa a los críos, y mi hija cuenta ahora que al dar en clase de Historia el feudalismo siempre se acaba acordando de aquellos episodios de *Doraemon*.

En otro de ellos, nada menos que el capítulo 1.771 de la serie, Nobita se entusiasma tanto con una aventura samurái en la tele que, armado con una regla del colegio, jura defender siempre a los débiles y enfrentarse a los fuertes: «Mi señor, le juro que si me esfuerzo, acabaré dando lo mejor de mí». Una labor de apoyo que es justamente la que realizan los guerreros de *Los siete samuráis* (Kurosawa, 1954), la película más célebre de su autor: ayudar a cambio de una miseria de sueldo a un pueblo de frágiles labriegos, que sufren con cada cosecha los robos de una banda de criminales.

La ilusión infantil que provocaba aquella comedia de aventuras animada que era *Doraemon*, tan presente en casa durante años, se reúne ahora con otro tipo de odisea, la de una película japonesa de autor, en blanco y negro, de tres horas de duración y en versión original subtitulada. Pero la esencia es la misma: disfrutar del placer del cine y de la televisión con los guiños del cariño, con recuerdos mutuos y con sueños de futuro. Un estado de comunión afectiva, hogareña y festiva en que las travesuras de Nobita, las espadas láser de los *jedis* de *Star Wars*, las pistolas de los vaqueros de *Los siete magníficos* y las catanas de los samuráis de Kurosawa conforman algo asombroso y extraordinario, pero practicado del modo más sencillo posible: el amor al cine y a los hijos. Ambas cosas unidas, como un todo homogéneo.

Yo no soy hijo de las películas. Soy hijo de mi padre y de mi madre. De un padre que siempre se quejaba del *cinemascope* en las antiguas televisiones de tubo y de las amplias bandas superior e inferior para respetar el formato («¿Por qué hacen tan estrechillas algunas películas?» es una de sus grandes frases); y de una madre que, pese a verlas empezadas, al poco rato ya se había centrado y cazaba al vuelo tanto lo que ocurría como la esencia del relato. Aun así, por la importancia que ha adquirido el cine en mi vida profesional y personal, quizá sea también un poco hijo del cine.

La infancia y la pubertad lo son todo. Y ahí entran las conversaciones con los mayores, los miedos, las mínimas certezas, los juegos, las amenazas, los «ay, San Pedro» de mi tía Carmen, las muchas risas, los pocos llantos, la diversión con los amigos y, cómo no, las películas. Las historias de ficción que acaban yendo de la mano de las existencias interior y exterior del que las ve, quizá incluso de un carácter. Las películas, que acaso edifiquen por dentro, pueden acabar de esculpir una personalidad, al mismo tiempo que nuestra manera individual de ser y de estar puede añadir una pátina de consideración a las películas, retroalimentándose, como una asombrosa forma de contagio mutuo.

Ahora bien, hay algo mucho más importante que las enseñanzas que se puedan extraer de las propias obras —infinitamente más—. Nuestras miradas cómplices mientras las vemos, nuestros aplausos finales con medias o largas sonrisas, o con lágrimas en los ojos. Ir al cine con tus hijos cada semana. Ver cómo se emocionan, cómo crecen, cómo evolucionan. Hasta que llega un momento en que además quieren ir solos o con sus amigos. Esa sí que es una gran película.

La infancia, habitualmente idealizada, es también un territorio de conquista. Y la madurez, la mejor de las oportunidades para una singular reconquista: la de la espontaneidad infantil alrededor del cine. Vivimos un momento de cambio radical en los modos de exhibición y de consumo. Una encrucijada impredecible. ¿Dónde y cómo veremos las películas dentro de unos años? ¿Qué nos deparará el futuro? Está claro que se seguirán creando maravillosas historias audiovisuales en todo tipo de formatos, y confío en que continuemos disfrutando muchas de ellas en el incomparable ambiente de las salas.

Aunque de lo que estoy más seguro es de que, pase lo que pase, padres e hijos, grandes y pequeños, lo averiguaremos juntos.

Listado de películas y series

1. Las primeras imágenes

Doraemon (*Doraemon*), serie, 1973-actualidad.
Doraemon y el tren del tiempo (*Doraemon Nobitatogingachōtokkyū*), Tsutomu Shibayama, 1996.
El asombroso mundo de Gumball (*The Amazing World of Gumball*), serie, Ben Bocquelet, 2011-2019.
Bob Esponja (*Sponge Bob Square Pants*), serie, 1999-actualidad.
La tortuga y la liebre (*The Tortoise and the Hare*), cortometraje, Wilfred Jackson, 1935.
La policía sabuesa del Noroeste (*Northwest Hounded Police*), cortometraje, Tex Avery, 1946.
De perro pobre a rico (*Wags To Riches*), cortometraje, Tex Avery, 1949.
Red Hot Riding Hood (*Red Hot Riding Hood*), cortometraje, Tex Avery, 1943.
The Dot and the Line (*The Dot and the Line*), Chuck Jones, 1965.
La película de Bugs Bunny y el Correcaminos (*The Bugs Bunny/Road-Runner Movie*), Chuck Jones, Phil Monroe, 1979.
Luxo Jr. (*Luxo Jr.*), cortometraje, John Lasseter, 1986.
El sueño de Red (*Red's Dream*), cortometraje, John Lasseter, 1987.

Tin Toy (*Tin Toy*), cortometraje, John Lasseter, 1988.
Knick Knack (*Knick Knack*), cortometraje, John Lasseter, 1989.

2. La animación, un formato para niños (y adultos)

Blancanieves y los siete enanitos (*Snow White and the Seven Dwarfs*), David Hand, 1937.
Fantasía (*Fantasia*), varios directores, 1940.
Dumbo (*Dumbo*), Ben Sharpsteen, 1941.
Pinocho (*Pinocchio*), Hamilton Luske, Ben Sharpsteen, 1940.
La dama y el vagabundo (*Lady and the Tramp*), Clyde Geronimi, Wilfred Jackson y Hamilton Luske, 1955.
Bichos: Una aventura en miniatura (*A Bug's Life*), John Lasseter, Andrew Stanton, 1998.
WALL·E (*WALL·E*), Andrew Stanton, 2008.
Mi vecino Totoro (*Tonari no Totoro*), Hayao Miyazaki, 1988.
Ponyo en el acantilado (*Gake no Ue no Ponyo*), Hayao Miyazaki, 2008.
El viaje de Chihiro (*Sen to Chihiro no kamikakushi*), Hayao Miyazaki, 2001.
Yellow Submarine (*The Beatles: Yellow Submarine*), George Dunning, 1968.
Persépolis (*Persepolis*), Marjane Satrapi, Vincent Paronnaud, 2007.

3. La hora de los seres de carne y hueso

La bruja novata (*Bedknobs and Broomsticks*), Robert Stevenson, 1971.
¿Quién engañó a Roger Rabbit? (*Who Framed Roger Rabbit*), Robert Zemeckis, 1988.

El príncipe y el mendigo (*The Prince and the Pauper*), William Keighley, 1937.
King Kong (*King Kong*), Merien C. Copper y Ernest B. Schoedsack, 1933.
El globo rojo (*Le Ballon rouge*), cortometraje, Albert Lamorisse, 1956.

4. La aventura de la aventura

Robin de los bosques (*The Adventures of Robin Hood*), Michael Curtiz, 1938.
Los tres mosqueteros (*The Three Musketeers*), George Sidney, 1948.
El halcón y la flecha (*The Flame and the Arrow*), Jacques Tourneur, 1950.
El temible burlón (*The Crimson Pirate*), Robert Siodmak, 1952.
20.000 leguas de viaje submarino (*20,000 Leagues Under the Sea*), Richard Fleischer, 1954.
El mundo en sus manos (*The World in His Arms*), Raoul Walsh, 1952.
Gunga Din (*Gunga Din*), George Stevens, 1939.
Beau Geste (*Beau Geste*), William A. Wellman, 1939.
Jasón y los argonautas (*Jason and the Argonauts*), Don Chaffey, 1963.
La isla misteriosa (*Mysterious Island*), Cy Endfield, 1961.
Los contrabandistas de Moonfleet (*Moonfleet*), Fritz Lang, 1955.
El secreto de la pirámide (*Young Sherlock Holmes*), Barry Levinson, 1985.
El hombre que pudo reinar (*The Man Who Would Be King*), John Huston, 1975.
El último mohicano (*The Last of the Mohicans*), Michael Mann, 1992.

Master and Commander: Al otro lado del mundo (*Master and Commander: The Far Side of the World*), Peter Weir, 2003.
The Navigator: Una odisea en el tiempo (*The Navigator: A Medieval Odyssey*), Vincent Ward, 1988.

5. El cine cómico mudo y otras joyas de los orígenes

Vida de perro (*A Dog'sLife*), Charles Chaplin, 1918.
Charlot, campeón de boxeo (*The Champion*), cortometraje, Charles Chaplin, 1915.
Charlot en la playa (*By the Sea*), cortometraje, Charles Chaplin, 1915.
Charlot en la tienda (*The Floor walker*), cortometraje, Charles Chaplin, 1916.
Charlot, bombero (*The Fireman*), cortometraje, Charles Chaplin, 1916.
Charlot, tramoyista de cine (*Behind the Screen*), cortometraje, Charles Chaplin, 1916.
Charlot, héroe del patín (*The Rink*), cortometraje, Charles Chaplin, 1916.
¡Armas al hombro! (*Shoulder Arms*), Charles Chaplin, 1918.
El chico (*The Kid*), Charles Chaplin, 1921.
El circo (*The Circus*), Charles Chaplin, 1928.
Luces de la ciudad (*City Lights*), Charles Chaplin, 1931.
Una semana (*One Week*), cortometraje, Buster Keaton, 1920.
The Second Hundred Years (*The Second Hundred Years*), Fred L. Guiol, 1927.
Viaje a la Luna (*Le Voyage dans la Lune*), cortometraje, Georges Méliès, 1902.
El hombre de las cabezas (*Un homme de têtes*), cortometraje, Georges Méliès, 1898.

El melómano (*Le Mélomane*), cortometraje, Georges Méliès, 1903.

6. El cine familiar es el que se ve en familia

Cariño, he encogido a los niños (*Honey, I Shrunk the Kids*), Joe Johnston, 1989.
Matilda (*Matilda*), Danny DeVito, 1996.
Qué bello es vivir (*It's a Wonderful Life*), Frank Capra, 1946.
Vive como quieras (*You Can't Take It With You*), Frank Capra, 1938.
Un ángel pasó por Brooklyn, Ladislao Vajda, 1957.
La gran familia, Fernando Palacios, 1962.
Matar a un ruiseñor (*To Kill a Mockingbird*), Robert Mulligan, 1962.
Descubriendo a Forrester (*Finding Forrester*), Gus Van Sant, 2000.
Las niñas, Pilar Palomero, 2020.

7. La comedia, risas en compañía

El ceniciento (*Cinderfella*), Frank Tashlin, 1960.
Lío en los grandes almacenes (*Who's Minding the Store?*), Frank Tashlin, 1963.
Caso clínico en la clínica (*The Disorderly Orderly*), Frank Tashlin, 1964.
El profesor chiflado (*The Nutty Professor*), Jerry Lewis, 1963.
El nuevo caso del inspector Clouseau (*A Shot in the Dark*), Blake Edwards, 1964.
Sopa de ganso (*Duck Soup*), Leo McCarey, 1933.
El hotel de los líos (*Room Service*), William A. Seiter, 1938.

Clamor de indignación (*Hue and Cry*), Charles Crichton, 1947.
Los apuros de un pequeño tren (*The Titfield Thunderbolt*), Charles Crichton, 1953.
Un cadáver a los postres (*Murder by Death*), Robert Moore, 1976.
Entre pillos anda el juego (*Trading Places*), John Landis, 1983.
Aterriza como puedas (*Airplane!*), David Zucker, Jim Abrahams, Jerry Zucker, 1980.

8. El cine de indios y vaqueros, también llamado *western*

Raíces profundas (*Shane*), George Stevens, 1953.
Flecha rota (*Broken Arrow*), Delmer Daves, 1950.
Duelo de titanes (*Gunfight at the O.K. Corral*), John Sturges, 1957.
Los siete magníficos (*The Magnificent Seven*), John Sturges, 1960.
Tierra de audaces (*Jesse James*), Henry King, 1939.
Río Grande (*Rio Grande*), John Ford, 1950.
Misión de audaces (*The Horse Soldiers*), John Ford, 1959.
Dos hombres y un destino (*Butch Cassidy and the Sundance Kid*), George Roy Hill, 1969.

9. Primeros acercamientos a la muerte

Bambi (*Bambi*), David Hand, 1942.
Up (*Up*), Pete Docter, Bob Peterson, 2009.
El alucinante mundo de Norman (*ParaNorman*), Chris Butler, Sam Fell, 2012.
Viento en las velas (*A High Wind in Jamaica*), Alexander Mackendrick, 1965.

¡Viven! (*Alive*), Frank Marshall, 1993.
Capitanes intrépidos (*Captains Courageous*), Victor Fleming, 1937.
Cuenta conmigo (*Stand by Me*), Rob Reiner, 1986.
Mi chica (*My Girl*), Howard Zieff, 1991.
La tumba de las luciérnagas (*Hotaru no Haka*), Isao Takahata, 1988.

10. Mis terrores favoritos

Los mundos de Coraline (*Coraline*), Henry Selick, 2009.
Gremlins (*Gremlins*), Joe Dante, 1984.
La maldición de las brujas (*The Witches*), Nicolas Roeg, 1990.
El doctor Frankenstein (*Frankenstein*), James Whale, 1931.
Los crímenes del museo de cera (*House of Wax*), André De Toth, 1953.
El perro de Baskerville (*The Hound of the Baskervilles*), Terence Fisher, 1959.
La mujer pantera (*Cat People*), Jacques Tourneur, 1942.
Tiburón (*Jaws*), Steven Spielberg, 1975.
Searching (*Searching*), Aneesh Chaganty, 2018.

11. Una cuestión de amor y sexo

Big (*Big*), Penny Marshall, 1988.
Lucas (*Lucas*), David Seltzer, 1986.
Algo para recordar (*Sleepless in Seattle*), Nora Ephron, 1993.
Tienes un e-mail (*You've Got Mail*), Nora Ephron, 1998.
Una cuestión de tiempo (*About Time*), Richard Curtis, 2013.
Kisses (*Kisses*), Lance Daly, 2008.
El novato (*Le Nouveau*), Rudi Rosenberg, 2015.

Cumbres borrascosas (*Wuthering Heights*), William Wyler, 1939.

12. La recuperación del musical

El mago de Oz (*The Wizard of Oz*), Victor Fleming, 1939.
Oliver (*Oliver!*), Carol Reed, 1968.
Annie (*Annie*), John Huston, 1982.
La pandilla (*Newsies*), Kenny Ortega, 1992.
Cantando bajo la lluvia (*Singin' in the Rain*), Stanley Donen, Gene Kelly, 1952.
Jesucristo Superstar (*Jesus Christ Superstar*), Norman Jewison, 1973.
Granujas a todo ritmo (*The Blues Brothers*), John Landis, 1980.

13. Ciencia ficción: lo que nos queda por ver (después de una pandemia)

La humanidad en peligro (*Them!*), Gordon Douglas, 1954.
Ultimátum a la Tierra (*The Day the Earth Stood Still*), Robert Wise, 1951.
Encuentros en la tercera fase (*Close Encounters of the Third Kind*), Steven Spielberg, 1977.
Regreso al futuro (*Back to the Future*), Robert Zemeckis, 1985.
Doce monos (*12 Monkeys*), Terry Gilliam, 1995.
El planeta de los simios (*Planet of the Apes*), Franklin J. Schaffner, 1968.
1997: Rescate en Nueva York (*Escape from New York*), John Carpenter, 1981.

14. La guerra también es (lamentable) historia del ser humano

La gran evasión (*The Great Escape*), John Sturges, 1963.
Evasión o victoria (*Victory*), John Huston, 1981.
Traidor en el infierno (*Stalag 17*), Billy Wilder, 1953.
Tiempo de amar, tiempo de morir (*A Time to Love and a Time to Die*), Douglas Sirk, 1958.
Guerra y paz (*War and Peace*), King Vidor, 1956.
El tren (*The Train*), John Frankenheimer, 1964.
Gallipoli (*Gallipoli*), Peter Weir, 1981.
Verano de corrupción (*Apt Pupil*), Bryan Singer, 1998.

15. Las primeras películas verdaderamente adultas

La soga (*Rope*), Alfred Hitchcock, 1948.
Los intocables de Eliot Ness (*The Untouchables*), Brian de Palma, 1987.
Conspiración de silencio (*Bad Day at Black Rock*), John Sturges, 1955.
Adivina quién viene esta noche (*Guess Who's Coming to Dinner*), Stanley Kramer, 1967.
El ídolo caído (*The Fallen Idol*), Carol Reed, 1948.
Único testigo (*Witness*), Peter Weir, 1985.
Cría cuervos, Carlos Saura, 1976.
La fortaleza escondida (*Kakushi Toride no San-Akunin*), Akira Kurosawa, 1958.
Los siete samuráis (*Shichinin no Samurai*), Akira Kurosawa, 1954.